2025年度版

新潟県・新潟市の 家庭科

過 去 問

協同教育研究会 編

協同出版

本書には，新潟県・新潟市の教員採用試験の過去問題を収録しています。各問題ごとに，以下のように5段階表記で，難易度，頻出度を示しています。

難 易 度

非常に難しい　☆☆☆☆☆
やや難しい　☆☆☆☆
普通の難易度　☆☆☆
やや易しい　☆☆
非常に易しい　☆

頻 出 度

◎　　　ほとんど出題されない
◎◎　　あまり出題されない
◎◎◎　普通の頻出度
◎◎◎◎　よく出題される
◎◎◎◎◎　非常によく出題される

※本書の過去問題における資料，法令文等の取り扱いについて

　本書の過去問題で使用されている資料や法令文の表記や基準は，出題された当時の内容に準拠しているため，解答・解説も当時のものを使用しています。ご了承ください。

はじめに〜「過去問」シリーズ利用に際して〜

　教育を取り巻く環境は変化しつつあり，日本の公教育そのものも，教員免許更新制の廃止やGIGAスクール構想の実現などの改革が進められています。また，現行の学習指導要領では「主体的・対話的で深い学び」を実現するため，指導方法や指導体制の工夫改善により，「個に応じた指導」の充実を図るとともに，コンピュータや情報通信ネットワーク等の情報手段を活用するために必要な環境を整えることが示されています。

　一方で，いじめや体罰，不登校，暴力行為など，教育現場の問題もあいかわらず取り沙汰されており，教員に求められるスキルは，今後さらに高いものになっていくことが予想されます。

　本書の基本構成としては，出題傾向と対策，過去5年間の出題傾向分析表，過去問題，解答および解説を掲載しています。各自治体や教科によって掲載年数をはじめ，「チェックテスト」や「問題演習」を掲載するなど，内容が異なります。

　また原則的には一般受験を対象としております。特別選考等については対応していない場合があります。なお，実際に配布された問題の順番や構成を，編集の都合上，変更している場合があります。あらかじめご了承ください。

　最後に，この「過去問」シリーズは，「参考書」シリーズとの併用を前提に編集されております。参考書で要点整理を行い，過去問で実力試しを行う，セットでの活用をおすすめいたします。

　みなさまが，この書籍を徹底的に活用し，教員採用試験の合格を勝ち取って，教壇に立っていただければ，それはわたくしたちにとって最上の喜びです。

協同教育研究会

C O N T E N T S

第1部

新潟県・新潟市の
家庭科
出題傾向分析

新潟県・新潟市の家庭科　傾向と対策

　2024年度の新潟県の試験は，2023年度，2022年度と同様，中高共通問題で実施された。第一次試験は，筆答試験Ⅰ(教職教養及び一般教養)と筆答試験Ⅱ(教科試験)，実技試験の三種類である。筆答試験Ⅱについては，時間60分，問題数は年度によって異なり，2024年度は大問5問であった。2023年度，2022年度は大問4問であった。大問ごとに中問，小問が多数あり，総問題数はかなりの量である。実技試験は被服製作である。教科試験の解答形式は大方記述式で，用語を問う問題と，理由や説明を求める問題からなる。全体的に中学校から高等学校の教科書レベルの基本的な問題が多いが，生活の最新の動向を反映した教科書の範囲外のものも散見される。2023年度と同様に，大問1は家庭科全般の問題，それ以降が専門分野の出題で，2024年度は高齢者に関する問題はなく，被服に関する問題が多かった。また，被服と食物で図示の出題があった。

　専門分野について，「子ども・高齢者と家族」分野は，子どもの成長・発達について，低出生体重児，原始反射，生理的体重減少，生理的黄疸が出題された。過去には家族と法律，イクメンプロジェクト，新生児反応，IADL，流動性・結晶性知能，フレイル，介助方法，児童福祉法，エイジズム，共生社会，ユニバーサルデザイン，ボランティア，母子手帳，液体ミルク，ワークライフバランス，認定こども園，ファミリーサポート制度，公的年金制度，児童虐待，育児介護休業法，介護予防，ダブルケア，新オレンジプラン(認知症施策推進総合戦略)，子どもの貧困率，マザーズハローワークなど，時事問題を含む制度や法律に関する内容などが出題されている。「食生活」分野は，調理に関する事項が頻出で，調理に関連させて，食品の知識を問う問題が多い。2024年度はビタミン，ファイトケミカル，豚肉の筋切りの理由とその位置の図示，じゃがいもの煮崩れの理由，ゆでる際の水加減が出題された。過去には，食品添加物に関する問題，コピー食品，正月料理，でんぷん濃度の違いによる調理，中食(なかしょく)問題，食事バランスガイド，フードファディズム

4

などが出題されている。「衣生活」分野は，刺し子，裁ち切り線の図示も合めてハーフパンツ製作に関する問題，デメリット表示など取り扱い表示に関して出題された。過去には洗濯に関する出題を中心に衣服の手入れ，ブラウスの衿の種類や布地の素材，地直し等が出題された。「住生活」分野では，世界の住居の名称と特徴，建築基準法の設置義務，建ぺい率と容積率，中廊下型住宅，雪見障子の説明が出題された。過去には間取り，畳の効用，間接照明，屋上緑化，耐震構造，「新潟県住宅の屋根雪対策条例」，伝統的な日本の住宅にみられる建具やしつらえに関する問題，住宅用火災警報器，通電火災，アジャスタブルハウス，リノベーションとコンバージョン，スケルトン・インフィル建築などが出題されている。「消費生活と環境」分野では，収入と支出，エンゲル係数，製造物責任法，悪質商法，契約の種類，未成年者取消権が出題された。過去には消費者関連の法律，フードバンク，バイオマスプラスチック，消費者トラブルやクレジット，多重債務，ローリングストック，エシカル消費，消費者基本法や安全性に関するマーク，リコール，3R，低炭素社会，循環型社会，キャッシュレス社会，消費者市民社会，消費者ホットライン，バイオネット，債務整理，SDGsなどが出題されるなど，時事問題に関連した出題内容が多く見られる。

　対策として，新潟県では記述式が大半であるため，どの分野においても用語を確実に理解し，覚えておき，理由や説明を，誤字・脱字なく書けるようにしておく必要がある。中学校と高等学校の教科書および資料集を完全に把握することは必須である。また，理由や説明を問う問題への対策として，論理的な文章が書けるように訓練しておこう。実技試験については，教科試験と同程度(教科試験100点：実技試験100点)に重視されていることから，日頃から教科書に取り上げられている調理や被服の課題は練習を重ねておく必要がある。過去には，被服の課題ではミニバッグ，めがねケース，エプロン(縮小判)，箸ぶくろ，ファスナー付きペンケース等が出題されている。今までに和服の実技はないが，練習しておくとよいだろう。新潟県独自の取組みや伝統工芸品，郷土料理や正月料理など食文化もおさえておきたい。「子ども・高齢者と家族分野」と「消費生活と環境」分野に関連する法律や制度に関しては最新の情報を入

手して改正点などを整理しておくとよい。二次試験の個人面接の内容については，2024年度も2023年度，2022年度，2021年度と同様，模擬授業，場面指導は実施されていない。個人面接Ⅰは学習指導や生徒指導等に関して，個人面接Ⅱは教員としての資質・能力等に関しての面接である。学習指導要領については，教科専門の筆答試験ではみられないが，個人面接Ⅰにおいて，新学習指導要領関連の質問も充分想定される。改訂の要点，新たに追加された指導内容，重点項目などを中心に，学習指導要領解説を丁寧に読み込んでおきたい。

過去5年間の出題傾向分析

○：中学　◎：高等学校　●：共通

分　類	主な出題事項	2020年度	2021年度	2022年度	2023年度	2024年度
子ども・高齢者と家族	子どもへの理解	○	○	●	●	●
	子育て支援の法律・制度・理念		○		●	
	児童福祉の法律・制度	○		●		
	家族と家庭生活		○		●	
	高齢者の暮らし			●		
	高齢者への支援	○			●	
	福祉と法律・マーク		○			
	その他					
食生活	栄養と健康		○	●		●
	献立		○			
	食品	○		●	●	
	食品の表示と安全性		○	●		
	調理	○	○	●		●
	食生活と環境					
	生活文化の継承					
	その他	○		●		
衣生活	衣服の材料	○	○	●		
	衣服の表示		○			●
	衣服の手入れ			●	●	
	製作	○	○	●		●
	和服					
	衣生活と環境					
	生活文化の継承		○			●
	その他		○			
住生活	住宅政策の歴史・住宅問題	○		●		
	間取り, 平面図の書き方		○		●	●
	快適性（衛生と安全）	○		●	●	
	住まい方（集合住宅など）			●	●	●
	地域社会と住環境			●		
	生活文化の継承		○			
	その他					●
消費生活と環境	消費者トラブル			●		●
	消費者保護の法律	○	○		●	●
	お金の管理, カード, 家計			●		●
	循環型社会と3R		○		●	
	環境問題と法律					
	消費生活・環境のマーク	○			●	
	その他					
学習指導要領に関する問題						
学習指導法に関する問題						

第2部

新潟県・新潟市の
教員採用試験
実施問題

2024年度　実施問題

【中高共通】

【1】次の(1)～(6)に答えなさい。

(1) 子どもの成長・発達について，次の①～⑤に答えなさい。

① 次の表は，子どもの発達の過程をまとめたものである。表中の（　ア　）～（　エ　）に当てはまる語句や数字を，それぞれ書きなさい。

発達の過程	期間
新生児期	誕生から（　ア　）週まで
（　イ　）期	誕生から　1歳まで
（　ウ　）期	1歳から　6歳まで
（　エ　）期	6歳から12歳まで

② 出生時の体重が2,500g未満の新生児を何というか。

③ 新生児の原始反射の中で，手のひらにふれた物をつかむ反射を何というか。

④ 生後1週間，新生児は体重が1割ほど減少するのはなぜか。

⑤ 出生後2，3日頃の新生児には，皮膚が黄色に変色する現象が見られる場合がある。その原因となる血液中の物質を何というか。

(2) 次の①～③の図は，世界のさまざまな地域の人々の住まいを模式的に表したものである。それぞれの住まいを何というか。また，その特徴を以下のア～オからそれぞれ1つずつ選び，記号を書きなさい。そして，その住まいが見られる国をあとのA～Gからそれぞれ1つずつ選び，記号を書きなさい。

①　②　③

> ア　一族が暮らす円形の土の住まい
>
> イ　フェルトと木の移動式の住まい。
>
> ウ　雪のドーム型の住まい
>
> エ　舟形屋根のある住まい
>
> オ　円すい型の屋根のある石の住まい

A　日本　　　　B　インドネシア　　C　モンゴル　　D　インド

E　エジプト　　F　イタリア　　　　G　カナダ

(3) 刺し子について，次の①，②に答えなさい。

　① 刺し子の機能面における効果を2つ書きなさい。

　② 次の図のような文様を何というか。

(4) 次の①，②に答えなさい。

　① 次のA〜Dのビタミンが，多く含まれる食品群を以下のア〜オからそれぞれ1つずつ選び，記号を書きなさい。

　　A　ビタミンA　　B　ビタミンB$_1$　　C　ビタミンC

　　D　ビタミンD

> ア　肉類(レバー)，魚介類(うなぎ)，卵黄，緑黄色野菜
>
> イ　魚介類(さけ，しらす干し)，きのこ類
>
> ウ　肉類(豚肉，ハム)，穀類(玄米，胚芽精米)
>
> エ　肉類(レバー)，卵，牛乳
>
> オ　緑黄色野菜，くだもの類，いも類

　② 植物などに含まれるカロテノイドやポリフェノールなどの微量成分で，「色」「香り」「苦味」などをもたらす成分を何というか。

(5) 家庭の経済について，次の①，②に答えなさい。

　① 次の文中の(ア)〜(エ)に当てはまる語句を，それぞれ書きなさい。

　　　　家庭の収入には，実質的に資産が増える実収入がある。そのうち，賃金や事業収入，年金，預貯金の利子などの定期的に入る（　ア　）収入と，祝金や賞金などの一時的に入る特別収入に分けられる。
　　　　家庭の支出には，実支出と実支出以外の支払，繰越金があり，実支出のうち，税金や（　イ　）料などを非消費支出という。実収入から，非消費支出を差し引いた残金を（　ウ　）という。実収入と実支出の差がプラスであれば（　エ　）という。

② 消費支出に占める食料費の割合を何というか。

(6) 次の①，②に答えなさい。

① 製造物責任法(PL法)について，被害者が損害賠償を求めることができる場合を書きなさい。

② 次のア，イの文が説明する悪質商法を何というか，それぞれ書きなさい。

ア 電話やダイレクトメールなどを使い「抽選に当たりました」などと言って呼び出し，強引に契約させる悪質商法

イ 路上でアンケート調査などと言って近づき，強引に契約させる悪質商法

(☆☆☆◎◎◎◎)

【2】住生活について，次の文はAさんの家づくりについて説明したものである。以下の(1)～(3)に答えなさい。

　　　　Aさん一家(夫婦と子ども2人)は第一子の小学校入学を機に，新潟県内の昭和40年代に建てられた2階建て中古住宅を購入した。この中古住宅は，敷地が230m²であり，旗ざお型の敷地である。Aさん一家は，より快適な家づくりをするために防犯・防火・耐震などの安全機能，照明，空調などの管理機能を導入した。

12

　子どもたちがそれぞれの家族をもつなど，子ども部屋が必要なくなる時期に減築することも考えている。

(1)　建築基準法に定められている，建築物の敷地の接道義務について，図1を参考に文中の(　ア　)，(　イ　)に当てはまる数字を書きなさい。

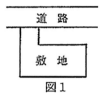

図1

　建築物の敷地は，原則として，幅員(　ア　)m以上の道路に(　イ　)m以上接していなければならない。

(2)　次の式は，建ペイ率と容積率を求める式である。式中の(　ア　)〜(　エ　)に当てはまる語句を書きなさい。

$$建ペイ率＝\frac{（　ア　）}{（　イ　）}×100 \qquad 容積率＝\frac{（　ウ　）}{（　エ　）}×100$$

(3)　次の図2は，Aさんが購入した2階建て中古住宅の1階平面図である。以下の①，②について，答えなさい。

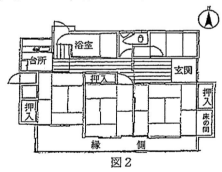

図2

①　図2のようなプライバシー尊重を中心とした間取りの住宅を何というか。

②　縁側に面した間仕切りには，雪見障子が設置されている。雪見障子とは，どのような作りのものか，書きなさい。

(☆☆☆☆◎◎◎◎)

【３】ソフトデニムを材料として，パンツだけ60cmのハーフパンツを製作する。次の(1)～(5)に答えなさい。

(1)　このパンツを製作するための用布の長さを求めなさい。ただし，90cm幅の布で，縫いしろ分は20cmとする。

(2)　布の裁ち方について，次の①，②に答えなさい。

①　次の図の中にあるア，イは布目を表している。「たての布目」はア，イのどちらか，記号を書きなさい。

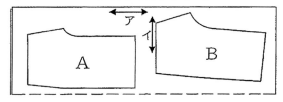

②　図の中にあるA，Bのうち，Aの型紙は「前」と「後ろ」のどちらか，記号を書きなさい。

(3)　布の裁断のため，縫いしろを考えて裁ち切り線を付ける。次図には，Aの型紙に合わせて，裁ち切り線が途中まで書かれている。その続きを書きなさい。

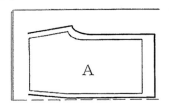

(4)　「また上(またぐり)」をミシン縫いする場合の縫い方を何というか。また，その縫い方を用いる理由を書きなさい。

(5)　製作において既製のハーフパンツを参考にしたとき，次のような取扱い表示があった。以下の①，②に答えなさい。

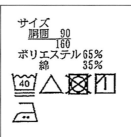

表示

① 「デニム製品の特徴として色が落ちやすいので，他の物と分けて洗ってください」という表示を何というか。

② 表示の中には，次の取扱い表示がある。その意味を書きなさい。

(☆☆☆◎◎◎◎)

【4】ポークソテーとつけあわせの粉ふきいもの調理について，次の(1)～(3)に答えなさい。

(1) 豚肉が変形しないように加熱前に切り込みを入れる処理のことを何というか。また，次の豚肉の図に4か所切り込みを書き入れなさい。

15

(2)　じゃがいもの加熱による煮崩れが起きやすい理由について，次の語句を使って書きなさい。

　　でんぷん　ペクチン質

(3)　じゃがいもをゆでる際の水加減として適切なものを次のア～ウから1つ選び，記号を書きなさい。

　　ア　ひたひたの水　　イ　たっぷりの水　　ウ　かぶるくらいの水

(☆☆☆☆◎◎◎◎)

【5】消費者の契約と権利について，次の(1)，(2)に答えなさい。

(1)　次の文は，契約について述べたものである。文中の(　ア　)，(　イ　)に当てはまる語句を，それぞれ書きなさい。

> 　契約には，私たちが商品を購入する場合に適用される(　ア　)契約，アパートを借りる場合に適用される賃貸借契約，アルバイトをする場合に適用される(　イ　)契約などがある。

(2)　未成年者取消権とは何か説明しなさい。

(☆☆☆◎◎◎◎)

解答・解説

【中高共通】

【1】(1)　①　ア　4　イ　乳児　ウ　幼児　エ　児童　②　低出生体重児　③　把握反射　④　新生児は，乳汁の摂取量よりも汗や排せつなどの量が多いため。　⑤　ビリルビン　(2)　(何というか，特徴，国の順)　①　ゲル，イ，C　②　トンコナン，エ，B　③　イグルー，ウ，G　(3)　①　補強，保温効果　②　麻の葉　(4)　①　A　ア　B　ウ　C　オ　D　イ　②　ファイトケミカル　(5)　①　ア　経常　イ　社会保険　ウ　可処分

所得　エ　黒字　　②　エンゲル係数　　(6)　①　製品の欠陥が原因で，被害者が被害を被った場合。　　②　ア　アポイントメントセールス　　イ　キャッチセールス

〈解説〉(1)　①　新生児とは，生まれた日を生後0日として数えた場合，生後28日(4週間)未満の赤ちゃんのことを指し，それ以降は乳児，満1歳からは幼児と呼ばれる。これらの定義は，母子健康法によって定められている。満6歳に達した日の翌日以後における最初の学年の初めから，満12歳に達した日の属する学年の終わりまでの者は学校教育法では児童と呼ばれる。　　②　1,500g未満は極低出生体重児，1,000g未満は超低出生体重児と分類される。出生体重が低いほど，障がいが起こるリスクは高くなる傾向にあり，低出生体重児が生まれてくる原因には早産と胎児発育不全などがある。　　③　他にも，外部の刺激に対して驚きや回避反応を示すためのモロー反射，正常な神経系の発達を示すバビンスキー反射，口に何かが触れると自動的に吸う吸てつ反射，立たせると足の動きを模倣した歩行のような歩行反射などがある。原始反射の内容と時期をまとめておきたい。　　④　これは生理的体重減少と呼ばれ，生後7～10日経つと生まれたときの体重に戻る。

⑤　これは生理的黄疸と呼ばれ，1～2週間で消失する。黄疸はビリルビンという物質による皮膚の黄染である。胎児は胎盤を通して母体にビリルビンの処理を託しているが，新生児は肝機能が未発達でビリルビンの排泄が不十分なため黄疸の症状が出る。　　(2)　正答に当てはまらなかった選択肢の，アは中国，福建省の土楼，オはイタリア，アルベロベッロのトゥルッリの説明である。　　(3)　①　刺し子は，日本に古くからある伝統手芸で衣服の補強や保温のために重ねた布を刺し縫いしたのが始まりで，ひと針ひと針ぐし縫いで仕上げていくものである。　　②　麻の葉文様は，六角形を規則的に繰り返して配置した幾何学文様で植物の麻の葉に似ていることからこの名がついた。麻の葉は成長が早くまっすぐに伸びることから，健やかな成長を祈願し子どもの産着などによく使われた。日本の文様の種類と名前を覚えておきたい。　　(4)　①　ビタミンは脂溶性と水溶性に分けられ，ビタミンA，

D，E，Kが脂溶性，B，Cが水溶性である。それぞれのビタミンの欠乏症状もあわせて覚えること。　②　ファイトケミカルは，ファイト＝植物，ケミカル＝化学成分という意味で，野菜や果物の色素や香り，辛味，苦味などに含まれる機能性成分のことで，その抗酸化力が健康効果として注目されている。　(5)　①　可処分所得とは手取り収入のことで，これにより購買力の強さを測ることができる。家計の収支についても問題は頻出である。種類と内容を整理して覚えておくこと。②　エンゲル係数は割合が高いほど生活水準は低い傾向にあるといわれている。40代前半までは比較的高く40代後半からは低下し，収入が減る60代以降から再び高くなる傾向がある。　(6)　①　製造物責任法は，被害者保護の観点から一般的に無過失責任と言われ，製造業者に故意，過失が無くとも欠陥があれば責任を負う必要があるというものである。一般消費者にとって企業を相手取り，製造上の過失を立証することは極めて困難なため制定された法律である。　②　悪質商法について問われることは多いので，手口の内容を理解しておくこと。クーリング・オフ制度についても詳細に学習しておくこと。

【2】(1)　ア　4　イ　2　(2)　ア　1階床面積　イ　敷地面積　ウ　延べ面積　エ　敷地面積　(3)　①　中廊下型住宅　②　腰板上部にガラスを半分ほどはめたもの

〈解説〉(1)　緊急車両や避難用の通路を確保すること，建築物の日照，採光，通風などの環境を確保するために設けられている基準である。(2)　建築基準法によって建ペイ率，容積率は用途地域ごとに細かく制限が設けられている。用途地域は住宅用地域以外にも，商業地域や工業地域など全部で13種類の用途に分けられている。建ペイ率は敷地に対する建築面積の割合のことで，用途地域ごとに30〜80％の範囲で制限が設けられている。容積率は敷地面積に対する建物の立体的な容積比率のことで，用途地域ごとに50〜500％の範囲で制限が設けられている。　(3)　①　中廊下型住宅は，南側に家族の居室，北側に台所や浴室，トイレなどを設ける間取りで，家族のプライバシーを守ること

ができる様式である。　②　戸がしまったままでも外の景色を楽しむことができる。

【3】(1)　求め方…(60＋20)×2＝160　　答え…160cm　　(2)　①　ア
②　前

(3)

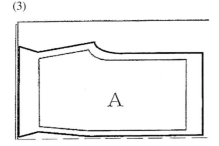

(4)　縫い方…二度縫い　　理由…また上部分を補強するため

(5)　①　デメリット表示　　②　底面温度150℃を限度としてアイロン仕上げができるという意味

〈解説〉(1)　パンツたけ60cmに裾，ウエスト部分の縫い代20cmを加え，前後の分でその2倍必要になる。　(2)　①　布目線は，みみと平行である。　②　ハーフパンツでは股上の曲線が大きいほうが後ろパンツ，小さいほうが前パンツである。　(3)　ハーフパンツの裾は先に向かってやや細くなっているので，折り返して縫い代の始末をする時にあうように，角度に合わせて縫い代を広げておく。　(4)　丈夫な縫い方には二度縫い以外に割り縫い，袋縫い，さらに丈夫な縫い方には伏せ縫い，折り伏せ縫いがある。　(5)　①　デメリット表示とは製品の取扱い上の注意点をより詳細に説明するためのもので，素材の持つ特性などを消費者に理解してもらい，着用，洗濯による事故を未然に防止する目的で表示される。　②　取り扱い表示は，洗濯，漂白，クリーニング，アイロン，乾燥の5つの基本表示をもとに学習し覚えておくこと。

【4】(1)　処理の名前…筋切り

切り込み…

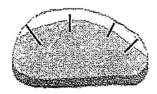

(2)　でんぷんが糊化するとともに，細胞間をつなぐペクチン質の粘着性が弱まるから。　　　(3)　ウ

〈解説〉(1)　豚ロース肉など厚めの切り身は，調理前に赤身と脂身の境に4〜5ヶ所切り目を入れて，筋切りをすることで加熱したときに肉が縮んで形がゆがんでしまうのを防ぐ。包丁を立て，刃先を筋部分に刺すようにして幅1cmくらいの切り込みを入れる。　(2)　じゃがいもでんぷんが糊化して膨張すると，細胞が球形化し，細胞同士が離れることでじゃがいもは崩れる。また，じゃがいもを高温で煮るとペクチンが分解され，細胞の粘着作用が弱まり，デンプンの糊化と相まってじゃがいもは煮崩れる。　(3)　アは材料の重量の70％くらいの水の量で，材料の頭が少し出るくらいの深さのことである。イは材料の重量の200％くらいの水の量で，材料の倍の高さくらいの深さのことである。ウは材料の重量と同じくらいで，材料がちょうど浸かるくらいの深さの水のことである。

【5】(1)　ア　売買　　イ　雇用　　(2)　未成年者が保護者の同意を得ずに契約した場合には，契約を取り消すことができること

〈解説〉(1)　契約の種類について詳細に学習しておくこと。民法には売買契約，贈与契約など財産権を譲渡する契約，賃貸借契約など貸し借りの契約，雇用契約，請負契約など労務を提供する契約，和解契約などその他の契約が規定されている。　(2)　未成年者は，成年者に比べて取引に関する知識や経験が不足していることから，未成年者を悪徳商法などから保護するための規定が未成年者取消権である。未成年者

が自分を成年者であると偽った場合，親の同意を得ていると偽って契約をした場合，未成年者が婚姻をしている場合には，未成年者取消権を行使することはできない。契約の取消しや無効ができる場合とそうでない場合を分けられるように学習しておくこと。

2023年度　実施問題

【中高共通】

【1】次の(1)～(7)に答えなさい。

(1) 家族と法律について，次の①～④に答えなさい。

① 次の文は，「世帯」について述べたものである。文中の(ア)，(イ)に当てはまる語句を，それぞれ書きなさい。

> 世帯は，(ア)と生計を共にしている人の集まり又は一戸を構えて住んでいる(イ)をいう。

② 日本に居住しているすべての人々を対象として，年齢・性別・世帯・就業など，人口の基本的属性を知るために国が5年ごとに実施する統計調査を何というか。

③ 父母が未成年子に行う，監護教育と財産管理の権利義務の総称を何というか。

④ 日本における成年年齢を定めている法律は何か。

(2) 子どもの発達と保育について，次の①～④に答えなさい。

① 次のa，bは，乳児期にみられる感覚・運動機能の発育の特徴を表した言葉である。a，bの説明として適するものを，以下のア～エからそれぞれ1つずつ選び，記号を書きなさい。

a　モロー反射　　b　ハンド・リガード

ア　手のひらに刺激を与えると握ろうとする。

イ　目の前に自分の手をかざしてじっと見つめ，それを口に入れたりする。

ウ　ベッドが揺れたりして，頭が動かされると，両腕を上方に伸ばす。

エ　両脇の下を支えて立った姿勢をとると，足を交互に運動させる。

② 厚生労働省雇用均等・児童家庭局が，平成22年から男性の育児と仕事の両立を促進すると同時に，育児参加の社会的気運を高めるために発足させたプロジェクトを何というか。

③ 新生児の頭の骨に泉門と呼ばれる隙間がある理由を書きなさい。

④ 生後1歳未満の乳児がはちみつを摂取した場合，腸内環境が整っていないことから食中毒症状を起こすことがある。この食中毒の原因菌を何というか。

(3) 次の表は，消費者関連の法律の一部をまとめたものである。表中の(ア)～(ウ)に当てはまる語句を，それぞれ書きなさい。

制定年	法律名	特徴
昭和43年	(ア)法	消費者政策の方向性を初めて明記
平成16年	(イ)法	(ア)法を改正・改称した，国の消費者政策の理念法
平成24年	(ウ)に関する法律	消費者市民社会という概念を定義

(4) 食品の加工と表示について，次の①～③に答えなさい。

① 次の表は，ある加熱食肉製品の原材料名を表したものである。表中の[ア]，[イ]に当てはまる添加物の用途名をそれぞれ答えなさい。

原材料名	豚肉(新潟県産)，豚脂肪(新潟県産)，食塩，糖類(ぶどう糖，水飴)，香辛料/リン酸塩(Na，K)，酸化防止剤(ビタミンC)，[ア](ソルビン酸)，[イ](亜硝酸Na)，香辛料抽出物

② 加工食品の表示では，「キャリーオーバー」に該当する添加物は表示が免除される。「キャリーオーバー」とは何か，説明しなさい。

③ 加工食品のうち，コピー食品とはどのようなものか，説明しなさい。

(5) 衣服の手入れについて，次の①～④に答えなさい。

① 家庭用品品質表示法に基づく既製服の表示のうち，素材の種類やその割合を示したものを何というか。

②　次の図は洗濯用洗剤によって繊維に付いた汚れが取り除かれる
様子を示したものである。以下のa, bに答えなさい。

a　図中のA「♀」は，洗剤の主成分の分子を模式的に表したも
のである。洗剤の主成分は何か。

b　図中の(ア)～(ウ)に当てはまる用語をそれぞれ書きな
さい。

③　洗濯用洗剤に配合されることのある助剤のうち，プロテアーゼ
の働きについて書きなさい。

④　洗濯用洗剤に配合されることのある助剤のうち，蛍光増白剤の
特徴と，使用する際の注意点について，それぞれ書きなさい。

(6)　持続可能な社会と消費について，次の①，②に答えなさい。

①　生産・流通・消費などの過程で発生する未利用食品を，食品企
業や農家などからの寄付によって受け付けて，子ども食堂，障害
者就労施設などの支援を必要とする人に提供する取組を何という
か。

②　バイオマスプラスチックとは何か。

(7)　次の①，②は，生活の中に見られるマークである。①，②のマー
クの説明として適するものを，以下のア～エからそれぞれ1つずつ
選び，記号を書きなさい。

①　　　　　　②

ア　日本健康・栄養食品協会が定めた健康補助食品の規格規準に適
合した食品につけられる。

イ　回収して洗浄することで再利用できる，日本ガラスびん協会が

24

認定したガラスびんにつけられる。

ウ　電気用品安全法に基づく安全性基準を満たしている電気製品に
つけられる。

エ　各都道府県が「ふるさと認証食品」として認めた地域の特産品
につけられる。

(☆☆☆☆◎◎◎◎)

【2】住生活について，次の(1)〜(4)に答えなさい。

(1)　2LDKはどのような間取りか，説明しなさい。

(2)　和室の床材として使用される畳の効果について，2つ書きなさい。

(3)　部屋に間接照明を使用する場合の効果について，直接照明との違
いを踏まえて説明しなさい。

(4)　屋根や屋上に植物を植え緑化することを屋上緑化という。この効
果について，2つ書きなさい。

(☆☆☆◎◎◎◎)

【3】生活と福祉について，次の(1)〜(4)に答えなさい。

(1)　「IADL」とは何か。

(2)　次の文は，心理学者レイモンド・B・キャッテルにより分類された
知能の側面についてまとめたものである。文中の（　ア　），（　イ　）
に当てはまる語句を，それぞれ書きなさい。

（　ア　）性知能は，新しいことを学習し，新たな環境に適応
する際に働く知能のこと。

（　イ　）性知能は，経験や学習によって得られた知識などに
よる能力のことで，老化による影響を受けにくいとされる。

---

(3)　日本老年医学会が平成26年に提唱した概念で，放置すれば要介護
状態に陥るが，介入により健常状態に回復しうる中間の状態を何と
いうか，書きなさい。

(4)　右腕が患側の人に対して，前開きの上着の着脱を介助する方法を

25

説明しなさい。

(☆☆☆☆○○○○)

【４】次の表は，正月料理の献立と材料及び分量の一例を示したものである。この献立の調理について，以下の(1)〜(7)に答えなさい。

献立名	材料と分量（１人分）
黒豆	黒豆25ｇ，熱湯500mL，砂糖20ｇ，しょうゆ2.5mL，塩0.5ｇ，さびたくぎ１〜２本（ひとなべで）
田作り	ごまめ５ｇ，砂糖1.8ｇ，しょうゆ３mL，酒３mL
たたきごぼう	ごぼう40ｇ，白ごま10ｇ，酢４mL，砂糖３ｇ，塩１ｇ，しょうゆ少量，煮出し汁４mL
松風焼き	鶏ひき肉60ｇ，卵12.5ｇ，しょうが汁少々，みそ９ｇ，砂糖4.5ｇ，かたくり粉4.5ｇ，酒2.5mL，サラダ油適量，ケシの実適量，青のり適量
きんとん	さつまいも125ｇ，くちなしの実1/4個，砂糖50ｇ，みりん９ｇ，塩0.3ｇ，湯60mL，栗（シロップ漬け）45ｇ

(1) 黒豆を煮る時にさびたくぎを加えて煮る理由を，色素の名称をふまえて化学的に説明しなさい。

(2) 田作りには「からいり」という調理工程がある。この「からいり」とは何か，書きなさい。

(3) たたきごぼうの調理工程のうち，ごぼうを水に浸けて下処理をする際，長く水に浸けておかない方がよい。その理由について，ごぼうに含まれる栄養素を関連付けて書きなさい。

(4) 松風焼きは，鶏ひき肉に調味料を加えて粘りが出るまで混ぜ合わせる。この過程で粘りが出る理由を説明しなさい。

(5) 松風焼きを4人分調理する際に必要なみその量は，大さじ何杯に相当するか。

(6) きんとんは，茹でたさつまいもが熱いうちに裏ごしして作る。この裏ごしを熱いうちに行う理由を書きなさい。

(7) 次の文は，みりんの製造について述べたものである。文中の（　①　），（　②　）に当てはまる語句を，それぞれ書きなさい。

> アルコール(焼酎)に米こうじと蒸した(　①　)を混ぜ合わせたものを数か月間置くと，その間に(　②　)がすすむ。これを搾ると甘くとろみのある酒が得られ，主に調味に用いる。

(☆☆☆☆○○○○)

解答・解説

【中高共通】

【1】(1) ① ア 住居 イ 単身者 ② 国勢調査 ③ 親権
④ 民法 (2) ① a ウ b イ ② イクメンプロジェクト
③ 出産の時，頭の形を変形させ，胎児が産道を通れるようにするため。 ④ ボツリヌス菌 (3) ア 消費者保護基本 イ 消費者基本 ウ 消費者教育の推進 (4) ① ア 保存料 イ 発色剤 ② 原材料の加工には使用されるが，その原材料を使用した食品には微量しか含まれず，効果が出ない添加物。 ③ 異なる原料を用いて，本物の食品の外観や風味を模造した食品。

(5) ① 組成表示 ② a 界面活性剤 b ア 浸透 イ 乳化 ウ 分散 ③ 汗や体から出る老廃物に含まれるたんぱく質の汚れを分解する。 ④ 特徴…無色の染料で，繊維に染着し，紫外線を吸収して蛍光を発する性質をもつ。 注意点…生成の綿，麻の繊維は変色する場合がある。 (6) ① フードバンク活動
② 原料として植物などの再生可能な有機資源を使用するプラスチック (7) ① エ ② イ

〈解説〉(1) ① 世帯とは住居と生計を共にしている集団，もしくは一戸を構えて住んでいる単身者のことである。晩婚化，非婚化，長寿化などの影響で一人暮らしの期間が長くなっており，単身者世帯が一番多い。世帯の形態についてのグラフなど確認しておくこと。 ② 国勢調査についての問題は頻出である。語句だけでなく，調査内容についてグラフなどを示し問われる問題も多い。数多くの調査結果とグラフを確認しておきたい。 ③ 親権は子どもの利益のために行使することとされている。父母の婚姻中は父母の双方が親権者とされており，父母が共同して親権を行使することとされている。 ④ 成年年齢は2022年4月から20歳から18歳に引き下げられた。 (2) ① 生まれつき持っている無意識の運動機能を原始反射といい，脳が発達すると消

えていく。その中にはウのモロー反射，アの把握反射，エの自動歩行(歩行反射)などがある。イのハンド・リガードは脳や体が順調に発達していることを示す行為と考えられ，一般的には生後2〜5ヶ月頃に多く見られる。　②　平成21年に育児・介護休業法が改正され，パパ・ママ育休プラス制度の導入等をはじめとする新制度が平成22年に始まり，イクメンプロジェクトも発足した。さらに令和3年に改正された育児・介護休業法では，男性の育児休業の取得を促進するための新たな制度「産後パパ育休(出生時育児休業)」が創設され，令和4年10月からスタートした。政府は令和3年では男性の育児休業取得率は13.97％であるが令和7年までに30％取得を目標に掲げている。　③　人間の頭の骨は大きく分けると8つの骨で構成され，成長と共に隙間が埋められる。乳児には「大泉門」と呼ばれる頭頂部の真ん中よりやや前方にあるものと，「小泉門」と呼ばれ大泉門より小さく，後方にある隙間がある。これらの隙間は出産時に狭い産道の形に頭蓋骨を変形させ通りやすくするため，また，著しい脳の発達に対応するためのものといわれている。大泉門は1歳半頃，小泉門は1ヶ月ころに閉じる。

④　はちみつに含まれるボツリヌス菌は120℃，4分間の加熱でないと死滅しない。はちみつは包装前に加熱処理を行わないため，1歳未満の子どもには与えない。　(3)　消費者保護基本法が施行されたことにより国民生活センター・消費生活センターが設立され，消費者基本法により消費者の権利の尊重と自立支援が基本理念となった。消費者基本法については条文を確認しておきたい。その後，消費者委員会・消費者庁が発足し消費者行政の一元化が図られた。国際消費者機構による消費者の8つの権利の中に消費者教育を受ける権利があるが，日本では消費者教育の推進に関する法律が施行された。一般的に消費者教育推進法といわれている。　(4)　①　ソルビン酸は抗菌力はあまり強くないが，水によく溶けカビ・酵母・細菌などに効果があるためチーズ，魚肉ねり製品，食肉製品などさまざまな食品に用いられる保存料である。亜硝酸ナトリウムは食肉中のヘモグロビンやミオグロビンと結合し，食肉製品を鮮赤色に保つ発色剤である。また，ボツリヌス菌

の繁殖を抑える効果もある。他にも主な添加物について，学習しておくこと。　②　例として，米菓に使われる「しょうゆ」には保存料が添加されていることがあるが，出来上がった際に保存料が残らず，保存料として効果がでないことからキャリーオーバーとしてしょうゆの保存料は表示しなくてもよいことなどである。　③　カニ風味かまぼこ，人工イクラ，コンニャクから作られた牛のレバ刺し，人工フカヒレなどがある。　(5)　①　家庭用品品質表示法は，消費者が日常使用する家庭用品を対象に事業者が表示すべき事項や表示方法を定め，消費者が適切な情報提供を受けることができるように制定されている。繊維製品には組成表示・家庭洗濯等取扱方法表示・はっ水性などの性能表示の3つ表示事項がある。表示の仕方を学習しておくこと。頻出問題である。　②　界面活性剤についての問題は頻出である。1つの分子の中に水になじみやすい親水基と油になじみやすい親油基を持つ構造と，汚れの落ちる仕組みを必ず理解しておくこと。　③　衣服につく汚れは界面活性剤により除去されるが，汗や体から出る老廃物に含まれるたんぱく質や脂質は分解しておく必要があり，洗剤に酵素が配合されている。プロテアーゼはたんぱく質分解酵素，リパーゼは脂質分解酵素，アミラーゼはでんぷん分解酵素繊維，セルラーゼはセルロース分解酵素で，用途によりこの4種類が用いられることが多い。
④　蛍光増白剤は白く見せる成分であるが漂白剤はシミ汚れや黄ばみの原因となる色素を化学的に変化させて無色化するという違いがある。　(6)　フードバンクは平成12年以降設立され，食品ロス削減，生活困窮者支援の観点からその役割の重要性が高まっていた。令和4年度，フードバンク活動強化緊急対策事業として，食品供給元の確保等の課題解決のため専門家派遣やフードバンクのネットワーク強化のサポートなどが行われている。　②　プラスチックの原料は石油で，二酸化炭素の排出や化石資源の枯渇が問題視されている。バイオマスプラスチックは，サトウキビ・トウモロコシ・小麦・稲わらなどの生物由来の原料で作られているのでプラスチックでありながらも環境に優しい素材といわれている。　(7)　①　ふるさと認証食品制度は全国の

約半数の都府県で実施されており，このマークの3つのEは，優れた品質(ExcellentQuality)，正確な表示(ExactExpression)，地域の環境との調和(HarmonywithEcology)の英語の3頭文字を食品の「品」に図案化したもので，「良い品(イイシナ)」であることを表現している。　②　リターナブル瓶のマークである。正答以外の選択肢について，アは認定健康食品(JHFA)マーク，ウはPSEマークのことである。

【2】(1)　リビングとダイニングとキッチンが一体になったスペースと，2つの個室がある間取り。　　　(2)　保温性，吸放湿性　　(3)　間接照明は反射光を使用するため，照明の効率は悪いが，光がやわらかく明暗差も少ない。　　　(4)　・断熱性の向上　　　・室内の温度上昇の抑制
〈解説〉(1)　LDKのLは「Living」，Dは「Dining」，Kは「Kitchen」である。(2)　畳の大きさの種類についての問題はよく見られる。京間，中京間，江戸間，団地間のサイズを確認しておきたい。　　(3)　直接照明はリビングの主照明，勉強・仕事部屋など活動したい場所に適しており，シーリングライトやダウンライトがある。間接照明は寝室など心身を休ませたい空間に適しており，スポットライトやフットライトなどがある。　　(4)　屋上緑化の効果は他にも，防火・防熱効果，夏季の断熱・冬季の保温，建築物の保護効果などの直接的な効果と，ヒートアイランド現象の緩和，空気の浄化，資源循環型の都市づくりに貢献する効果など社会的な効果がある。

【3】(1)　道具を使っての日常生活動作のこと。　　　(2)　ア　流動イ　結晶　(3)　フレイル　(4)　健側の左側から脱がせて，患側の右側から着せる。
〈解説〉(1)　IADLとは，「Instrumental Activities of Daily Living」の頭文字をとった略称で，「手段的日常生活動作」を指す。モノや道具を使いこなす生活能力のことをいい，具体的には，掃除・洗濯・買い物・食事の準備などの家事動作や，電話の使用，交通手段(バスや電車)の利用，財産管理，自らの服薬管理など広い生活圏での活動や複雑な生活

活動のことを指す。　　(2)　2つの知能の問題は頻出なので必ず覚える
こと。　　(3)　フレイルの判断は5つの徴候のうち3つ以上そろうと「フ
レイル」と評価し，1つか2つに該当する場合は「プレフレイル(フレイ
ルの前段階)」とする。5つの徴候とは歩行速度の低下・疲れやすい・
活動性の低下・筋力の低下・体重減少である。　　(4)　衣服の着脱の介
助は着患脱健で患側から身に着け，健側から脱ぐという原則がある。
介助に関する問題は頻出である。他にも歩行の介助，車椅子の介助，
移動の介助について詳しく学習しておくこと。

【4】(1)　黒豆に含まれるアントシアン色素が，鉄イオンと結合し，色
素が安定するため。　　(2)　油を使わずにごまめを鍋で炒りつける。
(3)　ごぼうに含まれるアクの成分には，不味成分だけでなく，無機質
や風味成分も含まれており，長時間浸漬すると，除去されるため。
(4)　鶏ひき肉をよくこねると，生肉中のミオシンとアクチンが結合し
て粘着性と弾力が増すため。　　(5)　2杯　　(6)　さつまいもが熱い
時には，細胞間を接着しているペクチンが流出して，細胞が分離しや
すくなるため，わずかな力で裏ごしすることができ，口当たりがよく
なる。　　(7)　①　もち米　　②　糖化
〈解説〉(1)　アントシアン色素は，酸性で紅色，アルカリで紫色から青
色に変化し，加熱によって退色する。アントシアン色素は，鉄やアル
ミニウムと結合して安定な錯塩を作るので，釘の鉄分を利用すること
によって，長時間加熱しても退色することなく美しく仕上がる。
(2)　ごまめのからいりは時間をかけて水分をとばし，ポキッと折れる
まで行う。香ばしさがでて，香りが良くなる。　　(3)　ごぼうを水にさ
らしたときに出てくる茶褐色の成分には，ポリフェノールの一種クロ
ロゲン酸が含まれている。クロロゲン酸は，抗酸化力が強く，血液を
サラサラにして生活習慣病を予防するなどの働きがある。　　(4)　動物
や魚の筋肉を構成するアクチンとミオシンは筋肉の中ではそれぞれ集
まり，細かい糸のような形になっている。これらがたくさん集まって
束になり，筋肉の繊維をつくり上げている。アクチンやミオシンは塩

水に溶け出しやすい性質がある。ひき肉に塩分を加えて練ると，これらのタンパク質はバラバラになり肉の周囲の塩水に溶け出してくる。さらに練り混ぜると，バラバラの糸が絡み合い，その内側に水分をとじ込めるので粘りと弾力が生まれる。　　(5)　みそ大さじ1杯は18g，松風焼き4人分のみその量は9×4＝36gなので大さじ2杯である。主な調味料の小さじ・大さじの重量と容量は覚えておくこと。　　(6)　さつまいもなどのでんぷん質のものは冷めると硬くなってこしにくくなるため，熱いうちに手早く行う。　　(7)　みりんはアルコール度数が約14％で酒類に分類される。みりんは甘みやコクで味に奥行きを出し，食欲をそそる照りやつやを与える。

2022年度 実施問題

【中高共通】

【1】次の(1)～(5)に答えなさい。

(1) 食と健康について,次の①～③に答えなさい。

① 食べ物や栄養が健康や病気に与える影響を,過大に信じたり評価したりすることを何というか,書きなさい。

② 厚生労働省と農林水産省の共同により平成17年に策定された,1日に「何を」「どれだけ」食べたらよいかの目安を,分かりやすくイラストで示したものを何というか,書きなさい。

③ 中食(なかしょく)を利用する際に注意すべき点は何か,生活習慣病予防の観点を踏まえて1つ書きなさい。

(2) 消費生活について,次の①～④に答えなさい。

① 次の図は,クレジットカードを利用する際の三者間契約を示した図である。図中のア～ウに当てはまる語句を,それぞれ書きなさい。

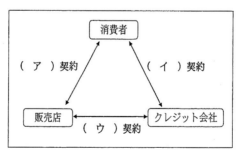

② クレジットカードの支払い方法のうち,リボルビング払いを利用する際の注意点について,支払い方法の特徴に触れながら説明しなさい。

③ 多重債務に陥り債務を整理する方法のうち,特定調停と個人再生手続以外の解決方法を2つ書きなさい。

④　次のア～ウの文が説明する悪質商法や詐欺行為を何というか，それぞれ書きなさい。

ア　サイト業者に雇われた偽の客が，異性，タレント等になりすまして被害者をサイトに誘導し，メール交換等の有料サイトを利用させ，その料金を詐取する悪質商法。

イ　販売組織の加入者が，消費者を組織に加入させ，さらにその消費者が別の消費者を組織に加入させることを次々と行うことにより，ピラミッド状に販売組織で発展する形態をとる悪質商法。

ウ　実在の企業を装ったメールを顧客に送付し，レイアウト，デザイン，URL等がそっくりの偽のサイトに呼び込み，被害者にキャッシュカードやクレジットカードの番号，パスワードなどを入力させ，不正に個人情報等を入手する詐欺行為。

(3)　生活と福祉，共生社会について，次の①～④に答えなさい。

①　車いすの移動介助において，介助者が使用する「ティッピングレバー」の役割を説明しなさい。

②　アメリカの老年医学者，ロバート・バトラーにより提唱された，高齢者に対する年齢による偏見や差別のことを何というか，書きなさい。

③　次のア～エの文について，間違っているものを1つ選び，その記号を書きなさい。

ア　ボランティアは，社会の諸問題を自らの問題ととらえ自発的に取り組む行為であり，また，行為に対する対価を要求しないことが，基本的な態度であるとされる。

イ　クオリティー・オブ・ライフとは，生活者本人が感じる満足感・安定感・幸福感などによる，生活の質を表す言葉である。

ウ　リハビリテーションの理念は，「全ての人を孤独や孤立，排除や摩擦から援護し，健康で文化的な生活の実現につなげるよう，社会の構成員として包み支え合う」ことである。

エ　多文化共生とは，国籍や民族などの異なる人々が，互いの文

34

化的な違いを認め合い，対等な関係を築こうとしながら，地域
社会の構成員として共に生きていくことをいう。
④　ユニバーサルデザインの身近な例として，次の図のような屋根
型容器の上部についている「切欠き」がある。この「切欠き」の
役割について説明しなさい。

切欠き

(4)　子どもの発達と保育について，次の①～④に答えなさい。
　①　食事，睡眠，排泄，着脱衣，清潔など，生きるために必要な習
慣を何というか，書きなさい。
　②　平成30年8月から日本国内で製造・販売が許可された，乳児用
調製液状乳(液体ミルク)の利用上の利点を書きなさい。
　③　次の文は，「児童福祉法」の第1条である。文中のア～ウに当て
はまる語句を，それぞれ書きなさい。

> 第1条　すべて国民は，児童が(　ア　)ともに健やかに生ま
> れ，且つ，(　イ　)されるよう努めなければならない。
> 2　すべて児童は，ひとしくその生活を(　ウ　)され，愛護
> されなければならない。

　④　「母子保健法」の第16条に規定される，妊娠の届出をした者に
対して，市町村が交付する手帳を何というか，書きなさい。
(5)　住生活について，次の①～④に答えなさい。
　①　次の文は，居室の換気について述べたものである。文中のア～
ウに当てはまる語句を，それぞれ書きなさい。

> 　　換気には，窓を開けて風を通す(　ア　)換気と，換気扇等を回して空気を外に排出する(　イ　)換気がある。住宅の高断熱高気密化により，化学物質による(　ウ　)症候群の増加が問題になったことを踏まえて，平成15年の建築基準法改正にともない，24時間換気システムを設置することが義務づけられた。

② 　建物の土台と地盤の間に積層ゴムやダンパーを設置して，地震の揺れを建物に伝えにくくする構造を何というか，書きなさい。

③ 　入居希望者が組合をつくり，計画・設計段階から協同でつくる集合住宅を何というか，書きなさい。

④ 　新潟県では平成24年に「新潟県住宅の屋根雪対策条例」を制定し，克雪住宅の普及の推進を図っている。克雪住宅のうち，落雪式，融雪式以外のものを1つ書きなさい。

(☆☆☆◎◎◎◎)

【2】ブラウスの製作について，次の(1)～(5)に答えなさい。

(1)　夏用ブラウスの布地として適するものを，次のa～dから1つ選び，その記号を書きなさい。

　　a　コーデュロイ　　　b　キルティング　　　c　ツイード
　　d　ブロード

(2)　布地を裁断する前に，地直しをする理由を説明しなさい。

(3)　次の図のAの部分は，布をつまんで立体化する技法で縫製する。この技法を何というか，書きなさい。

A

(4)　上の図の衿の名称を書きなさい。

(5)　製作過程や仕上がりでアイロンがけを行う際の，当て布の役割について説明しなさい。

(☆☆☆◎◎◎)

【3】ほうれんそうのごまあえ，かきたま汁の調理と使用する食品について，次の(1)～(5)に答えなさい。

(1)　ほうれんそうを茹でる際，次の①～④のように行う理由を，それぞれ説明しなさい。

　　①　ほうれんそうの重量の5倍以上のたっぷりの水を沸騰させて茹でる。

　　②　茹で水に対して1～2％の食塩を加えて茹でる。

　　③　鍋に蓋をせずに茹でる。

　　④　茹で上がったら冷水にとる。

(2)　ごまの油脂に多く含まれるn-6系の必須脂肪酸は何か，書きなさい。

(3)　茹でたほうれんそうとあえ衣を，食べる直前にあえる理由を説明しなさい。

(4)　かきたま汁の調理について，次の①～③に答えなさい。

　　①　だしに使われる，かつおぶしのうま味の主成分は何か，書きなさい。

　　②　とろみをつけるためのでんぷん(片栗粉)の濃度として最も適切なものを，次のア～エから1つ選び，その記号を書きなさい。

　　　ア　1～2％　　イ　4～5％　　ウ　7～8％　　エ　9～10％

　　③　次の文は，でんぷん(片栗粉)の調理性について述べたものである。文中のア，イに当てはまる語句を，それぞれ書きなさい。

> でんぷんを汁に入れるととろみがつくのは，でんぷんが（　ア　）をおこして粘りを生じるためである。でんぷんの（　ア　）には，でんぷんの粒子に（　イ　）を十分に吸収させた状態で，むらのない加熱が行われることが必要である。

37

(5) 卵について，次の①，②に答えなさい。

①　次の表は，卵白，卵黄の可食部100g当たりに含まれるいくつか
の栄養素の量を表したものである。表中のア，イに当てはまる栄
養素は何か。以下のa～eから1つずつ選び，その記号を書きなさ
い。

栄養素	卵白	卵黄
たんぱく質	10.1g	16.5g
（ ア ）	微量	34.3g
カルシウム	5 ㎎	140 ㎎
（ イ ）	微量	4.8 ㎎
ビタミンB$_2$	0.35 ㎎	0.45 ㎎

（日本食品成分表2020年版（八訂）より作成）

a　ビタミンC　　b　鉄　　c　マグネシウム　　d　脂質
e　リン

②　食品の生産・飼育，処理・加工，流通・販売の各段階の履歴を
確認できる仕組みを何というか，書きなさい。

(☆☆☆◎◎◎)

【4】次の(1)，(2)に答えなさい。
(1) 「ローリングストック法」とは何か，説明しなさい。
(2) 「エシカル消費」とはどのような消費行動か，説明しなさい。

(☆☆☆☆◎◎◎◎)

解答・解説

【中高共通】
【1】(1)　①　フードファディズム　　②　食事バランスガイド

③　脂質の摂りすぎに注意する。　　(2)　①　ア　売買　　イ　会員　ウ　加盟店　　②　毎月の返済額が一定の金額に固定されているため，返済期間が長期化し，利息の支払い額が多くなることがあるので注意する。　　③　任意整理，自己破産　　④　ア　サクラサイト商法　　イ　マルチ商法　　ウ　フィッシング　　(3)　①　ティッピングレバーを踏むことにより，容易に前輪が浮き，段差を上ることができる。　　②　エイジズム　　③　ウ　　④　牛乳と他の飲料を区別する。　　(4)　①　基本的生活習慣　　②　調乳の手間がない。③　ア　心身　　イ　育成　　ウ　保障　　④　母子健康手帳(5)　①　ア　自然　　イ　機械　　ウ　シックハウス　　②　免震構造　　③　コーポラティブハウス　　④　耐雪式

〈解説〉(1)　①　特定の食品を摂取すると健康になる・病気が治る，不健康になる・病気になるなどの情報を過大評価して偏った食行動を取ること。ファディズム(faddism)とは，「一時的流行」「一時的な流行を熱心に追うこと」という意味。テレビや書籍・雑誌などのマスメディアによる情報発信が発端になることが多い。　　②　健康で豊かな食生活の実現を目的に策定された「食生活指針」(平成12年3月)を具体的に行動に結びつけるものとして，平成17年6月に厚生労働省と農林水産省が策定した。食事バランスガイドが他の食品群の分類と違うことは，副菜を5～6つ，主菜を3～5つなど，数と量で示している点である。③　中食の需要は増加している。要因の一つに共働きが増え，調理時間が充分取れないこと等がある。加工調理品は，時間経過してもおいしさが損なわれないように，油脂や塩分を多めに使用していることが多い。　　(2)　①　イの会員契約は「立て替え払い契約」である。三者間契約についての問題は頻出なので学習しておくこと。　　②　同時にいくつものリボ払いがあっても額は一定なため，借金残高や，返済完了時期も把握できなくなり，多重債務に陥る危険性を含んでいる。③　債務整理についての問題は頻出なので，それぞれの方法についてメリット・デメリットを整理しておこう。　　④　ア　出会い型，同情型，利益誘因型など手口は巧妙になってきている。　　イ　「ネズミ講」

といわれるもの。　ウ　銀行やカード会社などになりすましてメールやサイトを偽造し，口座番号や暗証番号など個人情報を盗む。

(3)　①　車椅子介助の方法について他にも確認しておくこと。
②　年齢に対する差別は，レイシズムやセクシズムに次いで大きな差別と言われている。無意識にもっている固定観念に対する気づきが必要である。　③　ウはソーシャルインクルージョンについての説明である。　④　目が不自由な人でもそれが牛乳だと判断できるようにする。低脂肪乳などの加工乳にはこの切欠きはない。生乳100％のものだけにつけられており，切欠きのない側が開け口であることも示している。　(4)　①　生活習慣には，解答の他にあいさつ，交通ルールを守る等「社会的習慣」がある。　②　災害時に役立つ。水や電気が止まっても衛生的にミルクを飲ませることができる。　③　児童福祉法の旧法(昭和22年)からの出題である。平成28年の法改正により，変更または新たに条文化されたことなど新旧対照表などで確認しておくこと。改正後の第1条は「全て児童は，児童の権利に関する条約の精神にのっとり，適切に養育されること，その生活を保障されること，愛され，保護されること，その心身の健やかな成長及び発達並びにその自立が図られることその他の福祉を等しく保障される権利を有する。」である。　④　母子手帳は，妊産婦健診から出産，乳児，幼児期，また予防接種等の様々な情報を記録できる。　(5)　①　自然換気には風力と温度差によるものがある。シックハウス症候群対策として，換気の他に，ホルムアルデヒドとクロルピリホスの使用禁止が建築基準法により定められた。　②　免震構造の他に，建物の構造部分に組み入れた制御装置で揺れを吸収させる制震構造，建物自体の構造部分を強くして地震の揺れに耐えるようにした耐震構造がある。　③　住まいの形として他にも，コレクティブハウス，シェアハウス，グループホーム等があるので確認しておくこと。　④　耐雪住宅は雪の重みで押しつぶされないように強度を強くする方式。落雪式は屋根を急勾配にしたり滑りやすい屋根材を用いる方式。融雪式は，灯油・ガス・電気等または生活廃熱によって屋根雪を溶かす方式である。

【2】(1)　d　　(2)　布には織る工程で生じる隙間やゆがみがあり，地直しをしないで服を製作すると，洗濯などで収縮したり型くずれが起こり，出来上がりのシルエットが崩れる恐れがあるため。　　(3)　ダーツ　　(4)　フラット・カラー　　(5)　布の風合いを損ねない。

〈解説〉(1)　コーデュロイ，キルティング，ツイードは冬用の素材。(2)　裁断する前に，縦糸や横糸のゆがみ等を正す地直しを行なう。布の種類により方法が異なるのでそれぞれ確認しておくこと。　　(3)　立体構成の制作では他にも，タックやいせ込みなどで体のラインや動きにあわせる。　　(4)　フラット・カラーは身頃にぴったり添うような平らな形状である。シャツカラーは身頃に台衿を作り，そこに衿をつけるので首にそった形状になる。衿の形は多数あるので確認しておきたい。　　(5)　熱に弱い生地に直接アイロンを当てると生地が溶けてしまい，テカリや伸びなどのダメージがある。当て布の必要な生地を確認しておくこと。

【3】(1)　①　ほうれんそうを入れた時に，湯の温度が下がらず，短時間で茹でることができるので，火の通りすぎを防ぐことができるため。②　クロロフィルが食塩のナトリウムイオンにより安定し，緑色を保つ効果があるため。　　③　鍋にふたをせずに茹でると，ほうれんそうに含まれるシュウ酸が水蒸気とともに逃げていくため，湯が酸性にならず，緑色が安定する。　　④　あくを抜くため。　　(2)　リノール酸　　(3)　あえてから時間をおくと，浸透圧により，材料から水分が出て水っぽくなるため。　　(4)　①　イノシン酸　　②　ア③　ア　糊化　イ　水　(5)　①　ア　d　イ　b　②　トレーサビリティ

〈解説〉(1)　ほうれんそうのゆで方は青物野菜の一般的なゆで方である。最後に冷水にとるのは，色止めと余熱による加熱のしすぎを防ぐためでもある。　　(2)　ごまに含まれる必須脂肪酸は主に不飽和脂肪酸のリノール酸とオレイン酸である。　　(3)　ほうれんそうに限らず，青物を茹でてあえる場合は，食べる直前にあえる。　　(4)　①　イノシン酸は，

昆布のグルタミン酸や椎茸のグアニル酸と一緒に使うと旨味の相乗効果が得られる。　②　片栗粉は時間がたち温度が下がってくるととろみがなくなっていく性質があるので，完成の直前で加える。　③　片栗粉はじゃがいものでんぷんである。糊化には水と熱の両方が必要である。ジャガイモでんぷんの糊化の温度は60度程度である。

(5)　①　卵にはビタミンCと食物繊維以外の栄養素が豊富に含まれている。卵黄・卵白それぞれの成分を確認しておくこと。卵黄には鉄と亜鉛が多く含まれ，卵白にはたんぱく質とカリウムが含まれており脂質が含まれない。　②　栽培や飼育から加工・製造・流通などの過程を明確することで，食品に問題が生じたときには，製造過程のどの工程で問題発生したのかを明らかにでき，改善策もとれる。

【4】(1)　普段の食料品を少し多めに買い置きし，消費した分を補充して，常に一定量の食料を家に備蓄しておく方法。　　(2)　より良い社会の実現に向けて行う，人や社会，環境に配慮した消費行動。

〈解説〉(1)　災害用として購入し備蓄するのではなく，日常好んで食べているもので冷蔵庫や冷凍庫に入れる必要が無く，そのまま食べられるもの，単純な調理法で食べられるものなどを多めに購入して，災害用にも使えるようにしておく。「好みの味ではなかった」「調理法がわからない」「災害用食品として購入したけど賞味期限が過ぎた」等のマイナス面が解消できる。　　(2)　消費しているものやサービスの生産背景を知り，生産者の搾取を助長しないもの，環境負荷の低いものを選んで購入する等の行動。これに関わるものとして，フェアトレード，ファストファッション，地産地消等の用語についても学習しておきたい。

2021年度　実施問題

【中学校】

【1】次の(1)～(8)に答えなさい。

(1) 栄養素について，次の①～③に答えなさい。

① 5大栄養素のうち，炭水化物とミネラル(無機質)以外のものを3つ書きなさい。

② 炭水化物のうち，体内で消化・吸収されやすいエネルギー源を何というか。

③ 日本人に不足しがちなミネラル(無機質)を2つ書きなさい。

(2) 次の①～③の文は，採寸方法を説明したものである。それぞれの採寸箇所を答えなさい。

① 腰の最も太いところを水平に1周測る。

② 椅子に深く腰掛けて，ウエストラインから椅子の座面までを測る。

③ 背の中央の位置で首の付け根からウエストラインまでの長さを測る。

(3) 次の①～⑤の文は，衣類の材料となる繊維について説明したものである。それぞれに当てはまる繊維名を下のア～キから選び記号で答えなさい。

① タオルなどに用いられ，肌触りがやわらかで，水をよく吸う天然繊維

② 水着などに用いられ，ゴムのような伸縮性のある化学繊維

③ スカーフなどに用いられ，光沢があってしなやかな天然繊維

④ セーターなどに用いられ，保温性が高く，湿気をよく吸う天然繊維

⑤ 毛布などに用いられ，保温性があり紫外線に強い化学繊維

ア　絹　　　　　　イ　アクリル　　　ウ　レーヨン　　エ　綿
オ　ポリウレタン　カ　キュプラ　　　キ　毛

(4) 着物の繰り回しの知恵について，次の①，②の手工芸の名称を答えなさい。

① 着古した布をひも状に裂いてよこ糸に用いて再生した布を何というか。

② 補強・保温を目的に，木綿の布を重ね合わせて糸で縫ったもので，「麻の葉」や「青海波」などの模様が用いられる刺繍を何というか。

(5) 子どもの発達について，次の①，②に答えなさい。

① 2歳を過ぎる頃，親や周囲の提案に対して「いや」「自分でする」などと言ったり，できないことがあるとかんしゃくをおこしたりすることが多くなる時期を何というか。

② 子どもは発達に応じて様々な欲求を持つようになる。欲求をコントロールできず，周囲からの求めにうまく応じられなかったり，調和した行動がとれなかったりしている状態を何というか。

(6) 青年期について，次の①～③に答えなさい。

① アメリカの心理学者エリクソンによる青年期の発達課題の一つであり，「自分とは何者か」という問いかけに対して，自分らしい在り方をつくり上げていくことを何というか。

② 青年期は，大人として自立していくための準備期間である。自立の側面を「生活的自立」以外に2つ書きなさい。

③ 青年期のライフステージにおける発達課題の中で，家族とのかかわりに関するものを次のア～エの中から1つ選び，記号で答えなさい。

ア 親となるための精神的・身体的な準備

イ 外界との出会い

ウ 五感による感性の発達

エ 職業上の知識と技術の向上

(7) 公的年金制度について，次の①，②に答えなさい。

① 日本に居住する20歳以上の者が全員加入する年金を何というか。

② 会社員や公務員，一定の条件を満たすパートやアルバイト，契約社員等が加入する年金を何というか。

(8) 次の表の住空間について，下の①～④に答えなさい。

住空間	部屋
個人生活の空間	寝室，書斎
共同生活の空間	食堂，（ ア ）
生理・衛生の空間	浴室，（ イ ）
家事の空間	（ ウ ）

① 表中のア～ウに当てはまる部屋を書きなさい。
② 建物の中で，人が移動する軌跡を何というか。
③ バリアフリーの意味を説明しなさい。
④ 浴室におけるバリアフリーの例を1つ書きなさい。

(☆☆☆◎◎◎)

【2】住まいについて，次の(1)，(2)に答えなさい。

(1) 次の図は，和室を横から見た図である。図中の①～③の名称を書きなさい。

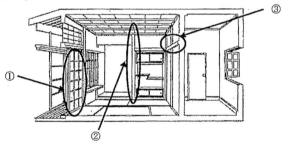

(2) 二つの起居様式について，次の④，⑤に当てはまる語句を書きなさい。

（ ④ ）座は，作業能率にすぐれ活動的に過ごしやすい。（ ⑤ ）座は，くつろぎやすく，部屋の転用性が高い。

(☆☆☆◎◎◎)

【3】弁当の調理について，次の(1)～(5)に答えなさい。

(1) 栄養のバランスのとれた弁当を作るための主食，主菜，副菜の適切な比率を書きなさい。

(2) 弁当を作る際，衛生上注意すべき点を3つ書きなさい。

(3) おかずに肉じゃがを作ることにした。次の図の①，②に示した材料の切り方を何というか。

① にんじん　　　　　② 玉ねぎ

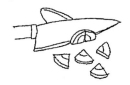　　　　　

(4) じゃがいもの芽や緑色になった部分に含まれている，食べると中毒症状を起こすことがある物質を何というか。

(5) 国民に供給された食料のうち，本来食べられるにもかかわらず廃棄されているものを何というか。

(☆☆☆◎◎◎)

【4】衣服の機能について，次の(1)，(2)に答えなさい。

(1) 服装は，T.P.O.を考えた選択が求められる。T.P.O.とはそれぞれ何を示したものか書きなさい。

(2) 衣服を着ることで，皮膚表面と衣服の間に外界と異なる温度や湿度を持つ局所的な気候を何というか。

(☆☆☆◎◎◎)

【5】消費と環境について，次の(1)～(3)に答えなさい。

(1) 商品の安全性と消費者行政について，次の①～③に答えなさい。

① 車両などにおいて，構造・装置・性能などに欠陥がある際に，事業者が届け出て，該当する製品を回収や無償修理等を行う制度のことを何というか。

②「消費者の権利の尊重」と「消費者の自立支援」を基本理念とし，

2004年に消費者政策の基本となる事項を定めた法律を何というか。

③　消費者の安全を確保するために，国が定める安全基準に適合した製品には，安全基準適合マークが付けられている。安全基準適合マークの中で，次の図のPSEマークが付けられているのはどのようなものか。

(2)　持続可能な社会に向けて私たちができることの一つに「3R」がある。その他に，環境に配慮した行動にリフューズ(Refuse)もある。リフューズ(Refuse)とは何か説明しなさい。

(3)　次の図は，持続可能な社会に向けた取組について示した図である。図中の①，②が目指す社会とはどのような社会か具体的に説明しなさい。

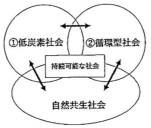

環境省「21世紀環境立国戦略」より作成

(☆☆☆◎◎◎)

【6】家族と家庭生活について，次の(1)～(3)に答えなさい。

(1)　国民一人一人がやりがいや充実感を感じながら働き，仕事上の責任を果たすとともに，家庭や地域生活などにおいても，多様な生き方が選択・実現できる社会を何というか。

(2)　就学前の子どもに幼児教育と保育の両方を提供し，地域における子育て支援を行う役割をもつ施設を何というか。

(3)　多様化する保育ニーズに対応するために，子どもを預かる人と子どもを預けたい人が登録して会員になる制度を何というか。

(☆☆☆◎◎◎)

解答・解説

【中学校】

【1】(1)　①　脂質，たんぱく質，ビタミン　②　糖質　③　鉄，カルシウム　(2)　①　腰囲(ヒップ)　②　また上　③　背丈　(3)　①　エ　②　オ　③　ア　④　キ　⑤　イ　(4)　①　裂織　②　刺し子　(5)　①　第一次反抗期　②　不適応　(6)　①　アイデンティティの確立　②　精神的自立，社会的自立　③　ア　(7)　①　国民年金　②　厚生年金　(8)　①　ア　リビング(居間)　イ　トイレ　ウ　台所　②　動線　③　ハンディキャップを負っている人の行動を阻む物的・心的障害がないこと　④　・手すりを設置する。　・滑りにくい床材を使う。　・段差がない。　等から1つ

〈解説〉(1)　①　5大栄養素のうち，炭水化物，たんぱく質，脂質を3大栄養素という。これらは体内でエネルギー源となる。炭水化物とたんぱく質は1gにつき4kcalで，脂質は9kcalである。また，たんぱく質は体の構成成分である。ビタミンはごく微量であるが，体の発育や活動を正常にする。ミネラル(無機質)は体の中でそれぞれ重要な働きをする。体内で合成されないため，食物から摂取しなければならない。②　炭水化物には，大きく分けて糖質と，消化されないが体の機能を調節する食物繊維がある。糖質は単糖類，二糖類，多糖類，少糖類(エネルギー源になりにくい)に分類される。　③　鉄は赤血球の成分であるヘモグロビン合成に利用され，不足すると息切れや動悸，疲れやすさ等の症状が現れる。カルシウムは骨や歯の形成以外にも，ホルモン

の分泌や血液の凝固作用等の重要な働きがある。　(2)　採寸とは身体寸法を測ることをいう。採寸は下着を整え正しい姿勢で立ち，巻き尺を用いて正確に行う。被服製作において型紙を製図する時や市販の型紙を選択する時の基本情報となる。基本的な採寸箇所についてその方法を身につけること。　(3)　繊維の種類は大きく天然繊維と化学繊維に分けることができる。天然繊維にはさらに植物繊維(綿，麻)と動物繊維(毛，絹)がある。化学繊維には再生繊維(レーヨン，キュプラ)，半合成繊維(アセテート)，合成繊維(ナイロン，ポリエステル，アクリル，ポリウレタン等)がある。　(4)　①　裂織はもともと東北地方で生まれた生活の知恵である。江戸時代中期，ものを大切にしたいという人々の工夫から生まれた。　②　刺し子は藍染の布に白い糸で線を描くように刺繍するもので，これも16世紀ごろに生まれ全国に広まった。東北地方の刺し子は特に広く知られている。伝統文様として，他に角七宝，十字つなぎ，紗綾形(さやがた)，矢羽根，野分等もある。

(5)　①　第一次反抗期は，自我が芽生えてきたために起こる現象である。ただし自己主張や反抗の仕方には個人差がある。なお，第二次反抗期は中学生頃の思春期の反抗を指す。　②　欲求には生理的欲求と社会的欲求がある。不適応に対し欲求が満たされ周囲の求めにも応えている状態を適応という。不適応反応として退行，攻撃等がある。

(6)　①　青年期の発達課題である「アイデンティティの確立」とは，「これこそが本当の自分だ」という自分の存在意義を見つけ出し作り上げていくことである。　②　青年期は5つの自立すなわち生活的自立，精神的自立，経済的自立，社会的自立，性的自立の確立が大きな課題である。　③　ライフステージは，一人の人間の生から死までを，乳幼児期(0～就学前)，児童期(6～12歳頃)，青年期(12～20歳代前半頃)，壮年期(20歳代後半頃～64歳)，高齢期(65歳～)に区切ったもの。「学習者として生きる」，「職業に関わって生きる」，「家族・地域社会とかかわって生きる」など，それぞれのライフステージの特徴を理解しておきたい。　(7)　公的年金制度のうち国民年金は20歳から60歳未満の者の加入で，加入期間が10年以上になると，原則65歳以上から死ぬまで

老齢年金を受け取ることができる。また65歳未満でも一定の条件下で障害年金や遺族年金が受給できる。また他に民間の運営する個人年金や企業年金がある。　(8)　①　住空間は人々の様々な「生活行為」によって分類したもので，「通路」等も含める場合もある。また，こうした空間を配置・構成したものが「間取り」である。　②　動線には家事の動線，トイレや浴室に行くための動線等がある。動線は一般的に短い方が効率がよいとされる。台所と居間等関連する場合は短くし，異なる動線を交差させないようにする。　③　バリアフリーには，物理的バリアフリー，心理的バリアフリー，制度的バリアフリー，社会的バリアフリーの4つがある。　④　手すりをつけることや段差の解消，照明を明るくする，滑り止めを施す，勾配を小さくすること等は，浴室に限らず他の部屋等でも共通するバリアフリーの例である。

【2】(1)　①　障子　　②　床柱　　③　長押　　(2)　④　椅子　⑤　床

〈解説〉(1)　和室の各部名称は他に，鴨居，欄間，敷居，床の間，書院等がある。　(2)　椅子座や床座を起居様式という。床座は部屋の用途を固定しないので転用性が高い，畳を使用すると防音性が高い等の長所がある反面，行動が活発になりにくい，作業能率が悪い，正座や無理な姿勢を強いることもあるという短所がある。椅子座は膝を曲げる窮屈さがないので脚部の発育によい，顔が高い位置にくるのでホコリやダニの影響を受けにくい等の長所がある反面，大型家具を使用するので広い空間を必要とする，空間の用途を固定してしまい融通性があまりない等の短所がある。

【3】(1)　主食3：主菜1：副菜2　　(2)　・食材にしっかり火を通す。・調理用具や手指の衛生管理を行う。　・料理は冷ましてから弁当箱に詰める。　(3)　①　いちょう切り　②　くし形切り　(4)　ソラニン　(5)　食品ロス

〈解説〉(1)　主食とは米等の穀類をいう。主菜は肉や魚・卵等である。

副菜は煮物や炒め物等をいう。 (2) 弁当の留意点として他に，汁気の多いものは汁を切って詰める，持ち運びを考えて隙間なく詰め，味が混じらないようにカップ等を利用する等もある。 (3) 野菜の基本的な切り方には他に，輪切り，半月切り，色紙切り，短冊切り，拍子木切り，さいの目切り，千切り，みじん切り，ななめ切り，乱切り，そぎ切り，ささがき等がある。一般的に，一つの料理での切り方は，大きさを同じくらいにそろえるのがポイントである。また，どんな料理にはどの切り方がよいか知っておくことも大切である。 (4) ソラニン類は，植物性の自然毒で，摂取すると嘔吐や下痢などの中毒症状を引き起こすことがある。 (5) 農林水産省によると，2017年度の日本の食品ロス量は約612万トンであった。うち食品関連事業者から発生する事業系食品ロス量は約328万トンで，一般家庭からの食品ロス量よりやや多い。2019年10月に，食品ロス削減を国民運動として進めるため，「食品ロスの削減の推進に関する法律」(食品ロス削減推進法)が施行され，2020年3月には，国・地方公共団体，事業者・消費者等の取組の指針として，同法に基づく基本方針が閣議決定されました。

【4】(1) T…時 P…場所 O…場合 (2) 被服気候(衣服気候)
〈解説〉(1) T.P.Oはtime, place, occasionのことで，時と場所，場合に応じた服装，態度等を使い分けることを意味する。T.P.Oに合わない服装は，周囲になじまなかったり，不快感を与えたりすることがある。(2) 体温と外気温が10℃以上の差がある時は被服の着用が必要である。被服気候で被服最内空気層(身体と被服の間)の最適な温度は32±1℃で，湿度は50±10%である。また温度は身体に近い方が高く，湿度は外気に近い方が高い。

【5】(1) ① リコール ② 消費者基本法 ③ 電気用品
(2) レジ袋を断るなど，不要なもの，余計なものを断ること。
(3) ① 低炭素社会…生活の中で省エネルギーに取り組むなど，地球温暖化の主な原因とされる二酸化炭素の排出削減を目指す社会

②　循環型社会…天然資源の消費を減らし，再利用や再使用するなど環境負荷をできるだけ少なくしていくことを目指す社会

〈解説〉(1)　①　リコールは，法令に基づくリコールと製造者・販売者による自主的リコールに大別される。消費生活用製品安全法では，重大な欠陥製品に対し経済産業大臣が「危害防止命令」としてリコールを命じる権限を規定している。また自動車やオートバイ等は道路運送車両法に基づく。その他健康食品(薬事法)，食品衛生法以外の食品添加物や残留農薬等は保健所からの製品回収の指示がある。　②　消費者基本法は，1968年に制定された消費者保護基本法が，消費者の権利の尊重と消費者の自立支援を基本理念として2004年に改正・施行されたもの。　③　安全基準適合マークには，他に，PSCマーク(消費生活用製品)，PSTGマーク(ガス用品)，PSLPGマーク(液化石油ガス器具等)がある。　(2)　循環型社会のための法制度として1993年に環境基本法が施行された。また2001年には循環型社会形成推進基本法が施行された。3Rは，リデュース(発生の抑制)，リユース(再使用)，リサイクル(再生利用)をいう。リフューズの他にリペア(修理する)もあり，これらを合わせて5Rともいう。　(3)　3つのうちの1つの「自然共生社会」は，自然の恵みの享受と継承を意味する。また設問の矢印のうち一番上は「気候変動とエネルギー・資源」で，右下は「生態系と環境負荷」，左下は「気候変動と生態系」を意味する。

【6】(1)　ワーク・ライフ・バランスが実現した社会　　(2)　認定こども園　　(3)　ファミリーサポート制度(ファミリーサポート事業)

〈解説〉(1)　2007年に「仕事と生活の調和(ワーク・ライフ・バランス)憲章」が策定された。この憲章の目指す社会は，「①　就労による経済的自立が可能な社会」，「②　健康で豊かな生活のための時間が確保できる社会」，「③　多様な働き方・生き方が選択できる社会」である。(2)　認定こども園は2006年に創設された。保育所は厚生労働省の管轄で，幼稚園は文部科学省の管轄であるが，認定こども園は内閣府の管轄である。また認定こども園には，幼稚園型，保育所型，地方裁量型，

幼保連携型の4つがある。 (3) ファミリーサポート事業は「子育て援助活動支援事業」ともいう。この事業は2005年度から次世代育成支援対策交付金としてスタートし，様々な経過をたどりながら現在は「子ども・子育て支援新制度」の開始に伴い，2015年度からは「地域子ども子育て支援事業」として実施されている。

2020年度　実施問題

【中学校】

【1】次の(1)～(8)に答えなさい。

(1) 次の図は，織物の代表的な組織である三原組織を，たて糸は黒で，横糸は白で表したものである。下の①～③に答えなさい。

ア 　　イ 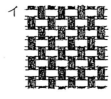　　ウ

①　ア～ウの組織の名称を何というか。

②　ア～ウの組織の特徴を次のa～dから選び，記号で答えなさい。

a　布面が平らで，目のすいた布もできる。

b　糸の浮いている部分が多く，表面が滑らかで光沢が出る。

c　伸縮性があり，しわが付きにくい。

d　斜めの方向にうねが現れる。

③　ア～ウの組織の代表的な織物名を次のa～dから選び，記号で答えなさい。

a　サテン　　b　フェルト　　c　ブロード　　d　デニム

(2) 断面を変化させて，絹のような光沢をもたせたり，吸水性を向上させたりした合成繊維を総称して何というか。

(3) カーペットやカーテンなどに施され，着火しにくく，燃え広がりにくい加工を何というか。

(4) 次の①～③は，生活の中に見られるマークである。それぞれのマークの説明をあとのア～ウから1つずつ選び，記号で答えなさい。

 ① ② ③

ア　嚙む力や飲み込む力が低下してきた高齢者の食事に対応した加工食品に付けられている。

イ　視覚に障害がある子に配慮した玩具に付けられている。

ウ　ベビーカー使用者が安心して利用できる場所や設備を表している。

(5)　日本の食料自給率(供給熱量ベース)は，2012年度では，39％であった。農林水産省は，2020年度までに食料自給率を何％まで引き上げることを目標としているか答えなさい。

(6)　高齢者や障害者の介助について，次の①〜③に答えなさい。

①　次の図のaとbの名称を書きなさい。

②　車椅子で急な坂を下りるとき，乗っている人が不安に感じないように介助者が留意することを書きなさい。

③　視覚に障害のある人が物の位置関係を把握したり，記憶したりするために時計の文字盤の位置を用いる方法を何というか。

(7)　乳幼児の遊びの種類と具体例について，次の①〜⑥に適する語句を下のア〜キから1つずつ選び，記号で答えなさい。

（ ① ）遊び	ガラガラ　おしゃぶり　でんでん太鼓など	（ ② ）遊び	テレビ　（ ③ ）　音楽など
（ ④ ）遊び	電車ごっこ　ままごと　人形遊びなど	（ ⑤ ）遊び	（ ⑥ ）　砂遊び　粘土など

ア　模倣　　　イ　感覚　　ウ　絵本　　エ　構成

オ　積み木　　カ　受容　　キ　おにごっこ

(8)　消費生活について，次の①，②に答えなさい。

①　令和元年6月施行の改正消費者契約法においては，不適切な契約だった場合にその契約を取り消すことができると示されているが，どのような場合か。次のア〜エから2つ選び，記号で答えなさい。

ア　事業者が重要事項について事実と異なることを告げて契約した場合。

イ　事業者が不利益な事実と利益の両方を告げて契約した場合。

ウ　未成年者による契約で法定代理人から同意を得ている場合。

エ　事業者が将来の変動が不確実なことについて断定的判断を提供して契約した場合。

②　次の契約に関する事項ア〜エについて，正しい事項には○を，間違っている事項には×を書きなさい。

ア　インターネット通販で，申込みボタンをクリックし，メール等の承諾の通知が来たら契約が成立する。

イ　自宅や職場など業者の営業所以外の場所で契約した場合は，クーリング・オフの対象となる。

ウ　保護者の署名欄に未成年者が無断でサインをして契約した場合は，取り消すことができる。

エ　クーリング・オフが可能な期間は，すべての契約において8日間である。

(☆☆☆◎◎◎)

【2】「さばのみそ煮」と「きゅうりとわかめの酢の物」の調理について，あとの(1)〜(6)に答えなさい。

〈さばのみそ煮の作り方〉

材料と分量(1人分)

　　さば　1切れ　80g　　しょうが　3g

　　煮汁(水　30mL　　砂糖　9g　　酒　15mL　　みそ　18g)

作り方

①　さばは水気をよく拭き，皮に2本ほど切り目を入れる。しょうがは薄切りにする。

②　鍋に水，調味料，しょうがを入れて火にかける。

③　煮汁が<u>沸騰したら</u>火を弱め，皮を上にしてさばを入れる。

④　弱火で約10分間煮る。

⑤　器にさばを盛りつけて煮汁をかける。

〈きゅうりとわかめの酢の物の作り方〉

材料と分量(1人分)

　　きゅうり　60g　　塩　0.6g　　干しわかめ　2g

　　合わせ酢(酢　10mL　　塩　0.5g　　砂糖　3g)

作り方

①　きゅうりを厚さ2mmほどの小口切りにし，塩をまぶしておく。

②　わかめを水で戻し，水気を切る。

③　ボールで酢と塩，砂糖を混ぜて合わせ酢を作る。

④　材料を絞り，合わせ酢を加える。

(1)　材料には，新鮮な魚を選びたい。目，えらは，新鮮な魚ではどのような状態であるか。説明しなさい。

(2)　煮汁が沸騰してからさばを入れる理由を答えなさい。

(3)　少ない煮汁でもまんべんなく煮汁がまわり，効率よく加熱や味付けをするための工夫を答えなさい。

(4)　さばのみそ煮にしょうがを加えるのは，味を良くするほかに，どのような理由があるか。

(5)　酢の物の味付けでは，合わせ酢は食べる直前にかける。その理由を2つ答えなさい。

(6)　干しわかめのように保存のために乾燥させた食品を乾物という。乾物にはほかに何があるか。2つ答えなさい。

(☆☆◎◎◎)

【3】体が，特定の食品に含まれるアレルギー物質を異物として認識し，じんましん，腹痛，せきなどの反応を起こす食物アレルギーについて，次の(1)，(2)に答えなさい。

(1)　食品衛生法により，加工食品に必ず表示しなければならない特定原材料が7つある。そのうち3つを書きなさい。

(2)　アレルギー反応が呼吸困難，血圧低下など，重症である状態を何というか。

(☆☆◎◎◎)

【4】安全な住まい方について，次の(1)〜(4)に答えなさい。

(1)　次の図のような戸棚があったとき，地震対策として，どのようなことができるか。3つ書きなさい。

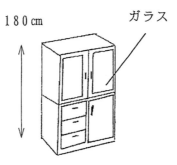

180cm　ガラス

(2)　平成18年6月1日施行の改正消防法で，住宅用火災警報器の設置が義務づけられている場所は，階段の上端以外にはどこか。1つ答え

なさい。

(3)　地震の際，ブレーカーを落としておくのは，電気の供給が再開したときに，破損した電気機器や電気配線に電気が通ったことで起こる火災を防ぐためである。このような火災を何というか。

(4)　乳幼児期において，家庭内の溺水事故を防ぐための安全対策を2つ答えなさい。

(☆☆☆◎◎◎)

【5】子どもの生活と家族に関することについて，次の(1)～(3)に答えなさい。

(1)　次の文は，平成29年4月1日に施行された改正児童福祉法の第1条及び第2条である。①と②に当てはまる語句を書きなさい。

> 第1条　全て児童は，児童の権利に関する条約の精神にのっとり，適切に(　①　)されること，その生活を保障されること，愛され，保護されること，その心身の健やかな成長及び発達並びにその自立が図られることその他の福祉を等しく保障される権利を有する。
> 第2条　全て国民は，児童が良好な環境において生まれ，かつ，社会のあらゆる分野において，児童の年齢及び発達の程度に応じて，その意見が尊重され，その最善の利益が優先して考慮され，心身ともに健やかに育成されるよう努めなければならない。
> 　2　児童の保護者は，児童を心身ともに健やかに育成することについて(　②　)を負う。
> 　3　国及び地方公共団体は，児童の保護者とともに，児童を心身ともに健やかに育成する責任を負う。

(2)　児童虐待の防止等に関する法律では，児童虐待を受けたと思われる児童を発見した者は，速やかに通告しなければならないと定められている。どこに通告することになっているか。2つ答えなさい。

59

(3)　乳幼児の生活について，次の①～④に答えなさい。

①　スキンシップを介して子どもと養育者との間に愛情や信頼感などのきずなが形成されることを何というか。

②　乳幼児期は新陳代謝が活発で，汗をかきやすいため，どのような衣服が望ましいか。素材の性質や扱い方から説明しなさい。

③　幼児は，3回の食事以外におやつを食べる必要がある。幼児にとってのおやつの役割を説明しなさい。

④　乳児の食事は，生後数か月の間，母乳や粉ミルクなどの乳汁栄養である。母乳と粉ミルクなどの人工栄養との両方を用いる乳汁栄養を何というか。

(☆☆☆◎◎◎)

解答・解説

【中学校】

【1】(1)　①　ア　斜文織　イ　平織　ウ　朱子織　②　ア　d　イ　a　ウ　b　③　ア　d　イ　c　ウ　a　(2)　異形断面繊維　(3)　防炎加工　(4)　①　ア　②　ウ　③　イ　(5)　50%　(6)　①　a　フットレスト　b　ブレーキ　②　後ろを向いてゆっくりと下りていくこと　③　クロックポジション　(7)　①　イ　②　カ　③　ウ　④　ア　⑤　エ　⑥　オ　(8)　①　ア，エ　②　ア　○　イ　○　ウ　○　エ　×

〈解説〉(1)　アは，綾織とも言われる。平織に比べると，横糸とたて糸の接点が少ない。糸の交差部分が斜めの方向にうねを作るのが特徴である。また，伸縮性があり，しわになりにくいメリットがある。綾織の織物には，デニムの他にギャバジンなどがある。イの平織は，横糸とたて糸が交互に織られている。最も基本的な組織であり，他の組織よりも接点が多いため，丈夫な布となる。平織の織物には，ブロード

の他に羽二重などがある。ウの朱子織は，たて糸・横糸5本以上から構成される織物である。表には横糸またはたて糸のどちらかが多く現れる。横糸とたて糸の交わる点が少ない織物で，光沢があるが，摩擦に弱く傷みやすい。朱子織の織物には，サテンの他にドスキンなどがある。　(2)　異形断面繊維では，繊断面を三角形，星形，五角形など，様々な形に変えることによって，断面が円形の繊維の欠点を改善することができる。異形断面繊維の性能として代表的なものは，毛細管現象を起こすことで得られる吸水速乾性などである。　(3)　防炎加工がしてあると，小さな火種が接しても炎が当たった部分が焦げるだけで容易に着火せず，仮に着火しても，自ら延焼拡大を停止する性能によって燃え広がらないようになる。防炎加工が施されているカーテンには，防炎ラベルが表示されている。　(4)　①は日本介護食品協議会が定めた規格に適合したユニバーサルデザインフードにつけられているマークであり，「かたさ」や「とろみ具合」の段階に応じた4つの区分も書かれている。②は国土交通省が交通機関などでベビーカーを利用しやすくするため作成したベビーカーマークである。③は，盲導犬マークであり，触った感覚や音などを手がかりにして遊ぶことのできる玩具に付けられている。聴覚に障害がある子に配慮した玩具に付けられるうさぎマークもある。　(5)　食料自給率とは，国内の食料消費が，国産食料でどの程度賄えているかを示す指標である。2018年度の食料自給率（供給熱量ベース）は37％であり，近年横ばい傾向で推移している。引き上げ目標については，2020年までに50％としていたが，実現可能性を重視し，平成27年度の食料・農業・農村基本計画において，2025年までに45％に引き下げられている。　(6)　①　フットレストは，走行中に足を乗せておく場所であり，車椅子に人を乗せる時や車椅子から人を降ろす時には上げておく。ブレーキは，車椅子に人を乗せる時や車椅子から人を降ろす時に必ずかかっているか確認する場所である。　②　車椅子が前を向いたまま急な坂を下りると，乗っている人は前に転げ落ちそうに感じ，乗っている人に不安を与えてしまう。反対に坂を上る時には，前を向いた状態でゆっくりと押すようにする。

③　食事の介助の際などに，「2時の位置にお茶があります。3時の位置に煮魚があります。4時の位置にみそ汁があります。8時の位置にご飯があります。9時の位置に酢の物があります。」というように用いる。
(7)　感覚遊びは，自分で物を動かして聴覚，視覚，触覚などを働かせ楽しむ遊びである。受容遊びは，見たり聞いたり受け身になり遊ぶものである。模倣遊びは，周囲のまねをすることを楽しむ遊びである。構成遊びは，組み立てたりものづくりをしたりすることを楽しむ遊びである。　(8)　①　イは不利益な事実を告げられているため，契約を取り消すことができない。ウは法定代理人から同意を得ているため，契約を取り消すことができない。　②　エについて，クーリング・オフが可能な期間は，販売・取引方法によって異なり，訪問販売や電話勧誘販売の場合は8日間であるが，業務提供誘引販売取引や連鎖販売取引の場合は20日間であるため，間違いである。

【2】(1)　目…透明感があり，濁っていない。　えら…鮮やかな赤色をしている。　(2)　表面のタンパク質が固まり，うま味がとじこめられるため。　(3)　落としぶたをする。煮汁をかける。　(4)　魚の生臭さを抑えるため。　(5)　・酢をあえてから時間がたつと，材料から水分が出て味が薄くなるから。　・きゅうりやわかめに含まれるクロロフィルが酸で変色して色が悪くなるから。　(6)　ひじき，切り干し大根，はるさめ，干ししいたけ　から2つ
〈解説〉(1)　新鮮な魚の目は透明感があるのに対して，古くなると白く濁ってくる。また，新鮮な魚のえらは，鮮やかな赤色をしているのに対して，古くなると黒くなってくる。さらに新鮮な魚は死後硬直により，身に張りがあるのに対して，古くなると柔らかくなる。　(2)　煮汁が沸騰してから魚を入れることで，うま味をとじこめることができる。また，煮汁が沸騰してない状態から魚を入れると，煮汁に魚の生臭さが全て流れ出てしまい，臭みのある煮魚になってしまう。
(3)　落としぶたをすることで，煮汁が落としぶたにあたり，沸騰した煮汁が絶えず下へ落ちて循環するため，味が均一になる。また，煮汁

が急激に蒸発するのを防ぐこともできる。 (4) しょうがは魚の生臭さを抑えるため，魚と一緒に煮たり，細く切ったしょうが(針しょうが)を添えたりするなどして，煮魚料理によく用いられる。魚の臭みを取るために使用する食材には，他にねぎや梅干しなどがある。
(5) 合わせ酢をあえてから時間たつと，材料から水分が出てくるのは浸透圧によるものである。 (6) 乾物は，保存性を向上させるために水分を抜き乾燥させた食品のことである。ひじき，切り干し大根，はるさめ，干ししいたけの他，高野豆腐やかんぴょうなども挙げられる。

【3】(1) 卵，乳，小麦，えび，かに，落花生，そば から3つ
(2) アナフィラキシーショック
〈解説〉(1) 食物アレルギー症状を引き起こすことが明らかになったもののうち，特に症例数や重篤度から表示する必要性が高いものを特定原材料と定めている。特定原材料に比べると症例数などが少ないものは，特定原材料に準ずるものと定められており，20品目ある。これは，可能な限り表示するよう努めることと推奨されている。 (2) アナフィラキシーショックを起こすと，短時間のうちに死に至ることもあるため，原因物質を避けるような対応策や，アナフィラキシーショックが生じた際の注射薬の使用方法を含めた緊急時の対処法を検討しておく必要がある。

【4】(1) ・ガラスに飛散防止フィルムを貼る。 ・開き戸を固定する。 ・転倒防止器具などで固定する。 (2) 寝室 (3) 通電火災 (4) ・浴槽の蓋をしっかり閉め，鍵をかける。 ・洗濯機に水を入れたままにしない。 ・浴槽の水を抜いておく。 ・トイレのカギをかける。 から2つ
〈解説〉(1) 地震対策としては，戸棚などの家具自体に対策することはもちろんのこと，倒れてきても避難経路をふさがない家具の配置にすることや，寝室に大きく重い家具を置かないことなども併せて対策していく必要がある。 (2) 住宅用火災報知器には熱感知方式と煙感知

方式の2種類があり，火災を感知するとアラーム音を発して周囲に危険を知らせることができる。　(3)　通電火災の原因としては，地震発生時に使用していた電熱器具(アイロン，ドライヤー，電気ストーブなど)によるものや，配線のショート，コンセントに水がかかることによって漏電するもの，ガス漏れが発生しているところに通電してしまうことなどが挙げられる。　(4)　乳幼児期には思わぬことが事故につながる事を念頭に置き，危険予測する必要がある。少量の水であっても溺水事故につながることや，乳幼児は頭が重くバランスを崩しやすいなど乳幼児の身体の特徴を考慮して考える必要がある。

【5】(1)　①　養育　　②　第一義的責任　　(2)　福祉事務所，児童相談所　　(3)　①　愛着　　②　吸湿性に優れ，洗濯に耐え，手入れがしやすい素材。　　③　体の成長が盛んで，活動量も増え，多くの栄養素が必要となるが，胃が小さく一度にたくさん食べることができないため，栄養を補う役割がある。　　④　混合栄養

〈解説〉(1)　改正児童福祉法においては，児童の福祉を保障するための原理が明確化されている。第1条については，改正前は「育成される」という言葉が使われていたが，改正後は「養育される」となっている。また，第2条について保護者に「第一義的責任」があることを明確に示している。　(2)　児童虐待の通告は全ての国民に課せられた義務であり，通告義務と言われる。平成27年7月1日から児童相談所の全国共通ダイヤルは，「189」(いちはやく)の3桁の番号になっている。通告は匿名で行うこともでき，通告した人やその内容に関する秘密は守られる。　(3)　①　愛着または，アタッチメントという。愛着行動には，泣き声などで気を引く，追視で位置を確認する，後追いなどで側にいようとするなどが挙げられる。　②　具体的な素材で示すと天然繊維の綿が最もふさわしい素材だと言える。また，乳幼児期は衣服を着せる枚数などにも注意が必要であり，汗をかいたり汚したりする度に着替えさせて常に清潔な衣服を身に着けさせることも重要である。　③　幼児にとってのおやつは第4の食事である。よって炭水化物やた

んぱく質，ビタミン，ミネラルなどを補えるものが理想である。また，後の食事にひびかない量，1日のエネルギー摂取量の1〜2割程度に収めると良い。　④　乳児の栄養については，母乳による母乳栄養，粉ミルクによる人工栄養，母乳と粉ミルクによる混合栄養に分けられる。それぞれにメリットとデメリットがあるため，各家庭の状況に応じて乳児に十分な栄養が与えられるようにする必要がある。

2019年度　実施問題

【中高共通】

【1】次の(1)〜(9)に答えなさい。

(1) 現代の消費生活について，次の①，②に答えなさい。

① 商品の購入時に現金を直接やり取りしないで支出したり，収入を得たりする傾向が進んでいることを何というか。

② 決済手段として用いるため，現金やクレジットカード等をディジタルデータ化したものを何というか。

(2) 次の文は，女性の浴衣の着方を，順序立てて説明したものである。あとの①〜③に答えなさい。

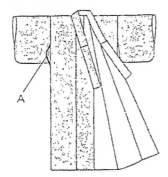

ア	襟先をそろえて背中心を体の中心に，裾を(a)の高さに合わせる。
イ	下前の襟先を(b)の腰骨の位置に合わせる。
ウ	上前を重ね，腰骨の上で腰ひもを締める。
エ	袖付け下のあき(図中A)から手を入れ，(c)を整える。
オ	襟元を合わせて，胸の下でひもを締める。
カ	帯を締める。

① a～cに当てはまる語句を書きなさい。

② 図中Aの部分を何というか。

③ 「おくみ」は，どの部分か。上の着物の図に斜線で示しなさい。

(3) 次の①～④は，生活の中に見られるマークである。それぞれのマークの意味を下のア～カから一つ選び，その記号を書きなさい。

① 　　② 　　③ 　　④

ア　耳の不自由な子どもたちも一緒に遊べるおもちゃにつけられる。

イ　経済産業省が指定した伝統技術や原料で製作され，産地検査に合格した製品につけられる。

ウ　日本工業規格に該当する製品につけられる。

エ　電気用品安全法に基づく安全基準を満たしている電気製品につけられる。

オ　抗菌防臭加工の安全性を保証する繊維製品につけられる。

カ　高齢者に良質なサービスや商品を提供する事業者を表す。

(4) 家族・家庭生活に関することについて，次の①～③に答えなさい。

① 育児または介護を行う人の，職業生活と家庭生活との両立を支援し，あわせて経済及び社会の発展に資することを目的に施行された法律は何か。

② 「介護予防」とはどういうことか。具体的な取組を一つ書きなさい。

③ 厚生労働省「人口動態調査」(平成28年)において，0歳児の不慮の事故死における原因第1位は何か。

(5) 次の文は，昭和26年5月5日に制定された「児童憲章」の理念である。①～③に当てはまる語句を書きなさい。

> 児童は, （　①　）として尊ばれる
> 児童は, （　②　）の一員として重んじられる
> 児童は, よい（　③　）の中で育てられる

(6)　大豆について, 次の①, ②に答えなさい。

①　大豆を発酵させて作る加工食品を二つ書きなさい。

②　大豆や豆製品に含まれる, 糖質の代謝や神経の機能維持に必要なビタミンの種類は何か。

(7)　次の図の包丁について, ①, ②の名称を書きなさい。

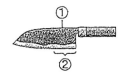

(8)　「ファストファッション」とは何か。説明しなさい。

(9)　次のグラフは, 2017年における日本の繊維製品輸入額を国別に割合で表したものである。①, ②に当てはまる国名を書きなさい。

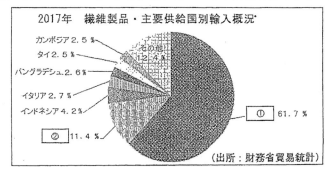

（☆☆☆◎◎◎）

【２】ハンバーグステーキ, マッシュポテト, ニンジンのグラッセの調理について, 次の(1)～(10)に答えなさい。

(1)　ひき肉に食塩を加えてこねる際のたんぱく質の変化について, 次

の①，②に当てはまる物質名を書きなさい。

> ひき肉に食塩を加えてこねると，肉の筋原繊維から(①)が溶け出し，アクチンと結合し(②)となるため，肉の粘性が高まる。

(2) ハンバーグステーキの材料として加える鶏卵について，使用する理由を調理性の観点から説明しなさい。

(3) ひき肉400gを使ってハンバーグステーキを作るときに食塩小さじ$\frac{2}{3}$杯，焼くときに油大さじ1杯を使う。このとき，食塩と油はそれぞれ何gか。

(4) ハンバーグステーキを形成する際，中央をくぼませる。その理由を書きなさい。

(5) マッシュポテトは，柔らかくゆでたジャガイモを熱いうちに裏ごしして作る。裏ごしを熱いうちに行う理由を書きなさい。

(6) ジャガイモは，他の野菜類に比べ，加熱によるビタミンCの損失が少ない。その理由を書きなさい。

(7) ビタミンCの欠乏症による代表的な病名を一つ書きなさい。

(8) ニンジンを，次の図のように5〜6cm位の大きさに切る。この切り方の名称を書きなさい。

(9) ニンジンやカボチャに含まれる黄や赤の色素は何か。

(10) 2015年版の「日本人の食事摂取基準」にナトリウムの目標量が示されている。成人(18歳以上)男性の1日当たりの目標量は何g未満か。食塩相当量で答えなさい。

(☆☆☆◎◎◎)

【3】住まいについて，次の(1)〜(6)に答えなさい。

(1) 次の①〜③の文は，日本各地域の伝統的な住まいの説明である。

どの地域にある住まいについて説明したものか。図中のア～エの記号で答えなさい。

① 屋根を急こう配にして，雪をすべり落ちやすくしている。断熱性のあるかやぶきの屋根をもつ。
② 平屋建てとし，石塀を取り付けるなどして風の被害を防ぎ，深い軒は強い日射しを遮り，広い開口部は風通しを良くする。
③ 馬の産地であったため，人と馬が同じ屋根の下で生活しやすい住まいであり，飼育している馬の様子が見えるように，母屋と馬屋がL字形につながっている。

(2) 日本の伝統的な住まいに用いられる「ふすま」について，間仕切り以外の効果を「温度」と「湿度」の視点から書きなさい。

(3) 冬場に窓ガラスや壁に水滴がつく結露はなぜ起こるのか。説明しなさい。

(4) 電源プラグの周囲にほこりや湿気が付着することにより，差込口から出火することを何というか。

(5) 「アジャスタブルハウス」とはどのような住宅か。説明しなさい。

(6) 居住面積水準について, ①, ②に当てはまる語句を書きなさい。

> 　住居に必要な面積は, 家族人数やライフステージによって異なる。住生活基本計画では, 鍵康で文化的な住生活のための(①)居住面積水準と, 豊かな住生活の実現に向けた(②)居住面積水準を定めている。

(☆☆☆◎◎◎)

【4】持続可能な社会の実現について, 次の(1)～(6)に答えなさい。

(1) 消費者が自らの消費生活に責任をもち, 公正で持続可能な社会に向けて積極的に参画していく社会を何というか。

(2) 国際貿易における「フェアトレード」とはどういうことか。説明しなさい。

(3) 環境への関心が高まった1980年代後半に生まれ,「環境保全に合った行動をする消費者」を意味する言葉は何か。

(4) 企業などの環境に対する取組を示す指標で, 環境負荷低減を目指して, 環境マネジメントシステムを構築していることを示す国際規格を何というか。

(5) 2015年の国連サミットで採択された「持続可能な開発目標」の略称を書きなさい。

(6) 次の図は, 持続可能な社会に向けた取組を示したものである。あとの①, ②に答えなさい。

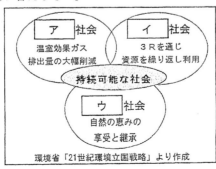

71

① ア～ウに当てはまる語句を書きなさい。

② 「　イ　社会」を推進する取組の「3R」とは何か。優先的に取り組む順に，英語で書きなさい。

(☆☆☆◎◎◎)

解答・解説

【中高共通】

【1】(1) ① キャッシュレス化　② 電子マネー　(2) ① a 足首　b 左　c おはしょり　② 身八つ口
③

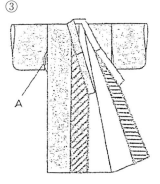

(3) ① カ　② イ　③ エ　④ オ　(4) ① 育児休業，介護休業等育児又は家族介護を行う労働者の福祉に関する法律
② 口腔ケア　③ 窒息　(5) ① 人　② 社会　③ 環境
(6) ① みそ，しょうゆ　② ビタミンB₁　(7) ① みね
② 刃元　(8) 短い期間で大量生産・大量販売される低価格の衣服。　(9) ① 中華人民共和国　② ベトナム社会主義共和国
〈解説〉(1) ① キャッシュレス化が進むと，現金がなくても商取引ができるというメリットはあるが，お金の流れが見えにくくなり，実態

72

把握が難しくなるというデメリットがある。　②　電子マネーには，カードなしのインターネット型電子マネーと，カードを使用するカード型電子マネーがある。　(2)　①　浴衣の着装は，中学校の家庭の教科書に出ているので，指導できるようにしておくこと。　②　女物の着物には，身ごろの袖下に，身八つ口という，15cmほどのあきがあり，手を入れておはしょりを整える。　(3)　①　シルバーマークという。②　伝統マークという。経済産業省の支援は，その文化性に着目した技術・技法の保護・保存をすることのみを目的とせず，伝統的工芸品産業を産業活動として維持・発展することに主眼を置いて行っている。　③　PSEマークという。高危険度が予測される特定電気用品には菱形のマーク，それ以外の電気製品には丸形のマークがつけられる。④　SEKマークは，繊維製品新機能評価協議会の認証基準に合格した抗菌防臭加工の繊維製品につけられる。　(4)　①　略称は，育児・介護休業法である。平成4(1992)年に施行された。　②　「介護予防」は，高齢者が要介護状態になるのを防いだり，要介護状態の人の悪化防止など，改善を図ることである。口腔ケアのほかにも，筋力トレーニングや栄養改善などがある。　③　窒息死は0歳児で圧倒的に多く発生している。その中でも就寝時の窒息死の割合が高い。　(5)　児童憲章は，日本の児童福祉の基本理念を示す児童の権利宣言である。法律ではないので法的な効力はない。　(6)　①　ほかにも納豆菌を加えて発酵させた納豆がある。　②　ビタミンB_1は，欠乏するとかっけや多発性神経炎などを引き起こす。　(7)　包丁のみねでは肉をたたいたり，ごぼうの皮をこそげたりする。刃元では皮をむいたり，かたいものを切るのに使う。包丁の先端を刃先という。　(8)　ファストファッションは安くて早い「ファストフード」になぞらえた造語である。商品は常に更新されて，新しさと安さを売りにする一方，商品の寿命は短命という面がある。　(9)　日本における衣類の輸入品の割合は年々増え，平成27(2015)年には輸入浸透率は97％を超えている。国別では，中国が圧倒的な存在感を示している。

【２】(1)　①　ミオシン　　②　アクトミオシン　　(2)　鶏卵には，ひ
き肉の表面に粘着する性質があるため。　　　(3)　食塩…4g　　油…
12g　　(4)　加熱中に中心部が熱により膨張し，膨らみすぎるのを防
ぐため。　　　(5)　細胞間のペクチンの粘性が低くなり，細胞同士が離
れやすくなることで，食感がよくなるため。　　　(6)　ビタミンCがで
んぷんに包まれていて，酸化されにくいため。　　　(7)　壊血病
(8)　シャトー切り　　　(9)　カロテノイド色素　　(10)　8g未満
〈解説〉(1)　ひき肉に食塩を加えると，食塩の働きでミオシンというた
んぱく質が溶け出し，こねることによってアクチンと結合してアクト
ミオシンとなって網目構造をつくるため，粘着性が生まれ，肉汁を保
つ。　　(2)　鶏卵の粘着性は，材料のつなぎの役割をする。　　(3)　塩小
さじ1杯は6gなので，小さじ$\frac{2}{3}$杯は4gである。油大さじ1杯は12gであ
る。　　(4)　中央をくぼませると，火の通りもよくなり，中央がふくら
んで，焼きあがりがちょうどよい形になる。　　(5)　ジャガイモを冷め
てから裏ごしすると，細胞膜が崩れ，でんぷんが糊化するため粘り気
が出て，食感が悪くなる。　　(6)　ジャガイモはビタミンCを豊富に含
み，加熱による損失も少ないが，貯蔵期間が長くなるにしたがって減
少する。　　(7)　ビタミンCには強力な抗酸化作用があり，皮膚や血管
の老化を防ぐ。体内で合成できず，多くとっても蓄積できない。欠乏
症は代表的な壊血病のほか，骨の形成不全，貧血などがある。
(8)　シャトー切りは，にんじんやじゃがいもなどを付け合わせにする
ときの切り方で，シャトーブリアン(牛肉の厚切りの網焼き)の付け合
わせにするじゃがいもの形から，この名前がついた。　　(9)　カルテノ
イドは，動植物に広く存在する，黄色または赤色の色素の総称である。
大きくカロテン類とキサントフィル類に分けられる。
(10)　成人女性の1日当たりの目標量は，7g未満である。

【３】(1)　①　イ　　②　エ　　③　ア　　(2)　・紙と紙の間に空気の
層ができるため，夏は室内を涼しく，冬は室内を暖かく保つ。　　・紙
が湿気を吸収・放出し，湿度を一定に保つ。　　から1つ　　(3)　室内

にある空気中の水蒸気が，冷たい窓や壁にあたり凝結して起こる。
(4)　トラッキング現象　　(5)　年齢を重ねても生涯住めるように，将来の車椅子等の利用を想定し，可変性を持たせた住宅。
(6)　①　最低　　②　誘導

〈解説〉(1)　①　岐阜県白川郷や富山県五箇山の「合掌造り」の説明文である。豪雪の地域のため，屋根は雪が積もりにくい形状にしている。屋根裏部屋は養蚕に利用されていた。　　②　台風の多い沖縄県では，暴風雨に備えることと，夏の暑さ対策が重要である。　　③　岩手県南部地方の「曲屋」の説明文である。大切な馬を，寒さや盗難から守り，飼育しやすいように，母屋の手前に馬屋をL字型につないで形成した。
(2)　「ふすま」は，木と紙で構成され，温度と湿度の変化が大きい日本の和室にかかせない建具である。　　(3)　結露はカビやダニの発生源となるので，こまめに換気するなどの対策が必要である。　　(4)　トラッキング現象による火災を防ぐには，電源プラグを差したままにしないことや，長期間差したままのプラグは定期的に点検し，乾いた布で清掃するなどの安全対策をすることである。　　(5)　「アジャスタブルハウス」は，車いす使用者の障害の特性に対応して，可変間仕切りや上下可動の衛生設備などを備えた住宅のことである。車いす使用者に配慮した住宅としてもう一つ，「モビリティハウス」があるが，これは車いすの移動に支障がないように対応した住宅である。　　(6)　平成18(2006)年に「住生活基本法」が制定され，それに基づいて「住生活基本計画」が策定された。「住生活基本計画」では，最低居住面積水準と誘導居住面積水準を定め，最低居住面積水準未満率の早期解消を目指した。ちなみに誘導住居面積水準として4人世帯の場合，一般型では125 m²，都市住居型では95m²としている。

【4】(1)　消費者市民社会　　(2)　開発途上国でつくられた作物や製品を適正な価格で継続的に取引することにより，生産者の持続的な生活向上を支える仕組み。　　(3)　グリーンコンシューマー
(4)　ISO14001　　(5)　SDGs　　(6)　①　ア　低炭素　　イ　循環型

ウ　自然共生　　②　Reduce, Reuse, Recyle

〈解説〉(1)　平成24(2012)年に制定された「消費者教育推進法」では，「自らの消費生活に関する行動が現在及び将来の世代にわたって内外の社会経済情勢及び地球環境に影響を及ぼし得るものであることを自覚して，公正かつ持続可能な社会の形成に積極的に参画する社会」を，「消費者市民社会」と定義している。　(2)　フェアトレードは，生産国の労働者の労働条件に配慮し，環境破壊をしない持続的な生産技術や原料を使うことを原則としている。基準を満たす商品には，フェアトレード認証マークがつけられる。　(3)　グリーンコンシューマー全国ネットワークでは，「グリーンコンシューマー10の原則」を作成して，行動を呼びかけている。　(4)　「ISO14001」は「環境ISO」ともいい，平成8(1996)年に発効した。企業の社会的責任(CSR)に対する関心の高まりを受け，取得する企業もふえてきている。

(5)　SDGs(エスディージーズ)は，Sustainable Development Goalsの略で，持続可能な世界を実現するための国連の開発目標である。17のゴール(国際目標)と169のターゲット(達成基準)からなり，2030年を年限としている。　(6)　①　循環型社会・低炭素社会・自然共生社会の3つの社会が実現して初めて，次の世代に負の遺産を残さない，持続可能な社会を形成することができるとしている。　②　Reduceは発生抑制，Reuseは再使用，Recycleは再生利用のことである。3Rには優先順位があり，リサイクルの前にリユースを，その前にリデュースをすることが重要である。

2018年度　実施問題

【中学校】

【1】次の(1)～(11)に答えなさい。

(1) 洗濯について，次の①～④に答えなさい。

① 次の表は，ある洗剤の表示の一部である。　ア　には，この洗剤で洗うのに適した繊維の名称が入る。2つ書きなさい。

```
品名　洗濯用合成洗剤
用途　　ア　，合成繊維
液性　弱アルカリ性
成分　　イ　(37％直鎖アルキルベン
　　　ゼンスルホン酸ナトリウム，ポ
　　　リオキシエチレンアルキルエー
　　　テル，純石けん分(脂肪酸ナトリ
　　　ウム))
　　　水軟化剤(アルミノけい酸塩)
　　　アルカリ剤(炭酸塩，けい酸塩)
　　　蛍光増白剤，酵素
```

② 　イ　に入る用語は何か。

③ 上の表示にある水軟化剤やアルカリ剤等，洗浄効果を増進させる物質は何か。

④ 上の表示のように，消費者が日常使用する家庭用品を対象に，商品の品質について事業者が表示すべき事項や表示方法を定め，消費者が商品を購入する際に適切な情報提供を受けるために制定された法律は何か。

(2) 農林水産省では平成19年12月に「農山漁村の郷土料理百選」を選定した。①，②の都道府県において選定された郷土料理を書きなさい。また，③，④の郷土料理に当てはまる都道府県名を書きなさい。

① 北海道　② 沖縄県　③ こづゆ　④ ふなずし

(3)　平成29年4月21日に，地理的表示保護制度に登録された新潟県の農林水産物は何か。

(4)　地域で生産された農林水産物を地域で消費しようとする取組を何というか。

(5)　16品目ある新潟県の伝統的工芸品のうちの7つが織物である。次の①〜③に答えなさい。

①　麻織物の技術技法を絹織物に取り入れたもので，たて糸に生糸・玉糸，よこ糸に真綿手紡ぎ糸を使用し，すりこみ・くくり作業による，蚊絣と呼ばれる細かい十字絣模様が特徴の織物は何か。

②　山間部に生育するシナノキ，オオバボダイジュ，またはノジリボダイジュの樹皮から取れる靭皮(じんぴ)繊維で糸を作り，布状に織り上げた織物は何か。

③　新潟県の伝統的工芸品のうち，①，②以外の織物の名称を1つ書きなさい。

(6)　住環境について，次の①〜③の説明に当てはまる用語を書きなさい。

①　電気，水道，ガス，電話など，日常生活に不可欠な配線や配管で結ばれたシステム。

②　自然災害による被害の軽減や防災対策に使用する目的で，被災想定区域や避難場所，避難経路等の防災関係施設の位置等を表示した地図。

③　IT技術を使って家電製品の電力量の把握や自動制御をするエネルギー管理システム。

(7)　次の①〜③の説明に当てはまる用語を，下の　　　の中から1つずつ選び，書きなきい。

①　昭和46年に公布，平成25年に一部改正・施行された法律。65歳までの安定した雇用を確保するため，企業に「定年制の廃止」，「定年の引き上げ」，「継続雇用制度の導入」のいずれかの措置を講ずるよう義務付けた。

②　文化・言語・国籍の違い，老若男女といった差異，障害・能力

の如何を問わずに利用することができる施設・製品・情報の設計。

③　認知症の人の意志が尊重され，できる限り住み慣れた地域のよい環境で自分らしく暮らし続けることができる社会を実現するために，厚生労働省が平成27年1月に策定した戦略。

次世代育成支援対策推進法	新オレンジプラン
高齢者雇用安定法	オレンジリボン運動
ユニバーサルデザイン	障害者雇用促進法
バリアフリー	認知症施策推進5か年計画

(8)　共生社会の実現に向けて，「ノーマライゼーション」という考え方が示されている。この「ノーマライゼーション」を具体的に説明しなさい。

(9)　次のア～オは，日本の高齢社会について説明したものである。正しいものをすべて選び，その記号を書きなさい。

ア　65歳以上の高齢者人口が総人口に占める割合を高齢化率といい，平成27年は15％に達した。

イ　急速に高齢化が進み，世界で最も高い高齢化率である。

ウ　戦後，生活環境の改善や医療の進歩で平均寿命，健康寿命ともに延び，平均寿命と健康寿命の差は縮まっている。

エ　平成27年の65歳以上の高齢者人口は，女性の方が男性より多い。

オ　平成27年の15歳未満の人口は，高齢者人口の半分以下である。

(10)　家庭生活に関して，働き盛りの世代の男女を中心に「ダブルケア」が社会問題になっている。「ダブルケア」とは何か。具体的に説明しなさい。

(11)　子どもの成長について，次の①～⑦に答えなさい。

①　次のように，全身の器官を4つに分類し，成熟する時期や速さが異なることを図式化した米国の人類学者は誰か。

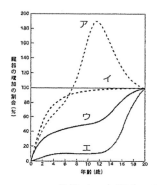

②　上のグラフのア～エの曲線は，各器官の発育の状況を表したものである。ア～エは，「一般型」，「生殖器型」，「リンパ系型」，「神経系型」のうち，それぞれどれか。

③　乳児期に，援助の手を振り払って何でも自分でしようとしたがるようになる時期を何というか。

④　ピアジェが，子どもの思考の自己中心性の特徴として指摘した概念で，外界のすべての事物に自分と同じ生命や意志があると見なすことを何というか。

⑤　「平行遊び」と「協同遊び」について，それぞれ具体的に説明しなさい。

⑥　次の式は，3か月から2歳ぐらいまでの乳幼児の栄養状態を評価するのに用いられる。この数値で表される指標の名称を書きなさい

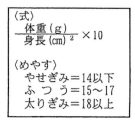

〈式〉
$$\frac{体重（g）}{身長（cm）^2} \times 10$$

〈めやす〉
やせぎみ＝14以下
ふ　つ　う＝15〜17
太りぎみ＝18以上

⑦　身長85cm，体重11.6kgの満2歳の女子について，⑥の式を使って指標の値を計算し，小数第1位を四捨五入して整数で求めなさ

い。また，上のめやすに照らして発育状況を判定し，あてはまる
ところに○をつけなさい。

(☆☆☆◎◎◎◎)

【2】消費生活について，次の(1)～(7)に答えなさい。

(1) 次のグラフは，「販売購入形態別にみた相談内容別相談件数の割
合」である。店舗外購入の1位，3位に当てはまる販売方法を書きな
さい。

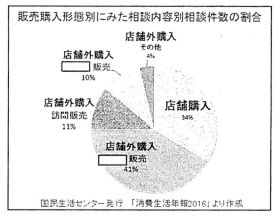

(2) 事業者による違法・悪質な勧誘行為等を防止し，消費者の利益を
守ることを目的とする法律は何か。

(3) 次の①～③の説明に当てはまる悪質な勧誘行為の名称を書きなさ
い。

① 契約を結んでいないのに商品を勝手に送ってきて，受け取った
ことで，支払い義務があると消費者に勘違いさせて代金を支払わ
せようとする商法。

② 閉め切った会場に人を集め，日用品等をただ同然で配って雰囲
気を盛り上げた後，最終的に高額な商品を契約させる商法。

③ 「抽選に当たったので景品を取りに来て」「特別なモニターに選
ばれた」等と販売目的を明らかにしないで，または著しく有利な

条件で取り引きできると言って，電話や郵便等で喫茶店や事務所等に呼び出し，契約しないと帰れない状況にするなどして商品やサービスを契約させる商法。

(4)　クーリング・オフ制度について，次の①～④のうち正しい文には○を，間違っている文には×を記入しなさい。間違っている場合は，その部分を指摘し，正しく書き直しなさい。

①　5,000円未満の現金取引は，除外される。

②　店舗で購入した商品は，クーリング・オフ制度の対象外である。

③　化粧品などの消耗品は，契約解除の際に，未使用・未開封であることが必要である。

④　訪問販売の場合，クーリング・オフができるのは，法律で定められた書面を受け取った日から数えて20日以内である。

(5)　「パイオネット」とは何か。具体的に説明しなさい。

(6)　平成27年7月1日より，全国共通の電話番号から消費生活相談窓口等を案内する「消費者ホットライン」が開設された。その3桁の電話番号を書きなさい。

(7)　「消費者の基本的な権利と責任」について授業を行う際に指導すべき内容の取扱いで留意すべき事項を，「中学校学習指導要領解説第2章第8節技術・家庭[家庭分野]」(平成20年3月)に示されている法律名を挙げて説明しなさい。

(☆☆☆◎◎◎◎)

【3】次の献立を調理するとき，下の(1)～(10)に答えなさい。

| 玄米飯　　　　　わかめと豆腐のみそ汁 |
| アジの塩焼き・大根おろし　　　カボチャの含め煮　　　　漬物 |

(1)　このような，日本の気候風土に適した米(ご飯)を中心に，魚や肉，野菜，海藻，豆類等の多様なおかずを組み合わせて食べる食生活を何というか。

(2)　一尾のアジを使って塩焼きを作る。このとき，次の①，②に答え

なさい。

① 焼き上がりをきれいに見せるためにふる塩のことを何というか。

② 尾のつけ根の両側にあるとげに似たうろこのことを何というか。

(3) 大根おろしに含まれる酵素の名称と，体内での働きを書きなさい。

(4) アジには，多くの必須アミノ酸が含まれている。この必須アミノ酸について，次の①，②に答えなさい。

① 必須アミノ酸とは何か。説明しなさい。

② 必須アミノ酸を2つ書きなさい。

(5) アジのような魚介類に起因する食中毒の原因菌は何か。

(6) 玄米は白米に比べて食物繊維が多く含まれる。この食物繊維について，「中学校学習指導要領解説第2章第8節技術・家庭[家庭分野]」(平成20年3月)に以下のように書かれている。(ア)～(ウ)に入る言葉を書きなさい。

　食物繊維は，(ア)されないが，(イ)を整え，(ウ)のために必要であること。

(7) みそ汁の実のわかめに多く含まれる食物繊維の名称を書きなさい。

(8) 煮干しを使ってだしをとる。次の①，②に答えなさい。

① うま味成分は何か。

② 煮干しを使っただしの取り方を簡潔に説明しなさい。

(9) 4人分のみそ汁を作るとき，60gのみそを使う。大さじ・小さじの計量スプーンを使ってみそを量るとき，それぞれ大さじと小さじ何杯になるか。適切な数値(整数)を以下に記入しなさい。

　みそは，大さじ一杯 a＿＿g，小さじ一杯 b＿＿gであるから，なるべく少ない回数で60gのみそを量る場合，c 大さじ　杯と小さじ　杯になる。

(10) カボチャの含め煮を作る。このとき，次の①，②に答えなさい。

① 煮崩れを防ぐために，切り口の角をそぎ取ることを何というか。

② 「含め煮」の調理方法を具体的に説明しなさい。

(☆☆☆◎◎◎◎)

【4】環境に配慮した住まい方について，次の(1)～(5)に答えなさい。

(1) 地球環境を保全するという観点から，エネルギー・資源・廃棄物等の面で充分な配慮がなされ，また周辺の自然環境と親密に美しく調和し，住み手が主体的に関わりながら，健康で快適に生活できるように工夫された住宅，およびその地域環境を何というか。

(2) アサガオやゴーヤなどのつる性の植物を建築物の壁面や窓の外側を覆うように育てて緑化を行い，室内の温度を下げることを目的としたものを何というか。

(3) 一般家庭でも使用されているLED照明が蛍光灯等と比べて優れている点は何か。

(4) 「ヒートアイランド現象」とはどのような現象か。説明しなさい。

(5) 日本の住まいは諸外国と比べて耐用年数が短いことから，環境に負荷をかけないための工夫や取組が求められている。「リノベーション」と「コンバージョン」について，違いが分かるようにそれぞれ説明しなさい。

(☆☆☆☆◎◎◎)

中学校家庭　実技検査

次の図のような箸ぶくろを製作しなさい。(60分)

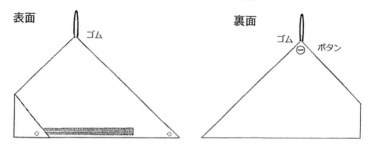

```
○  10cm折ってかがり縫いをし，箸の先を入れる場所をつくる。
○  箸の先を入れる場所をのばしたとき，短い2つの辺は30cm，
   長い辺は約42cmの三角形となるようにする。
○  返し口は10cmとする。
○  返し口は縫わない。
○  図の位置にボタンとスナップをつける。
○  ゴムは布にはさんで丈夫に縫い，ボタンにかけて留められ
   るようにする。
```

注意：受検番号が書かれている面が布の表である。

(☆☆☆◎◎◎)

解答・解説

【中学校】

【1】(1) ① 綿，麻　② 界面活性剤　③ ビルダー　④ 家庭用品品質表示法　(2) ① 石狩鍋　② ゴーヤチャンプル　③ 福島県　④ 滋賀県　(3) くろさき茶豆　(4) 地産地消　(5) ① 塩沢紬　② 羽越しな布　③ 小千谷縮　(6) ① ライフライン　② ハザードマップ　③ HEMS　(7) ① 高年齢者雇用安定法　② ユニバーサルデザイン　③ 新オレンジプラン　(8) 高齢者も若者も，障害がある人もそうでない人も，すべて人間としてふつうの生活を送るために，地域社会の中でともに暮らし，ともに生きる社会を目指すという考え方。　(9) イ，エ，オ　(10) 晩婚化・晩産化等を背景に，育児期にある者が，親の介護も同時に担うこと。　(11) ① スキャモン　② ア リンパ系型　イ 神経系型　ウ 一般型　エ 生殖器型　③ 反抗期　④ アニミズム　⑤ 平行遊び…仲間の存在

は意識してそばにいるが，それぞれは自分の思いのみで遊んでいること。　　協同遊び…仲間の中で共通の目標をもち，役割分担が出てくるような遊びのこと。　⑥　カウプ指数　⑦　式…11.6kg＝11600g
$\frac{11600}{85^2} \times 10 = 16.0$　発育状況…ふつう

〈解説〉(1)　洗剤の主成分である界面活性剤は，水になじみやすい親水基と油になじみやすい親油基からなっている。また，界面活性剤の働きを助ける助剤＝ビルダーとして，不溶性たんぱく質や脂質などを分解する酵素や，洗い上がりをよくする漂白剤や増白のための蛍光増白剤などが入っている洗剤もある。家庭用品品質表示法は，1962(昭和37)年に制定されている。　(2)　「こづゆ」は，正月や冠婚葬祭などの特別な日に供される会津地方のもてなし料理。ホタテの貝柱でだしを取り，豆麩(まめふ)，にんじん，しいたけ，里芋，キクラゲ，糸こんにゃくなどを加え，薄味に味を調えた吸い物を，会津塗りの椀で食す。具だくさんの材料の数は縁起のよい奇数を習わしとしている。「鮒寿司(ふなずし)」は，琵琶湖でとれる鮒を使った「なれ鮨」で，独特の発酵臭がある。なお，新潟県では「のっぺい汁」と「笹寿司」が選ばれている。　(3)　「地理的表示保護制度」とは，2015(平成27)年6月1日に発足した，地域の名産や名物，特産などの「地域ブランド」を守るための制度である。地理的表示マークとして，基準を満たすものに，GIマークが付される。　(4)　「地産地消」は，地元産の農林水産物を地元で消費することにより，食料自給率の向上や生産者と消費者をつなげる等，地域の活性化の役割も期待されている。　(5)　塩沢紬は南魚沼市を，羽越しな布は村上市を，小千谷縮は小千谷市や長岡市を主な生産地とする。他に小千谷紬，本塩沢，十日町絣，十日町明石ちぢみがある。　(6)　③　HEMSとは，Home Energy Management System(ホームエネルギーマネジメントシステム)の略。　(7)　「次世代育成支援対策推進法」は，子育て支援のため2003(平成15)年に成立した時限立法で，2014年の改正で10年延長されている。「オレンジリボン運動」は，「子ども虐待のない社会の実現」を目指す市民運動。オレンジリボンは，そのシンボルマークで，オレンジ色が子どもたちの

明るい未来を表すとする。「障害者雇用促進法」は障害者の雇用の促進等に関する法律」の略で，1960(昭和35)年に公布され，2016(平成28)年に改正されている。「認知症施策推進5か年計画」は，新オレンジプランの旧版。　(8)　1950年代，デンマークのバンク・ミケルセンが提唱した。　(9)　ア　「平成28年版高齢社会白書」に，2015(平成27)年の高齢化率は過去最高の26.7％とある。　ウ　平均寿命と健康寿命の差，すなわち健康上の問題で日常生活に影響がある期間は縮まっておらず，男性で約9年，女性で12年強といわれる。特に，女性で日常生活に影響がある期間は長い。　(10)　内閣府男女共同参画局の「平成28年育児と介護のダブルケアの実態に関する調査」によると，現在ダブルケアを行う推計人口は，約25万人(女性約17万人，男性約8万人)を数える。　(11)　①～②　「スキャモンの発達・発育曲線」は，小児の発育を考える上での重要な指針である。20歳までの子どもは心身全体が同じスピードで成長することはない。各器官の発育の特徴にあった，その時必要な栄養や運動等に配慮する必要がある。　④　ジャン・ピアジェは，子どもの発達や教育についての画期的な理論を構築したスイスの発達心理学者。　⑤　「平行遊び」は3歳頃から，「協同遊び」は5歳頃からみられる。1歳頃には「傍観遊び」が，4歳頃には「連合遊び」がみられる。

【2】(1)　1位…通信(販売)　3位…電話勧誘(販売)　(2)　特定商取引に関する法律　(3)　①　ネガティブ・オプション　②　SF商法　③　アポイントメントセールス　(4)　①　×…5,000円→3,000円　②　○　③　○　④　×…20日→8日　(5)　各地の消費生活センター及び国民生活センターが受け付けた相談情報を蓄積したデーターベース。　(6)　188　(7)　実際の消費生活とかかわらせて具体的に考えさせるとともに，消費者基本法の趣旨を理解できるようにすること。
〈解説〉(1)　2013年度以降，「通信販売」に関する相談件数は「店舗購入」を抜き，販売購入形態別で最も高く続いている(「消費生活年報2016」

より）。　　(2)　1976(昭和51)年公布の訪問販売法を2000(平成12)年に改称，その後改正された。　　(4)　①　訪問販売等の冷静に判断できないまま商取引を行った消費者を守る「クーリング・オフ制度」だが，条件が幾つか設定されている。　　④　20日以内とあるのは，マルチ商法を対象とした連鎖販売取引，内職・モニター商法による業務提携誘引販売取引である。　　(7)　「消費者基本法」は1968(昭和43)年に制定された消費者保護基本法を改正し，2004(平成16)年に公布された。

【3】(1)　日本型食生活　　(2)　①　化粧塩　　②　ぜんご　　(3)　名称…ジアスターゼ　　働き…消化を助ける。　　(4)　①　たんぱく質を構成する20種類のアミノ酸のうち，体内で合成できない9種類のアミノ酸のこと。　　②　ヒスチジン，イソロイシン　　(5)　腸炎ビブリオ　　(6)　ア　消化　　イ　腸の調子　　ウ　健康の保持　　(7)　アルギン酸　　(8)　①　イノシン酸　　②　身をさいて，30分程度水に浸す。水から火にかけ，沸騰したら2分程度煮る。　　(9)　a　18，b　6　　c　3，1　　(10)　①　面取り　　②　うす味のたっぷりの煮汁で煮含めること。

〈解説〉(1)　ご飯を中心に栄養バランスのよい食事がとりやすい「日本型食生活」は，食育を進める意味でも推奨されている。　　(2)　①　「飾り塩」ともいう。　　②　「ぜいご」，「ぜご」ともいう。　　(3)　ジアスターゼは熱に弱いので，消化を助けるには大根おろしで食すのがもっともよい。　　(4)　①　9つの必須アミノ酸の含有率を数値化したものに「アミノ酸スコア」がある。　　②　他に，ロイシン，リジン，メチオニン，フェニルアラニン，スレオニン，トリプトファン，バリンがある。　　(5)　予防としては，調理前に真水でよく洗うこと，使用した調理器具や手の洗浄・消毒を十分行い二次汚染を防ぐこと，夏場の生食には十分注意しわずかな時間でも4℃以下に保存すること，菌は熱に弱いため，75℃，1分以上の加熱を心がけること，などがある。　　(6)　食物繊維は，消化・吸収されないのでエネルギー源にはならないが，体の機能を調整する働きがある。　　(7)　食物繊維には，水

溶性のものと，不溶性のものとがある。水溶性では，果物に多く含まれるペクチン，こんにゃくに含まれるグルコマンナン，海藻に多く含まれるアルギン酸等があり，不溶性では，野菜や豆に多く含まれるセルロース，えび・かにの殻の成分であるキチン等がある。　(8)　うま味成分の代表的なものとして，かつお節や煮干し，肉類などの動物性食品に含まれるイノシン酸，こんぶや香味野菜などの植物性食品に多く含まれるグルタミン酸がある。　(10)　「含め煮」は，材料の持ち味や色を生かすことができる。「煮付け」は，少ない煮汁で煮ながら味をつける煮方，「煮しめ」は汁気がなくなるまでじっくり煮込み日持ちをよくする煮方。

【4】(1)　環境共生住宅　　(2)　緑のカーテン　　(3)　寿命が長い。
(4)　空調システム，電気機器，燃焼機器，自動車等の人間活動より排出される人工排熱の増加等が原因で，地表面の熱収支バランスが変化し，都心域の気温が郊外に比べて高くなる現象。　(5)　リノベーション…完成から時間が経過した建築物を，現在および将来の使用に耐え得るよう修繕，改修すること。　コンバーション…建築物をある用途から別の用途に変更するために修繕，改修，増築を行うこと。
〈解説〉(3)　蛍光灯の寿命は6,000〜12,000時間，LEDの寿命は40,000〜60,000時間といわれている。　(4)　対策として，建物の断熱性能の向上，屋上緑化，保水性舗装，壁面緑化，校庭芝生化等がある。
(5)　「リノベーション」と「リフォーム」の違いは，「リフォーム」は，設備の変更や修繕などを行うことで，システムキッチンやユニットバスの入れ替えや壁紙の貼り替え程度の，比較的小規模な工事をいう。これに対し，「リノベーション」は，間取り，水道管，排水管，冷暖房換気設備の変更など新築時以上の性能にもなる大規模な工事が該当する。一方「コンバーション」には，廃校になった学校をオフィスや福祉施設に再利用する等の例がある。

2017年度　実施問題

【中学校】

【1】次の(1)〜(8)に答えなさい。

(1) 下の図1は水平がまのミシンである。次の①，②に答えよ。

　① ア〜ウの名称を書け。

　② 図2は，ミシン縫いの上糸と下糸のつり合いを示したものである。糸は正しくかけられていて，針は正しく付けられているが，図のようになった。原因と，対処法を書け。

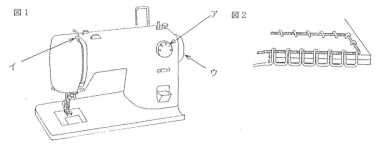

(2) あとのア，イの表示は，既製服に関する表示である。次の①〜④に答えよ。

　① JISで定められている既製服のサイズは，着用者により何種類に分けられているか，書け。

　② アの表示に示されている9ARはそれぞれ何を表しているか，書け。

　③ イの表示名を書け。

　④ ポリエステルと綿のそれぞれの長所を書け。

表示ア

サイズ	
バスト	83
ヒップ	91
身長	158
9AR	

表示イ

ポリエステル	65%
綿	35%

(3) ある国が輸入している食料や工業製品を，仮に自国で生産した場合に，どの程度の水が必要かを推定した水の量を何というか，書け。

(4) 住まいについて，次の①～③の説明に当てはまる用語を書け。

① 地震対策として，建築物の基礎部分等に積層ゴムあるいは滑り支承等を入れて，地震による揺れを上部に伝達しにくくした構造。

② 汚染した室内の空気を新鮮な外気と入れ換え，室内空気を適正な状態の空気に維持すること。

③ 雨よけ，日よけのため，出入り口，窓などの上部に設けるもの。

(5) 消費生活について，次の①～③に答えよ。

① 「デビットカード」について説明せよ。

② 平成23年8月に金融庁・消費者庁から出された，「多重債務相談の手引き」には，債務整理の方法が示されている。2つ書け。

③ 国際消費者機構は，消費者には権利と同時に責任があるとして8つの権利と5つの責任を挙げている。5つの責任とは何か，書け。

(6) 少子高齢化社会について，次の①，②に答えよ。

① 健康上の問題で日常生活が制限されることなく生活できる期間を何というか，書け。

② 介護保険法で定められた，地域住民の保健・福祉・医療の向上，虐待防止，介護予防マネジメントなどを総合的に行う機関は何か，書け。

(7) 昆布とかつお節を使っただしについて，次の①～④に答えよ。

① 昆布とかつお節を使ってだしをとった。このようなだしを何というか，書け。

②　昆布とかつお節のうまみ成分は何か，それぞれ書け。

③　昆布とかつお節を使った1番だしのとり方を説明せよ。

④　昆布とかつお節を使っただし汁1000mLをとる場合，かつお節の分量はどれが適当か，記号で答えよ。

　　ア　5g　　イ　20g　　ウ　60g　　エ　100g

(8)　「中学校学習指導要領解説(技術・家庭編)」(平成20年9月)の「第3章　3　実習の指導　(2)　安全指導」に示されている，食品を扱う場面で指導すべき事項を2つ書け。

(☆☆☆☆◎◎◎)

【2】鮭のムニエルとタルタルソース，付け合わせのほうれん草のバターソテーの調理について，次の(1)～(11)に答えなさい。

(1)　パック入りの切り身の鮭を買うとき，新鮮さを見分けるポイントを1つ書け。

(2)　鮭の身の色が赤いのは，何という色素が含まれているからか，書け。

(3)　鮭の身に多く含まれ，骨の成長促進の働きをするビタミンの種類は何か，書け。

(4)　魚油に多く含まれる不飽和脂肪酸を2つ書け。

(5)　鮭のムニエルの準備について，次の①，②に答えよ。

①　鮭の臭みを少なくするためには，何をすればよいか，書け。

②　小麦粉をまぶす理由は何か，書け。

(6)　ムニエルを作る。このとき，次の①，②に答えよ。

①　焼き方の留意点は何か，書け。

②　調理を行う上で，バターだけでなくサラダ油を用いる理由は何か，書け。

(7)　タルタルソースを作るとき，ゆで卵を作る。このとき，ゆですぎると卵黄の表面が暗緑色になることがある。それはなぜか，書け。

(8)　マヨネーズソースを作るとき，卵黄中のある成分が油を乳化させる。その成分名を書け。

(9) マヨネーズとバターの乳化の型を書け。

(10) 付け合わせのほうれん草について，次の①～⑤に答えよ。

① ほうれん草を色よくゆでるときの留意点は何か，2つ書け。

② ほうれん草に含まれる色素は何か，名前を書け。

③ ほうれん草は，緑黄色野菜である。緑黄色野菜の定義を書け。

④ ③の定義には当てはまらないが，ピーマンは緑黄色野菜と認められる。理由を書け。

⑤ 緑黄色野菜は，食用油脂と一緒に食するのが望ましいのはなぜか，書け。

(11) 1人分80gの可食部のほうれん草を4人分用意したいとき，何g分のほうれん草を準備するとよいか，計算して答えよ。ただし，小数第一位を四捨五入し，整数で答えよ。なお，廃棄率は10％とする。

(☆☆☆◎◎◎)

【3】子育てをめぐる環境について，次の(1)～(11)について答えなさい。

(1) 次の図は「子ども子育て支援新制度」の概要を示したものである。下の①～④に答えよ。

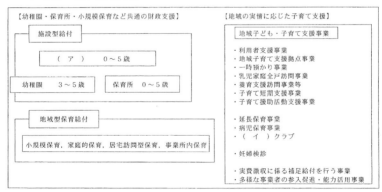

① 図の(ア)，(イ)に当てはまる語句をそれぞれ書け。

② 図の中にある地域型保育の一つである「家庭的保育」について簡潔に書け。

③　「子ども子育て支援新制度」において，保育所などで保育を希望する場合の認定にあたり，保育を必要とする事由について，「就労」以外に該当する事由を1つ書け。

④　地域子ども・子育て支援事業である「一時預かり事業」とは何か，書け。

(2)　認可保育所に入所を希望するが，定員等の関係で入所できない状態の子どもを何というか，書け。

(3)　「平成26年度雇用均等基本調査」から，平成26年度の女性・男性の育児休業取得率の組み合わせとして，正しいものを次のア〜エから1つ選び，その記号を書け。

ア　女性86.6%　男性2.30%　　イ　女性90.6%　男性6.12%
ウ　女性79.6%　男性4.23%　　エ　女性83.6%　男性10.89%

(4)　仕事と育児・介護とが両立できるような様々な制度を持ち，多様でかつ柔軟な働き方を労働者が選択できるような取組を行う企業を何というか，書け。

(5)　次の①〜④は，厚生労働省が作成したマークである。それぞれのマークの意味は何か，下のア〜エから選び，その記号を書け。

①　②　③　④

ア　子育て女性の再就職支援シンボルマーク
イ　次世代育成支援対策推進法に基づき，企業が従業員の仕事と子育ての両立のための行動計画を策定・実施し，その結果が一定の要件を満たし厚生労働大臣の認定を受けた場合に，商品などに表示することのできるマーク
ウ　ポジティブ・アクション普及促進のためのシンボルマーク
エ　妊産婦が交通機関等を利用する際に身に付け，周囲が妊産婦への配慮を示しやすくするマーク

(6) ポルトマンの「生理的早産説」について，書け。

(7) 幼稚園の創始者と言われ，幼児の遊びを促進するため，「恩物」という教材的遊具を考案したドイツの教育家はだれか，名前を書け。

(8) 「中学校学習指導要領」(平成20年3月)の「第2章第8節家庭」内容A「家族・家庭と子どもの成長」(3)に幼児の生活と家族についての指導事項が示されている。1つ書け。

(9) 次の文は平成26年1月に施行された「子どもの貧困対策の推進に関する法律」の一部である。文中の(ア)～(ウ)に当てはまる語句を書け。

(基本理念)

第2条 子どもの貧困対策は，子ども等に対する(ア)の支援，生活の支援，就労の支援，(イ)支援等の施策を，子どもの(ウ)がその生まれ育った環境によって左右されることのない社会を実現することを旨として講ずることにより，推進されなければならないこと。

(略)

---

(10) 平成25年6月に厚生労働省の国民生活基礎調査で，我が国の子どもの貧困率が発表された。次のア～エから正しいものを1つ選び，その記号を書け。

ア 6.7%　　イ 10.0%　　ウ 16.3%　　エ 33.3%

(11) 子育てをしながら就職を希望している人に対して，子ども連れで来所しやすい環境を整備し，個々の希望やニーズに応じたきめ細かな就職支援を行う公共職業安定所を何というか，書け。

(☆☆☆☆◎◎◎)

中学校家庭　実技検査

　与えられた型紙を用いて，次の図のようなファスナー付きペンケースを製作しなさい。(時間60分)

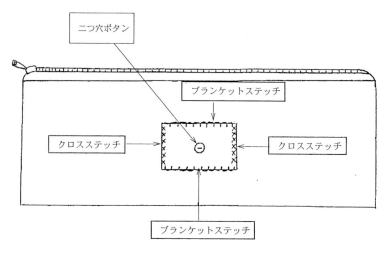

```
二つ穴ボタン

ブランケットステッチ

クロスステッチ          クロスステッチ

ブランケットステッチ
```

条件1	アップリケは指定された場所に，指定された縫い方で付けること。
条件2	ボタンは糸足を付け，図のように付けること。
条件3	ファスナーは，アップリケを表に見て，左から右に開ける方向に付けること。
条件4	ファスナーを縫うとき，表からなみ縫いが見えないように縫うこと。

注意1：持参した裁縫道具及び配付された用具を適宜使用する。
注意2：布目線と受検番号が書かれている面が布の表である。
注意3：全て，一本どりで縫う。
注意4：アップリケのフェルトは裁断済みである。

(☆☆☆◎◎◎)

解答・解説

【中学校】

【1】(1)　①　ア　送り調節ダイヤル　　イ　天びん　　ウ　はずみ車
②　原因…上糸の調子が強すぎる。　　対処法…上糸調節装置の目盛りを小さくする。　　(2)　①　5種類　　②　9…バスト　　A…体型
R…身長　　③　組成表示　　④　ポリエステル…しわになりにくい。
綿…吸水性がよい。　　(3)　バーチャルウォーター　　(4)　①　免震
構造　　②　換気　　③　ひさし　　(5)　①　銀行等の金融機関のキャッシュカードを買い物で利用できるようにしたもの。カードを使用すると，即座に代金が口座から引き落とされる。　　②　自己破産，
任意整理　　③　・批判的意識をもつ責任・主張し行動する責任・社会的弱者への配慮責任・環境への配慮責任・連帯する責任
(6)　①　健康寿命　　②　地域包括支援センター　　(7)　①　混合だ
し　　②　昆布…グルタミン酸　　かつお節…イノシン酸　　③　昆布を水から入れて火にかけ，沸騰する前に取り出す。沸騰したらかつお節を入れ，火を止め，布巾等でこす。　　④　イ　　(8)　・エプロンや三角巾を着用させて，清潔を保つようにする。　　・手洗いを励行させるなど，衛生面に配慮する。

〈解説〉(1)　①　ミシンの名称とそれぞれの働きを習得すること。はずみ車は上軸を回転させ，天びん・針・送り歯・中釜が運動して，布が縫える。送りダイヤルは，布を送る速度調節をおこなう。　　②　調子よく縫えない原因として，針が折れる(針止めとめねじがゆるんでいる)，布が進まない(送り調節ダイヤルの目盛りが0になっている)，縫い目がとぶ(針の平らな部分が針棒のみぞに当たっていない)，上糸が切れる(針の付け方が正しくない)，下糸が切れる(下糸の巻き方が悪い)等があげられる。　　(2)　①　既製服は着用者により乳児用，少年用，少女用，成人男子用，成人女子用の5種類がある。　　②　問題は成人女子用のサイズである。バストは番号及び寸法は3(74cm)，5(77cm)，

7(80cm)，9(83cm)，11(86cm)，13(89cm)，15(92cm)，17(96cm)，19(100cm)である。　③　組成表示は家庭用品品質表示法に基づいており，混用率表示，分離表示，指定用語がない場合の3種がある。

④　ポリエステルと綿の長所・短所が逆であるため，混用することで性能の改善につながる(混紡)。ワイシャツ等で利用されている。

(3)　バーチャルウォーターは，主に食料・環境関連問題で使用される指標の一つである。例えば，牛肉を例にとると，牛が生長過程で飲む水だけでなく，飼料として使用されるトウモロコシを育成するのに必要な水の量も換算する。食料の6割を輸入に頼っている日本ではバーチャルウォーターが多くなり，約800億m³と，国内で1年間に使用される水の量と同程度の水を輸入しているといわれる。　(4)　①　地震対策にはいくつかあるが，従来は太く頑丈な柱・梁で建物自体が地震に耐えうる強度で造った(耐震構造)だが，地震などでの揺れは大きい。一方，免震構造は地震そのものの揺れを軽減する構造になっている。②　換気には窓を開けて風を通す自然換気と，換気扇を回して空気の流れを作る機械換気がある。　③　ひさしに対し，軒は外壁より外側に出た屋根の延長部分をいう。両者とも日差しが直接部屋に入るのを防ぐ。また開口部や外壁，テラス，ポーチなどを雨風から守るはたらきをする。　(5)　物品を購入する際に使用するカードにはデビットカードのほかに，プリペードカード(前払い)，クレジットカード(後払い)等があげられる。また，クレジットカードでの支払方法として一括払い，分割払い，リボルビング払い等がある。それぞれの特徴を整理しておくこと。　②　債務の整理方法としては，任意整理，特定調停，個人再生手続き，自己破産があげられる。　③　消費者の権利・義務については，1962年にアメリカのケネディ大統領が「消費者の4つの権利」を提唱したことから始まる。その後，1982年に国際消費者機構が「消費者の8つの権利と5つの責任」として，消費者には権利だけでなく責任もあることを示した。　(6)　①　健康寿命は，単に寿命を延ばすのではなく，健康に長生きすることという考え方に基づき，世界保健機関が2000年に提唱した。　②　地域包括支援センターは，2005

年度の介護保険制度の改正により，高齢者の相談窓口として設立された。仕事は，包括的支援事業と任意事業に分けることができる。前者は，介護予防事業，介護予防マネジメント，総合相談・支援，地域ケア支援，権利擁護・高齢者虐待防止がある。　(7)　①　和風のだしは，かつお節の1番だし，2番だし，昆布だし，煮干しだしと混合出しがある。　②　混合だしはグルタミン酸とイノシン酸の強い相乗効果によって，うま味効果がいちじるしく増す。　③　昆布およびかつお節それぞれのだしのとり方にもとづいて行う。1番だしとは，材料を用いて最初にとっただしのこと。2番だしとは，1番だしをとった後のかつお節等に約半量の水を加えてとるだしをいう。　④　分量はでき上がりに対して約2%なので，1,000×0.02＝20〔g〕となる。

【2】(1)　身に弾力がある。　　(2)　アスタキサンチン　　(3)　ビタミンD　(4)　IPA(イコサペンタエン酸)，DHA(ドコサヘキサエン酸)
(5)　①　塩をして，脱水する。　　②　魚から出る水分を吸収した小麦粉が，加熱によって糊状の薄い膜となり，魚のうまみを閉じ込めるから。　　(6)　①　はじめは強火で焼き色をつけ，その後は弱火で焼く。裏返して中心部まで火をとおす。　　②　バターだけだとこげやすいから。　　(7)　卵黄の鉄と卵白の加熱によって生じた硫化水素の硫黄とが結合して，硫化第一鉄ができるから。　　(8)　レシチン
(9)　マヨネーズ…水中油滴型　　バター…油中水滴型
(10)　①　多量の沸騰した湯でゆでる，ゆでる時間を短くする
②　クロロフィル　　③　可食部100gあたりのカロテン含有量が600μg以上の野菜。　　④　よく利用され，摂取量も多いから。
⑤　緑黄色野菜に含まれる脂溶性ビタミンは，油脂と一緒にとると吸収がよいから。　　⑥　計算式…$80×\left(\dfrac{100}{100-10}\right)×4＝356$
答…356g
〈解説〉(1)　魚は肉に比べて鮮度が低下しやすいため，新鮮なものを選び，新鮮なうちに処理することが大切である。切り身の魚は欠陥が見えるもの，血がにじんでいない，パック入りはドリップがでていない

ものかも確認する。また，いわしなど一尾で購入する魚の場合も確認しておくこと。　(2)　鮭はオキアミなどを食べるが，オキアミはアスタキサンチンといわれる赤い色素を持つ藻を食する。アスタキサンチンは非常に高い抗酸化作用を持つ。　(3)　ビタミンDは骨格と歯牙の発育に必要で，カルシウムとリンの代謝には，紫外線とともに重要な役割を果たす。不足すると，くる病や骨軟化症などになる。　(4)　脂肪酸は飽和脂肪酸，一価不飽和脂肪酸，多価不飽和脂肪酸に分類できる。多価不飽和脂肪酸は更にn-6系とn-3系に分かれ，n-3系にはDHAとIPAがある。　(5)(6)　ムニエルは焼く前に白ワインを振りかけておくと生臭みが取れる。小麦粉がバターで加熱されると，魚のアミノ酸と小麦粉の糖分が反応し，香ばしい香りが出る。はじめに強火で焼くのは，うま味成分を外に出さないためである。　(7)　卵の加熱による凝固を利用して固ゆで卵，半熟卵，温泉卵等がある。固ゆで卵は，湯が沸騰して12分ゆで水で冷やす。それ以上加熱すると卵黄の表面が暗緑色になる。　(8)(9)　なお，卵黄のレシチン(リン脂質)は，血中コレステロールの増加を防ぐので，鶏卵はコレステロール含有量が比較的多いが，摂取しても血中コレステロールが増加しないといわれる。(10)　①②　ほうれん草などの青菜では，70℃になるとクロロフィルをきれいな緑色のクロロフィリンに変化させる酵素がはたらく。黄緑色のフェオフィチンを作らないため，すばやくゆでる。ゆであがったものをすばやく冷水にとるのも，熱が残っているとフェオフィチンができるためである。　③④　トマトやさやいんげん等は100g当たり600μg以上含まないが，一度の食事で多くの量を摂取するため，緑黄色野菜に分類される。　⑤　カロテンが体内に入ると脂溶性のビタミンAに変わる。そのため，炒める，揚げる等で効果的に摂取できる。(11)　廃棄率とは食物全体に対する捨てる(食べられない)部分の割合を指す。通常，材料は可食部と廃棄部が混同しており，材料から廃棄部(廃棄率)を除いた量を可食部としているため，計算が必要になる。

【3】(1) ① ア 認定こども園 イ 放課後児童 ② 家庭的な雰囲気のもとで，少人数(定員5人以下)を対象に，きめ細やかな保育を行うこと。 ③ 就学 ④ 急な用事や短期のパートタイム就労のほか，リフレッシュしたい時など保育所や地域子育て支援拠点などで子どもを預かること。 (2) 待機児童 (3) ア (4) ファミリーフレンドリー企業 (5) ① エ ② イ ③ ウ ④ ア (6) 人間が，サルやチンパンジーと同様に諸能力を備えた状態で生まれてくることを可能にしようと考えれば，人間の在胎期間を今までよりさらに数年間の年月が必要であるにもかかわらず，実際は，それよりもはるかに短い年月でこの世に誕生すること。

(7) F．W．フレーベル (8) 幼児の発達と生活の特徴を知り，子どもが育つ環境としての家族の役割について理解すること。

(9) ア 教育 イ 経済的 ウ 将来 (10) ウ

(11) マザーズハローワーク

〈解説〉(1) ② 家庭的保育は，2010年より児童福祉法に位置づけられた保育事業である。2015年の子ども・子育て支援新制度では，新たに創設された「地域型保育給付」の対象となった。 ③「保育の必要性の事由」は新制度においては，他に妊娠・出産，保育者の疾病・障害，同居又は長期入院等している親族の介護・看護，災害復旧，虐待やDVの恐れがあること，育児休業取得時に，既に保育を利用している子どもがいて継続利用が必要であること，その他これらに類する状態として市町村が認める場合があげられる。 ④ 一時預かり事業は，市町村が地域の実情に応じて実施することとされている。待機児童の親が利用する場合もあるが，利用回数などの制限がある。 (2) 待機児童は，出産後も働き続ける(働き続けなければならない)女性の増加，保育所の不足などが原因であり，主に都市部かつ3歳未満児において問題が深刻になっている。 (3) 育児休業取得率は，前年度と比較して上昇したが，これは29名以下の事業所の取得率の上昇が全体を押し上げた形となっている。一方，男性の取得率は低迷が続いており，そのため厚生労働省労働政策審議会点検評価部会では2020年度には13%

になることを目標にしている。　(5)　②「くるみんマーク」は，2003年の「次世代育成支援対策推進法」によるマークである。

③　意欲・能力がある女性がもっと活躍できる職場づくりを目指すものである。　④　再就職支援の広報啓発活動の一環として2004年にできたマークである。　(6)　ポルトマンは「人間はどこまで動物か」の著書が有名である。大型動物である人間は本来，21か月程度で誕生すべきだが，実際には短い年月で生まれてくるので，生まれたら直ちに強力な保護が必要と述べている。　(7)　フレーベルは彼の初等教育のやり方に当てはめて，幼児の心の中にある神性をどのようにして伸長していけるかを研究した。　(8)　幼児の生活と家族についての指導事項は解答のほかに，①幼児の観察や遊具の製作などの活動を通して，幼児の遊びの意義について理解すること。②幼児と触れ合う等の活動を通して，幼児への関心を深め，かかわり方を工夫できること。③家族又は幼児の生活に関心をもち，課題をもって家族関係又は幼児の生活について工夫し，計画を立てて実践できること，の3つが示されている。どれを解答しても正答となるだろう。　(9)(10)　子どもの貧困の定義は「世帯収入から子どもを含めて一人ひとりの所得を試算し，その国で真ん中の人の所得の半分(等価可処分所得の中央線の50％)に届かない人」であり，日本の場合，約6人に1人，大人が1人の家庭に限ると54.6％(2014年)と非常に高い水準にある。　(11)　マザーズハローワークは2006年，全国12の都市に開設された。これがない地域でもハローワークの中に「マザーズコーナー」が多数設置されている。

2016年度　実施問題

【中高共通】

【1】次の材料・調理方法により，茶碗蒸しを作る。このとき，下の(1)～(7)に答えなさい。

【材料】

　　鶏卵，鶏ささみ肉，かまぼこ，ぎんなん，生しいたけ，えび，みつば，だし汁，塩，薄口しょうゆ，酒

【調理方法】

手順1　だし汁をとり，調味料を加えて a60℃以下に冷ましておく。

手順2　b鶏ささみ肉を切り，しょうゆと c酒をふりかける。かまぼこ，生しいたけ，みつばを切る。

手順3　えびは頭と d背わたを取って，殻をむき，塩と酒をふりかける。

手順4　卵を割りほぐし，手順1のだし汁と混ぜてこす。(卵液)

手順5　みつば以外の材料を蒸し茶わんに入れ，卵液を注ぐ。

手順6　e蒸気が十分に上がってから蒸し器に茶わんを並べ，15～20分蒸す。

手順7　みつばをのせて茶わんにふたをする。

---

(1)　鶏卵について，次の①，②の問いに答えよ。

①　農林水産省の規格に示されている鶏卵Mサイズの重さは，何g以上何g未満か，書け。

②　茶碗蒸しは，鶏卵のどのような調理性を利用した料理か。次の表の（　ア　），（　イ　）に当てはまる用語，説明を，それぞれ書け。

調理性	説　明
（　ア　）性	水やだし汁を加えることで調理に合った濃度に調整することができる性質
熱凝固性	（　イ　）

(2)　だし汁について，次の①，②の問いに答えよ。

　① 　鶏卵とだし汁の分量比について，最も適切なものを次のア～オから1つ選び，その記号を書け。

　　ア　3：1　　イ　2：1　　ウ　1：1　　エ　1：2　　オ　1：3

　② 　下線部分aのようにする理由は何か，説明せよ。

(3)　鶏ささみ肉の準備について，次の①，②の問いに答えよ。

　① 　下線部分bについて，包丁を寝かせて入れ，手前に引いて，薄く切る切り方を何というか，書け。

　② 　下線部分cのようにする理由は何か，書け。

(4)　えびの準備について，次の①，②の問いに答えよ。

　① 　下線部分dのようにする理由は何か，2つ書け。

　② 　下線部分dについて，その方法を説明せよ。

(5)　茶碗蒸しの表面に多くの小さな穴が生じた状態について，次の①，②の問いに答えよ。

　① 　この状態を何というか，書け。

　② 　この状態にならないようにする方法を書け。

(6)　【調理方法】の手順6について，次の①～③の問いに答えよ。

　① 　蒸す調理方法の特徴について，長所と短所をそれぞれ1つずつ書け。

　② 　下線部分eについて，このようにする理由は何か，説明せよ。

　③ 　加熱方法には，この方法以外にも，急速加熱により蒸す方法や電子レンジにより加熱する方法がある。このことについて，次のア，イの問いに答えよ。

　　ア 　急速加熱により蒸す方法を説明せよ。

　　イ 　電子レンジの加熱原理を説明せよ。

(7)　茶碗蒸しのできあがりを竹串を刺して確認する。このとき，蒸し上がったと判断できるのは，どのような状態になったときか，説明せよ。

(☆☆☆◎◎◎)

【2】高齢者福祉について，次の(1)～(9)に答えなさい。

(1)　高齢化率の定義を書け。

(2)　「平成26年版高齢社会白書」(内閣府)に示されている平成25年の全国の高齢化率と新潟県の高齢化率の組合せとして，正しいものを，次のア～カから1つ選び，その記号を書け。

ア　全国　28.1％　　新潟県　25.1％

イ　全国　25.1％　　新潟県　22.1％

ウ　全国　28.1％　　新潟県　22.1％

エ　全国　22.1％　　新潟県　25.1％

オ　全国　25.1％　　新潟県　28.1％

カ　全国　22.1％　　新潟県　28.1％

(3)　次の①，②の用語を説明せよ。

①　ADL

②　QOL

(4)　加齢に伴う知能の変化について，次の①，②の問いに答えよ。

①　キャッテルによると，知能は結晶性知能と流動性知能に分類される。この2つについて，それぞれ説明せよ。

②　結晶性知能と流動性知能は，加齢に伴って，それぞれどのように変化する傾向があるか，説明せよ。

(5)　次の表は，「世帯構造別にみた要介護者等のいる世帯の構成割合の年次推移」(「平成25年国民生活基礎調査」(厚生労働省))の一部を抜粋したものである。この表から読み取れる高齢者福祉の問題点を，2つ書け。

年次	単独世帯	核家族世帯	夫婦のみの世帯	三世代世帯	その他の世帯
平成13年	15.7%	29.3%	18.3%	32.5%	22.4%
平成16年	20.2%	30.4%	19.5%	29.4%	20.0%
平成19年	24.0%	32.7%	20.2%	23.2%	20.1%
平成22年	26.1%	31.4%	19.3%	22.5%	20.1%
平成25年	27.4%	35.4%	21.5%	18.4%	18.7%

(6) 次の文は，介護保険施設についてまとめたものである。文中の
(①)～(⑤)に当てはまるものを，下のア～ケからそれぞれ1
つずつ選び，その記号を書け。

　介護保険施設は3種類あり，要介護認定において「要介護1～5」
と認定された者のみ入所対象となる。そのうち介護老人福祉施設と
は，(①)法に規定する(②)のことである。身体上又は精神
上著しい障害があるために常時の介護を必要とし，かつ，居宅にお
いてこれを受けることが困難な要介護者に対し，入浴・排せつ・食
事等の介護，その他の日常生活上の世話，機能訓練等のサービスを
提供し，設置主体は，社会福祉法人や(③)である。これに対し，
(④)は，入院による治療は必要ないが，心身の障害のためにリ
ハビリテーション・看護・介護と日常生活サービスを提供し，在宅
医療と連携して家庭復帰をめざす施設である。また，(⑤)は，
長期にわたる療養を必要とする要介護者に対し，療養上の管理，看
護・医学的管理のもと，介護や必要な医療などのサービスを提供す
る。

ア　介護療養型医療施設　　イ　介護老人保健施設
ウ　特別養護老人ホーム　　エ　医療法人
オ　地方自治体　　　　　　カ　民間企業
キ　老人福祉　　　　　　　ク　社会福祉
ケ　生活保護

(7)「平成25年国民生活基礎調査」(厚生労働省)において，介護が必要
となった主な原因のうち，件数の多い順に並べたときの上位2つを
次のア～オから選び，その記号を書け。

　ア　認知症　　　　イ　骨折・転倒　　　ウ　高齢による衰弱
　エ　脳血管疾患　　オ　関節疾患

(8)　認知症とはどのような状態のことか，説明せよ。

(9)　成年後見制度について説明せよ。

(☆☆☆◎◎◎)

【中学校】

【 1 】次の(1)～(6)に答えなさい。

(1)　日本工業規格の洗濯表示が平成28年12月から変更される。次の①～
　　④の新しい洗濯表示の意味を書け。

①　②　③　④

(2)　住まいについて，次の①～③の説明に当てはまる用語を答えよ。
　①　新潟県などの雪の多い地方で，町屋の軒から庇を長く張り出し，
　　その下を通路としたもの
　②　建物の骨格・構造体と内装・設備を分けて造り，住み手のライ
　　フステージに応じた間取りの変更などを可能とした建築
　③　1つの住棟や住宅団地内に，それぞれ独立した複数の住戸と日
　　常生活の一部を共同化するための共有空間や設備が組み込まれて
　　いる集合住宅の形態

(3)　児童虐待について，次の①，②の問いに答えよ。
　①　「児童虐待の防止等に関する法律」(平成12年5月)において児童
　　虐待として定義されている行為を，4つ書け。
　②　児童虐待に対応する機関の一つに児童相談所がある。児童相談
　　所の基本的機能を，3つ書け。

(4)　食中毒について，次の①～④の問いに答えよ。
　①　次の図は，病因物質ごとの食中毒の発生件数の割合を表したグ
　　ラフである。図中のa～cに当てはまる病因物質の組合せとして正
　　しいものを，あとのア～カから1つ選び，その記号を書け。

107

病因物質別発生状況

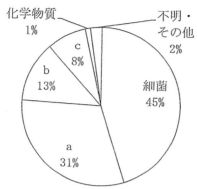

「平成26年食中毒発生状況」（厚生労働省）により作成

ア　a　寄生虫　　　　b　自然毒　　　　c　ウイルス

イ　a　寄生虫　　　　b　ウイルス　　　c　自然毒

ウ　a　自然毒　　　　b　ウイルス　　　c　寄生虫

エ　a　自然毒　　　　b　寄生虫　　　　c　ウイルス

オ　a　ウイルス　　　b　寄生虫　　　　c　自然毒

カ　a　ウイルス　　　b　自然毒　　　　c　寄生虫

②　細菌のうち，次の（　ア　）～（　ウ　）に当てはまる菌は何か。
　　下のa～hからそれぞれ1つずつ選び，その記号を書け。

病因菌	主な感染源	主な原因食品	潜伏期間	主な症状
（　ア　）	保菌者・家畜のふん便，下水や河川水	食肉・鶏卵・魚介類	6～48時間	嘔吐・下痢・発熱
（　イ　）	家畜のふん便，下水や河川水	食肉（特に鶏肉）	2～7日	発熱・下痢・腹痛
（　ウ　）	海水域や汽水域に生息する魚介類	生食用の魚介類	3～40時間	下痢・腹痛

a　ボツリヌス菌　　　　b　カンピロバクター
c　黄色ブドウ球菌　　　d　病原性大腸菌
e　腸炎ビブリオ　　　　f　腸管出血性大腸菌
g　サルモネラ菌　　　　h　ウェルシュ菌

③　厚生労働省が「家庭でできる食中毒予防の6つのポイント」で

示している食中毒予防の3原則を書け。
④ 「家庭でできる食中毒予防の6つのポイント」の「家庭での保存」及び「調理」における内容のうち，具体的な数値を含むものを1つずつ書け。
(5) 持続可能な社会の構築について，次の①〜③の問いに答えよ。
① 平成5年に制定された，環境の保全についての基本理念を定めた法律は何か，名称を書け。
② ライフサイクルアセスメント(LCA)とは何か，説明せよ。
③ 次のマークの名称は何か，書け。

(6) 「中学校学習指導要領」(平成20年3月)の「第2章第8節第2家庭」に示されている「生活の課題と実践」について，次の①，②の問いに答えよ。
① 「生活の課題と実践」のねらいを書け。
② 「生活の課題と実践」の内容のうち，B「食生活と自立」(3)ウの指導事項を書け。

(☆☆☆◎◎◎)

中学校家庭　実技検査
次の図のような巾着袋を手縫いで製作しなさい。
条件1　表面に縦7cm，横8cmのポケットを付ける。
条件2　ひも通し口は両側とする。
条件3　三角まち3cmを付ける。

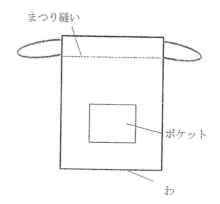

まつり縫い

ポケット

わ

注意1：持参した裁縫用具及び配付された用具を適宜使用する。

注意2：受検番号が書かれている面が布の表である。

注意3：一本取りで縫う。

注意4：ひも通し部分は「まつり縫い」で縫う。それ以外は，「並縫い」または「返し縫い」を適宜用いる。

手順の一例(順不同)

○　型紙に縫いしろ分や折り返し部分を加えて布を裁つ。

○　布を中表に合わせ，できあがり線に沿って縫う。

○　ポケットを本体に縫い付ける。

○　ひも通し口からひもを通す。

(☆☆☆◎◎◎)

【高等学校】

【1】次の(1)～(6)に答えなさい。

(1)　日本工業規烙の洗濯表示が平成28年12月から変更される。次の①～④の新しい洗濯表示の意味を書け。

① 　　② 　　③ 　　④

(2)　住まいについて，次の①～③の説明に当てはまる用語を答えよ。

① 新潟県などの雪の多い地方で，町屋の軒から庇を長く張り出し，その下を通路としたもの

② 建物の骨格・構造体と内装・設備を分けて造り，住み手のライフステージに応じた間取りの変更などを可能とした建築

③ 1つの住棟や住宅団地内に，それぞれ独立した複数の住戸と日常生活の一部を共同化するための共有空間や設備が組み込まれている集合住宅の形態

(3) 児童虐待について，次の①，②の問いに答えよ。

① 「児童虐待の防止等に関する法律」(平成12年5月)において児童虐待として定義されている行為を，4つ書け。

② 児童虐待に対応する機関の一つに児童相談所がある。児童相談所の基本的機能を，3つ書け。

(4) 食中毒について，次の①～④の問いに答えよ。

① 次の図は，病因物質ごとの食中毒の発生件数の割合を表したグラフである。図中のa～cに当てはまる病因物質の組合せとして正しいものを，下のア～カから1つ選び，その記号を書け。

病因物質別発生状況

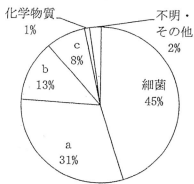

「平成26年食中毒発生状況」（厚生労働省）により作成

ア a 寄生虫　　 b 自然毒　　　 c ウイルス
イ a 寄生虫　　 b ウイルス　　 c 自然毒

	ウ	a	自然毒		b	ウイルス		c	寄生虫
	エ	a	自然毒		b	寄生虫		c	ウイルス
	オ	a	ウイルス		b	寄生虫		c	自然毒
	カ	a	ウイルス		b	自然毒		c	寄生虫

②　細菌のうち，次の（　ア　）～（　ウ　）に当てはまる菌は何か。下のa～hからそれぞれ1つずつ選び，その記号を書け。

病因菌	主な感染源	主な原因食品	潜伏期間	主な症状
（　ア　）	保菌者・家畜のふん便，下水や河川水	食肉・鶏卵・魚介類	6～48時間	嘔吐・下痢・発熱
（　イ　）	家畜のふん便，下水や河川水	食肉（特に鶏肉）	2～7日	発熱・下痢・腹痛
（　ウ　）	海水域や汽水域に生息する魚介類	生食用の魚介類	3～40時間	下痢・腹痛

a　ボツリヌス菌　　　b　カンピロバクター
c　黄色ブドウ球菌　　d　病原性大腸菌
e　腸炎ビブリオ　　　f　腸管出血性大腸菌
g　サルモネラ菌　　　h　ウェルシュ菌

③　厚生労働省が「家庭でできる食中毒予防の6つのポイント」で示している食中毒予防の3原則を書け。

④　「家庭でできる食中毒予防の6つのポイント」の「家庭での保存」及び「調理」における内容のうち，具体的な数値を含むものを1つずつ書け。

(5)　持続可能な社会の構築について，次の①～③の問いに答えよ。

①　平成5年に制定された，環境の保全についての基本理念を定めた法律は何か，名称を書け。

②　ライフサイクルアセスメント(LCA)とは何か，説明せよ。

③　次のマークの名称は何か，書け。

(6) 「高等学校学習指導要領」(平成21年3月)の第2章第9節家庭に示されている次の①，②は，どのような学習活動か，それぞれ説明せよ。
①　ホームプロジェクト
②　学校家庭クラブ活動

(☆☆☆◎◎◎)

高等学校家庭　実技検査

下の図のような巾着袋を手縫いで製作しなさい。
条件1　表面に縦7cm，横8cmのポケットを付ける。
条件2　ひも通し口は両側とする。
条件3　三角まち3cmを付ける。

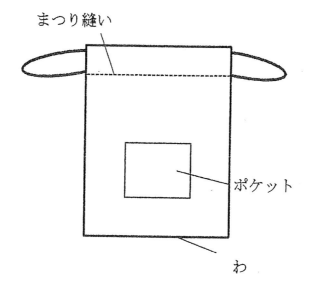

注意1：持参した裁縫用具及び配付された用具を適宜使用する。
注意2：受検番号が書かれている面が布の表である。
注意3：一本取りで縫う。
注意4：ひも通し部分は「まつり縫い」で縫う。それ以外は，「並縫い」または「返し縫い」を適宜用いる。

手順の一例(順不同)

○　型紙に縫いしろ分や折り返し部分を加えて布を裁つ。

○　布を中表に合わせ，できあがり線に沿って縫う。

○　ポケットを本体に縫い付ける。

○　ひも通し口からひもを通す。

(☆☆☆◎◎◎)

解答・解説

【中高共通】

【1】(1)　①　58g以上～64g未満　　②　ア　希釈性　　イ　卵のたんぱく質が加熱によって固まる性質。　　(2)　①　オ　　②　卵の凝固は60℃くらいから始まるため，だし汁を60℃以下に冷ますことにより，卵の凝固を防ぐ。　　(3)　①　そぎ切り　　②　くさみを取るため　　(4)　①　・くさみを取るため　　・食感をよくするため　　②　背側の身の節に竹串を入れ，背わたに刺し，引き抜く。　　(5)　①　すが立つ　　②　蒸し器のふたを少しずらし，弱火にして，加熱温度を85～90℃に維持して蒸す。　　(6)　①　長所…静置加熱されるため，食品の形が崩れにくい。　短所…調理中に，味付けをすることができない。　②　温度が十分に上がっていない状態で食品を入れると，蒸気が水滴になり食品に付くため，食品が水っぽくなるから。　　③　ア　強火で短時間加熱し，その後，余熱を与える。　　イ　食品に含まれる水分子をマイクロ波によって振動させ，その摩擦熱で加熱する。　　(7)　竹串を刺したとき，濁った液が上がってこない。

〈解説〉(1)　②　鶏卵の調理性には他に，粘弾性・起泡性・乳化性がある。　　(2)　卵液濃度は25％となる。手順1について，だし汁が熱いうちに調味料を加え，均一の液にする。冷ましてから調味料(塩・薄口しょうゆ)を加えても，塩が溶けず下に沈殿する。調味料を加えた後，卵

が凝固しない温度にまで冷ましてから卵と混ぜ合わせる。

(4)　①　背わたに臭み・苦みがあることや微細な砂が混じっていることもあるので取り除く。　(5)　①　「す立ち」は卵液中に含まれる微小な気泡に，水蒸気が入り込み，気泡が大きくなり，その状態で固まったものである。すが立つと滑らかな口触りが損なわれる。　②　蒸し方には，本問の他に，饅頭や蒸しパンのように100℃の温度を保ちながら蒸すもの，おこわのように100℃の温度を保ちながら打ち水や霧を吹いて蒸すものの3通りがある。　(6)　①　他の長所としては，蒸気の上昇により，熱が隅々まで行き渡ること，水溶性成分の損失が茹で物，煮物に比べて少なく，食品本来の味が保たれること，流動性のものも容器に入れて加熱することができること，などがある。
②　蒸し物は水蒸気が蒸し器の中に充満して100℃となり，水蒸気が食品をすっぽり包み込んで加熱する。蒸し器の温度が低い時に材料を入れると材料そのものも冷たいので，表面にくっついた水蒸気が冷えて水滴に戻るのである。材料の表面が長く水滴におおわれていると，旨味や栄養分が溶け出てしまう食品もある。魚介類などは生臭みもでる。　③　ア　急速加熱で行う場合は強火で2〜4分蒸す。その後，蓋をずらして弱火で2〜3分蒸す。強火で2〜3分蒸すことで卵液の表面が凝固し始めている状態になっており，その後弱火にすればよい。

【2】(1)　総人口に占める65歳以上の人口の割合。　(2)　オ
(3)　①　食事，衣服の着脱，移動，排せつ，入浴など，日常生活を営む上で，普通に行っている行為，行動。　②　人間の生活を身体機能や物質的豊かさからだけでなく，生活上の満足・幸福感など，総合的にとらえる考え方。　(4)　①　結晶性知能…経験によって獲得し育てられる能力。　流動性知能…新しい情報を獲得し，処理し操作する能力。　②　結晶性知能…加齢による低下が少ない。　流動性知能…加齢による低下がみられる。　(5)　・要介護者のいる夫婦のみの世帯が増加傾向にあり，老老介護が増えている。　・要介護者の単独世帯が増加しているため，社会的なサポートが必要とされる。

(6)　①　キ　　②　ウ　　③　オ　　④　イ　　⑤　ア

(7)　・ア　　・エ　　(8)　いろいろな原因で脳の細胞が死んでしまったり，働きが悪くなったりしたために，様々な障害が起こり，生活する上で支障が出ている状態。　　(9)　認知症，知的障害，精神障害等で判断能力が不十分な者の自己決定や意思を尊重しつつ，その者を保護することを目的として，生活，療養看護及び財産管理を支援する制度。

〈解説〉(2)　平成25(2013)年の全国高齢化率は，平成24(2012)年の24.1％を上回り過去最高となった。各都道府県別にみると最も高い県は秋田県の31.6％，最も低い県は沖縄県の18.4％。新潟県は28.1％である。一般的な傾向として地方ほど高齢化率が高くなっているが，沖縄県は例外で，14歳以下の年少人口が老年人口を上回った唯一の県である。

(3)　①　ADL(Activities of Daily Living)は日常生活をおくるための基本的動作のことをいうが，高齢者の生活においては，退化する機能を福祉用具を用いて補助したり，訓練により回復の可能性を見いだすことを意味する。　　②　QOL(Quality of Life)は「生活の質」と訳する。衣食住を満たすだけでなく，有意義な中身の濃い人生をおくらせること。また，身体的，社会的，精神的により充実した人間生活の営みを目指すことをいう。　　(4)　結晶性知能のピークは60歳くらいで，それからは少しずつ落ちていくが80歳代になって25歳と同じレベルに落ちる程度である。一方，流動性知能のピークは30歳代で，60歳前後から急速に低下する。　　(5)　単独世帯の要介護者の増加は，介護サービスの利用増加となって表れ，介護サービスの種類別にみると「訪問系サービス」が最も多い。　　(7)　平成25(2013)年国民生活基礎調査によると，要介護となった原因の内訳は「脳血管疾患(脳卒中)21.7％」，「認知症21.4％」で僅差である。要支援となった原因では「関節疾患20.7％」が圧倒的に多く，次に「高齢による衰弱15.4％」である。

(8)　認知症にはアルツハイマー型認知症，脳血管性認知症，レビー小体型認知症などがある。　　(9)　本人，親族，法律・福祉の専門家等が家庭裁判所へ申し立てをして決定する。

【中学校】

【1】(1) ① 酸素系漂白剤による漂白処理ができるが，塩素系漂白剤による漂白処理はできない。 ② 日陰でのつり干し乾燥がよい。
③ 液温は，40℃を限度とし，洗濯機で弱い洗濯処理ができる。
④ 底面温度150℃を限度とし，アイロン仕上げ処理ができる。
(2) ① 雁木 ② スケルトン・インフィル建築 ③ コレクティブハウス (3) ① ・児童の身体に外傷が生じ，または生じるおそれのある暴行を加えること。 ・児童にわいせつな行為をすることまたは児童をしてわいせつな行為をさせること。 ・保護者としての監護を著しく怠ること。 ・児童に著しい心理的外傷を与える言動を行うこと。 ② ・相談機能 ・一時保護機能 ・措置機能
(4) ① オ ② ア g イ b ウ e ③ 食中毒菌を付けない，増やさない，殺す。 ④ 家庭での保存…冷蔵庫は10℃以下に維持。 調理…加熱の目安は中心部分の温度が75℃で1分以上。
(5) ① 環境基本法 ② 製品に関わる資源の採取から製造，使用，廃棄，輸送などすべての段階を通して，投入資源あるいは排出環境負荷及びそれらによる地球や生態系への環境影響を定量的，客観的に評価する手法。 ③ カーボンフットプリントマーク
(6) ① 家族・家庭や衣食住の学習に関心をもち，生活の課題を主体的にとらえ，実践を通してその解決を目指すことにより，生活を工夫し創造する能力や実践的な態度を育てる。 ② 食生活に関心をもち，課題をもって日常食または地域食材を生かした調理などの活動について工夫し，計画を立てて実践すること。

〈解説〉(1) ISOの図柄では三角形は「漂白」，四角形は「自然乾燥」，円が内接した四角形は「タンブル乾燥」，おけの形は「洗濯」，アイロンの形は「アイロンがけ」を意味する。④のアイロンの図にある「・」の数が温度の高さを表し「・」は低温(底面温度110℃を限度)，「・・」は中温(底面温度150℃を限度)，「・・・」は高温(底面温度200℃を限度)を示す。 (2) ② スケルトン・インフィル建築(SI住宅)のスケルトンは骨格・構造体のことで，柱・梁・床などの長期使用期間を目指した

耐久性の高い構造物である。インフィルは住戸内の内装・設備のことで，住まい手のニーズに合わせ水回りを含めた間取の変更ができるように当初から設計する建築物のことである。　(3)　①　身体的虐待，性的虐待，ネグレクト(養育の放棄・怠慢)，心理的虐待である。

②　相談機能には，家庭や学校，保育所，警察，保健所，医療機関などからの障害相談，養護相談，育成相談，非行相談などがある。一時保護機能は児童を家庭から離して一時的に保護し，短期の保育や心理的治療を行う機能である。措置機能とは，相談内容に応じて，医学・心理学・教育学・社会学・福祉などの専門的観点からの調査や診断に基づき，どのように処遇すべきかの判定が行われ，カウンセリング，心理治療，児童福祉施設などへの入所，里親への委託などの措置が行われるものである。　(4)　①　食中毒の大半は細菌やウイルスである。細菌はカンピロバクターが圧倒的に多く，aの「ウイルス」の代表的なものはノロウイルスである。bの「寄生虫」で多発するのはアニサキスによるものである。海産動物の内臓などに寄生しているアニサキスの幼虫は鮮度が落ちると内臓から筋肉に移動することが知られており，寿司や刺身等を生食する日本で発生している。　③，④　「家庭でできる食中毒予防の6つのポイント」は，「食品の購入・家庭での保存・下準備・調理・食事・残った食品」において記載されている。

(5)　③　カーボンフットプリントマークは，製品が原材料から生産・販売され，廃棄・リサイクルに至るまでに排出する温室効果ガス排出量を二酸化炭素の排出量に換算して算定する方法である。

(6)　①　生活の課題と実践の具体的方法は「自分の家族や身の回りで困っていること，改善できること，家庭生活で自分が興味を持っている事柄，継続して取り組める事柄を課題にして，計画・実践し，まとめをして評価し，改善する」ことである。　②　自分や家族の食生活の課題を見つけ，その課題を解決するために計画を立てて実践する。また実践したことを発表し合い，友達からの意見や自分の取組の改善点を考え，さらに取り組んで生活をよりよくする。

【高等学校】

【1】(1) ①　酸素系漂白剤による漂白処理ができるが，塩素系漂白剤による漂白処理はできない。　②　日陰でのつり干し乾燥がよい。
③　液温は，40℃を限度とし，洗濯機で弱い洗濯処理ができる。
④　底面温度150℃を限度とし，アイロン仕上げ処理ができる。

(2) ①　雁木　②　スケルトン・インフィル建築　③　コレクティブハウス　(3) ①　・児童の身体に外傷が生じ，または生じるおそれのある暴行を加えること。　・児童にわいせつな行為をすることまたは児童をしてわいせつな行為をさせること。　・保護者としての監護を著しく怠ること。　・児童に著しい心理的外傷を与える言動を行うこと。　②　・相談機能　・一時保護機能　・措置機能

(4) ①　オ　②　ア　g　イ　b　ウ　e　③　食中毒菌を付けない，増やさない，殺す。　④　家庭での保存…冷蔵庫は10℃以下に維持。　調理…加熱の目安は中心部分の温度が75℃で1分以上。

(5) ①　環境基本法　②　製品に関わる資源の採取から製造，使用，廃棄，輸送などすべての段階を通して，投入資源あるいは排出環境負荷及びそれらによる地球や生態系への環境影響を定量的，客観的に評価する手法。　③　カーボンフットプリントマーク

(6) ①　各自の生活の中から課題を見いだし，課題解決を目指して，主体的に計画を立てて実践する問題解決的な学習活動。　②　学校や地域の生活の中から課題を見いだし，課題解決を目指して，グループで主体的に計画を立てて実践する問題解決的な学習活動。

〈解説〉(1)　ISOの図柄では三角形は「漂白」，四角形は「自然乾燥」，円が内接した四角形は「タンブル乾燥」，おけの形は「洗濯」，アイロンの形は「アイロンがけ」を意味する。④のアイロンの図にある「・」の数が温度の高さを表し「・」は低温(底面温度110℃を限度)，「・・」は中温(底面温度150℃を限度)，「・・・」は高温(底面温度200℃を限度)を示す。　(2)　②　スケルトン・インフィル建築(SI住宅)のスケルトンは骨格・構造体のことで，柱・梁・床などの長期使用期間を目指した耐久性の高い構造物である。インフィルは住戸内の内装・設備のこと

で，住まい手のニーズに合わせ水回りを含めた間取の変更ができるように当初から設計する建築物のことである。　(3)　①　身体的虐待，性的虐待，ネグレクト(養育の放棄・怠慢)，心理的虐待である。

②　相談機能には，家庭や学校，保育所，警察，保健所，医療機関などからの障害相談，養護相談，育成相談，非行相談などがある。一時保護機能は児童を家庭から離して一時的に保護し，短期の保育や心理的治療を行う機能である。措置機能とは，相談内容に応じて，医学・心理学・教育学・社会学・福祉などの専門的観点からの調査や診断に基づき，どのように処遇すべきかの判定が行われ，カウンセリング，心理治療，児童福祉施設などへの入所，里親への委託などの措置が行われるものである。　(4)　①　食中毒の大半は細菌やウイルスである。細菌はカンピロバクターが圧倒的に多く，aの「ウイルス」の代表的なものはノロウイルスである。bの「寄生虫」で多発するのはアニサキスによるものである。海産動物の内臓などに寄生しているアニサキスの幼虫は鮮度が落ちると内臓から筋肉に移動することが知られており，寿司や刺身等を生食する日本で発生している。　③，④　「家庭でできる食中毒予防の6つのポイント」は，「食品の購入・家庭での保存・下準備・調理・食事・残った食品」において記載されている。

(5)　③　カーボンフットプリントマークは，製品が原材料から生産・販売され，廃棄・リサイクルに至るまでに排出する温室効果ガス排出量を二酸化炭素の排出量に換算して算定する方法である。　(6)　ホームプロジェクトは家庭科の学習内容を各自の家庭生活と結びつけて考えさせ，各自の家庭生活の中で困っていること，改善したいこと，興味を持っていることなどをテーマ(課題)に設定する。学校家庭クラブ活動は実践を通して，学校生活や地域の生活を充実・向上させることになる。学校全体や生徒会，ホームルーム，家庭科の講座単位で行い，学校行事や「総合的な学習の時間」など学校全体の教育活動との関連を図るようにする。

2015年度　実施問題

【中学校】

【1】次の(1)～(7)に答えなさい。

(1) 下のグラフは「世帯の家族類型」である。次の①，②の問いに答えよ。

　① アに当てはまる家族類型は何か，書け。

　② 核家族世帯とはどのような世帯か，説明せよ。

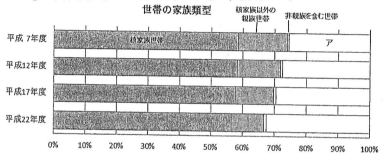

世帯の家族類型

(2) ワーク・ライフ・バランスとは何か，説明せよ。

(3) ユネスコ無形文化遺産に登録された「和食;日本人の伝統的な食文化」の特徴を，農林水産省は4つ挙げている。全て書け。

(4) 食肉について，次の①～④の問いに答えよ。

　① 次のア～ウの食肉は，それぞれを比較した時に，どのような特徴があるか。下のa～fから2つずつ選び，記号で書け。

　　ア　牛肉　　イ　豚肉　　ウ　鶏肉

　　a　肉のかたさや脂肪含有量など部位による肉質の差が大きい。

　　b　淡泊でくせがない。

　　c　脂肪は皮下に多く，筋肉に入り込んでいない。

　　d　寄生虫の心配がある。

　　e　ビタミンB1を多く含む。

　　　f　鉄分を多く含む。

　②　次のア〜エの部位の名称は何か，答えよ。

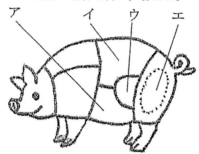

　③　次のア，イの牛肉の部位のうち，次の部位に適した調理法は何
　　か，下のa〜dから2つずつ選び，記号で書け。

　　　ア　ヒレ　　イ　バラ

　　　a　シチュー　　b　ロースト　　c　ステーキ　　d　煮物

　④　食肉の熟成とは何か，栄養素の名前を入れて説明せよ。

(5)　着物について，次の①〜③の問いに答えよ。

　①　着物に関する次のア，イの用語を説明せよ。

　　　ア　織りの着物

　　　イ　染めの着物

　②　伝統的な文様のうち，次のア〜エの名称は何か，書け。

ア 　イ 　ウ 　エ

　③　新潟県の特産品である小千谷縮について，次のア，イの問いに
　　答えよ。

　　　ア　原料は何か，書け。

　　　イ　製造工程において雪晒しを行うのはなぜか，理由を書け。

(6)　「中学校学習指導要領」(平成20年3月)の「第2章第8節第2〔家庭分
　　野〕」には，持続可能な社会の構築に関する観点が示されているが，
　　それはどのような観点か，答えよ。

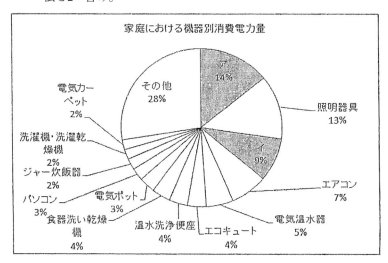

(7) 家庭内の消費電力について，次の①，②の問いに答えよ。
　①　下のグラフは，家庭における機器別消費電力量の割合を示した
　　グラフである。グラフのア，イに当てはまる機器は何か，書け。
　②　家庭でエアコンを使用するに当たり，消費電力量を節約する方
　　法を2つ書け。

平成23年12月　経済産業省

(☆☆☆◎◎◎)

【2】乳幼児の発達と保育について，次の(1)～(9)に答えなさい。
　(1)　次の表は，乳汁栄養を比較した表である。①，②に当てはまる乳
　　汁栄養を下のア，イから選び，記号で書け。

母乳，牛乳，調製粉乳の比較(100g当たり)

	エネルギー(kcal)	たんぱく質(g)	脂質(g)	炭水化物(g)	ナトリウム(mg)	カルシウム(mg)	ビタミンK(μg)
①	66～68	2.2～2.4	5.2～5.4	10.6～11.4	23～29	67～75	2.5～4.9
牛乳	67	3.3	3.8	4.8	41	110	2
②	66	1.7	5.4	11.1	23	42	1.5

文部科学省：日本食品標準成分表2010

　ア　母乳　　イ　調製粉乳

(2) 母乳，調製粉乳の長所を栄養面以外から説明せよ。

(3) 次の図は乳児と成人の胃の形を比較した図である。哺乳の際，起こりやすい現象を図の中の用語を使って説明せよ。

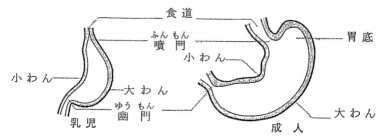

食 道
ふん もん
噴 門
小 わ ん
小 わ ん
大 わ ん
ゆう もん
幽 門
乳 児
胃 底
大 わ ん
成 人

(4) 離乳とは何か，説明せよ。

(5) 離乳食の進め方を体の部位を使って説明せよ。

(6) 生後6〜7か月頃からアタッチメントが形成される。アタッチメントとは何か，説明せよ。

(7) 乳幼児の言語について，次の①，②の用語を説明せよ。

① 喃語

② 始語

(8) 次の表は，集団保育の場である保育所・幼稚園・認定こども園を比較した表である。法令等に基づき，①〜⑪に当てはまる用語又は数値を書け。

	保育園	幼稚園	認定こども園
機能	保育を行う。	幼児教育を行う。	（ ① ）
所管省庁	（ ② ）	文部科学省	（ ③ ）
保育・教育内容	（ ④ ）	幼稚園教育要領	（ ④ ）及び幼稚園教育要領
対象児年齢	（ ⑤ ）歳〜就学前の乳幼児	満（ ⑥ ）歳〜就学前の幼児	（ ⑦ ）歳〜就学前の乳幼児
保育者	（ ⑧ ）資格所有者	（ ⑨ ）免許状所有者	満（ ⑥ ）歳児以上は（ ⑧ ）資格と（ ⑨ ）免許状を併有している者が望ましい。
保育時間	保育時間は（ ⑩ ）時間を原則とする。	保育時間は（ ⑪ ）時間を標準とする	（ ⑩ ）時間の保育にも，（ ⑪ ）時間の教育にも対応する。

(9) 「中学校学習指導要領」（平成20年3月）の「第2章第8節第2〔家庭分野〕」「A家族・家庭と子どもの成長」の内容の取扱いとして留意すべきことを3つ書け。

(☆☆☆◎◎◎)

【3】住まいについて，次の(1)～(6)に答えなさい。

(1) 下の間取り図(平面図)の間取りは何か，次のア～エから選び，記号で書け。

ア　2LDK　　イ　3DK　　ウ　3LDK　　エ　4DK

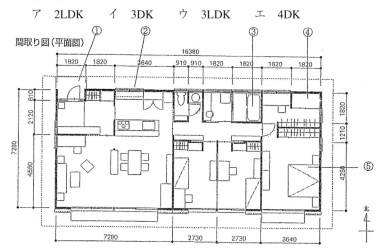

(2) 上の間取り図(平面図)の①～⑤の平面表示記号は何を示しているか，書け。

(3) 次の①，②の用語を説明せよ。

　①　食寝分離

　②　就寝分離

(4) 住宅性能表示制度では，住宅の性能を評価し表示するための基準や手続きが示されている。日本住宅性能表示基準の10分野のうち5つを答えよ。

(5) 次の図は，住まいの耐震性を高めるための構造を示した図である。aの名称は何か，書け。

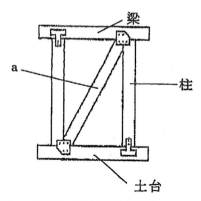

(6) シックハウス症候群の主な要因と対策について，次の①〜③の問いに答えよ。

① 居室内において衛生上の支障を生ずるおそれがある物質ア，イについて説明せよ。

ア　ホルムアルデヒド

イ　クロルピリホス

② 上記の物質ア，イの使用を規制している法律の名称を書け。

③ カビ・ダニに対する対策を3つ書け。

(☆☆☆◎◎◎)

解答・解説

【中学校】

【1】(1)　①　単独世帯　②　夫婦のみの世帯，夫婦と未婚の子供のみの世帯，一人親と未婚の子供のみの世帯を言う。　(2)　仕事と生活の調和　(3)　・新鮮で多様な食材とその持ち味の尊重　・栄養バランスに優れた健康的な食生活　・自然の美しさや季節の移ろいを表現した盛りつけ　・正月行事などの年中行事との密接な関わり

(4)　①　ア　a, f　イ　d, e　ウ　b, c　②　ア　バラ　イ　ロース　ウ　ヒレ　エ　もも　③　ア　b, c　イ　a, d　④　屠殺後一定時間をおくことにより，組織内の酵素の働きで，たんぱく質の分解が促されること。徐々に柔らかくなり，風味が増しておいしくなる。　(5)　①　ア　先に糸を染めてから模様を織り出した着物　イ　生地を織った後に模様を染め付けた着物　②　ア　青海波　イ　麻の葉　ウ　矢絣　エ　井桁　③　ア　苧麻　イ　繊維を漂白するため。　(6)　自分や家族の消費生活が環境に与える影響について考え，環境に配慮した消費生活について工夫し，実践できること。　(7)　①　ア　電気冷蔵庫　イ　テレビ　②　・設定温度を適正に保つ。　・タイマー機能を活用し，必要な時間だけ使用する。

〈解説〉(1)　①　近年の傾向として，単独世帯の増加が著しい。
(2)　ワーク・ライフ・バランスの実現には，個人，国・地方公共団体，企業それぞれの積極的な取り組みが必要である。2007年に内閣府から出された「仕事と生活の調和推進のための行動指針」などにも目を通しておくとよい。　(3)　四季が明確な日本には多様で豊かな自然があり，そこで生まれた食文化もまた，これに寄り添うようにはぐくまれてきた。このような，「自然の尊重」という日本人の精神を体現した食に関する社会的慣習が，「和食；日本人の伝統的な食文化」として2013年12月にユネスコ無形文化遺産へ登録された。　(4)　②・③　食肉の部位と特徴・調理法は，まとめて比較して覚えるとよい。豚肉については頻出である。　(5)　②　伝統的な文様には，さまざまな意味や願いが込められていることが多い。たとえば麻の葉の文様は，成長が速く大きく育つ麻のようにすくすくと育ってほしいという願いが込められ，新生児の産着やおしめに用いられた。この他の文様についても意味や由来を調べてみると理解が深まるだろう。　③　小千谷縮は越後上布とともに国の重要無形文化財に指定されており，また，ユネスコ無形文化遺産にも登録されている。苧麻は別名からむしとも言う。地場産業や地元の文化遺産等は，よく知っておかなければならない。

(6)　「中学校学習指導要領」(平成20年3月)の「第2章第8節第2〔家庭分野〕」「D身近な消費生活と環境」の(2)の家庭生活と環境に関する内容において指導する。また，この指導においては，「B食生活と自立」または「C衣生活・住生活と自立」の学習との関連を図ることもおさえておきたい。　　(7)　②　このほかにも，冷房時は扇風機と併用する，フィルターをこまめに掃除する，オフシーズンはコンセントを抜く(または主電源を切る)，などがある。

【2】(1)　①　イ　　②　ア　　(2)　母乳…消化吸収がよく，アレルギーを起こすことが少ない。　　調製粉乳…母親の服薬・偏食や喫煙・飲酒の影響を受けない。　　(3)　乳児期早期には胃底が十分に形成されておらず，噴門の括約筋の発達が不完全なため，哺乳後に乳汁を吐いたり，胃から乳汁が逆流して口から出たりしやすい。　　(4)　母乳又は育児用調製粉乳等の乳汁栄養から幼児食に移行する過程。
(5)　生後5か月頃から始め，最初は食品をすりつぶした状態，徐々に舌でつぶせる，歯茎でつぶせる，歯茎でかめる固さというように段階を踏んで進める。　　(6)　信頼感に基づく特定の他者との心理的な絆
(7)　①　未分化な発声活動　　②　1歳から1歳半頃，発するようになる有意味語　　(8)　①　幼児教育・保育を一体的に行う。　　②　厚生労働省　　③　文部科学省・厚生労働省　　④　保育所保育指針
⑤　0　⑥　3　⑦　0　⑧　保育士　　⑨　幼稚園教員
⑩　8　⑪　4　　(9)　・実習や観察，ロールプレイングなどの学習活動を中心とする。　　・幼児期における周囲との基本的な信頼関係や生活習慣の形成の重要性についても扱う。　　・幼稚園や保育所等の幼児とのふれあいができるようにする。
〈解説〉(1)　調製粉乳は母乳よりカルシウムを多く含む。なお，乳児用調製粉乳は健康増進法第26条で規定される特別用途食品であることから，製品1日摂取量中の成分組成の含有量については国の定めた基準がある。　(2)　このほかにも，母乳の長所は，母体の回復を早める，手間がかからず衛生的などがある。調製粉乳の長所は，だれでも授乳

できるので母親の負担が軽くなる，飲んだ量を正確に把握できるなどがある。　(4)　離乳はおよそ生後5〜6か月頃から始める。それ以前の段階では，肝臓や腎臓などの臓器が離乳食の消化に対応できるまでに発達していない。乳幼児一人一人の発育の状態に応じて離乳を進めていくことが求められる。　(6)　アタッチメントは愛着とも呼ばれ，母親や父親などとの間に結ばれる愛情にもとづいた絆である。アタッチメントが形成されると，接触を求めるなどの愛着行動がみられるようになる。　(7)　乳幼児のことばの発達の程度は個人差が大きいので，遅れが見られた場合でも，専門家の指導を受けながら気長に見守っていく。　②　始語は初語ともいう。一語文であることが多い。

(8)　保育所は保護者の就労などで保育に欠ける子どもの保育を行い，幼稚園は義務教育の基礎を培う。認定こども園は，保育所と幼稚園を一体化し，子どもの保育と教育を担う施設である。　(9)　本問は乳幼児の発達と保育に関する設問なので，「中学校学習指導要領」(平成20年3月)の「第2章第8節第2〔家庭分野〕」「3内容の取扱い」であげられている「A家族・家庭と子どもの成長」の留意事項のうち，「高齢者などの地域の人々とのかかわりについても触れるよう留意すること」の記述は求められていないことに気がつきたい。出題の意図を正しく理解すること。

【3】(1)　ウ　　(2)　①　片開き扉　　②　引き違い窓　　③　浴槽　④　押し入れ　　⑤　ダブルベッド　　(3)　①　衛生面等の理由から，食べる場所と寝る場所を分けること　　②　子供の年齢や性別によって，親と子，きょうだいが別々の部屋で寝ること　　(4)　・構造の安定に関すること　　・火災時の安全に関すること　　・劣化の軽減に関すること　　・維持管理・更新への配慮に関すること　　・温熱環境に関すること　　・空気環境に関すること　　・光・視環境に関すること　　・音環境に関すること　　・高齢者等への配慮に関すること　　・防犯に関すること　から5つ　　(5)　筋交い
(6)　①　ア　家具や建築資材，壁紙を貼るための接着剤などに含まれ

ている化学物質　　イ　シロアリ駆除剤等に用いられている化学物質
②　建築基準法　　③　・換気，採光，通風等の工夫により湿度を適
正に保つ。　　・こまめに掃除をする。　　・床の素材等に配慮する。
〈解説〉(1)　ベッドを示す平面表示記号が3つあり，西側にLDKが一体と
なった空間があることから，3LDKであることがわかる。　(2)　日本
工業規格(JIS規格)の平面表示記号を理解し，平面図を読み取れるよう
にしておこう。　(3)　①　第二次世界大戦前の日本の住宅の間取りは，
一室で食事室や寝室などさまざまな役割を兼ねる食寝転用タイプが多
かった。戦後，保健・精神衛生上の観点から住宅が確保すべき最低レ
ベルの条件として食寝分離が提唱され，公団住宅などの間取りにこの
考え方が取り入れられ，普及した。　(4)　解答例は，2015年3月現在
の日本住宅性能表示基準によるものである。住宅省エネルギー基準の
改正(2013年10月)および，都市の低炭素化の促進に関する法律(エコま
ち法)の低炭素建築物認定基準の制定(2012年12月)に伴い，日本住宅性
能表示基準が改正され，2015年4月から実施される。従来の「温熱環
境に関すること」は「温熱環境・エネルギー消費量に関すること」に
改められる。また，新築住宅について従来は10分野中「音環境に関す
ること」を除く9分野が必須項目であったが，2015年4月以降は4分野
(構造の安定に関すること，劣化の軽減に関すること，維持管理・更新
への配慮に関すること，温熱環境・エネルギー消費量に関すること)に
なる。なお，既存住宅は従前の10分野中7分野を必須項目とすること
から変更ない。　(5)　耐震性を高める構造として，筋交いや火打ち土
台，火打ち梁がある。筋交いには，梁と柱の形づくる長方形の対角線
状に三角形の構造をなし，横方向の力を受けたときの変形を防止する
機能がある。なお，筋交いの大きさや設置に関しては，建築基準法で
規定されている。　(6)　①・②　2003年に建築基準法が改正され，シ
ックハウス対策として，ホルムアルデヒドの使用制限やクロルピリホス
の住居への使用禁止，換気設備設置が義務付けられた。　③　このほか，
結露を防ぐことや，エアコンフィルター・加湿器タンクの清掃，家具と
壁の間や押し入れの中の通風をよくすることなどがあげられる。

2014年度　実施問題

【中学校】

【1】次の(1)〜(11)の問いに答えなさい。

(1)　食品衛生法で，表示が義務付けられている遺伝子組み換え食品とはどのような食品か，説明せよ。

(2)　遺伝子組み換え食品として，食品衛生法上表示の対象となる作物は，8つある。これらを全て書け。

(3)　食物アレルギー物質を含む食品のうち，食品衛生法で特定原材料として表示が義務付けられているものは，7つある。これらを全て書け。

(4)　次の7つの魚を白身魚と赤身魚に分類し，記号で答えよ。

　　　ア　さば　　イ　いわし　　ウ　かれい　　エ　さんま
　　　オ　たら　　カ　まぐろ　　キ　さけ

(5)　次の①〜③の言葉を説明せよ。

　　　①　地産地消
　　　②　食料自給率
　　　③　フードマイレージ

(6)　日本玩具協会が，目や耳が不自由な子どもも一緒に遊べるように工夫されたおもちゃとして認めたものを何というか，書け。

(7)　幼児期に見られる運動機能の発達の方向性を2つ書け。

(8)　次のグラフは「家庭内における主な不慮の事故の種類別にみた死亡数」である。グラフの①〜③に当てはまる事故の種類は何か，あとのア〜エから選んで記号で答えよ。

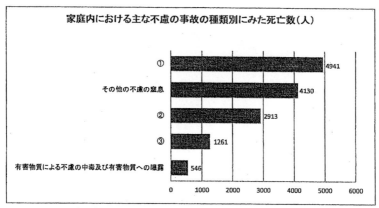

家庭内における主な不慮の事故の種類別にみた死亡数（人）

① 4941
その他の不慮の窒息 4130
② 2913
③ 1261
有害物質による不慮の中毒及び有害物質への曝露 546

(平成23年厚生労働省「家庭内における主な不慮の事故の種類別にみた年齢別死亡数及び百分率」より作成)

　　ア　転倒・転落　　　　　　　イ　不慮の溺死及び溺水
　　ウ　熱及び高温物質との接触　　エ　煙，火及び火炎への曝露
(9)　我が国の住まいについて，次の①，②の問いに答えよ。
　①　畳について，次のア，イの問いに答えよ。
　　ア　畳表の材料として使用される植物の名前を書け。
　　イ　畳は日本の気候風土に適した床材である。その理由を書け。
　②　障子とふすまの機能面での共通点と相違点とを説明せよ。
(10)　消費者の権利について，次の①，②の問いに答えよ。
　①　消費者基本法では消費者の8つの権利が定められている。そのうち，4つ書け。
　②　特定商取引に関する法律で定められたクーリング・オフ制度について，次のア～ウの問いに答えよ。
　　ア　この制度は，どのような場所で結ばれた契約に対して適用されるか，答えよ。
　　イ　訪問販売の場合，契約の解除が可能な期間は書面を受領した日から何日間か，答えよ。
　　ウ　契約を解除する際の方法を書け。

(11)　次の図は，女性のゆかたを示している。①〜④の部分の名称を書け。

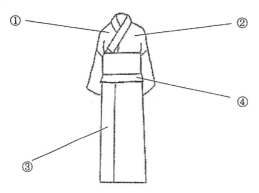

(☆☆☆◎◎◎)

【2】魚を用いた調理「さばのみそ煮」について，下の(1)〜(7)の問いに答えなさい。

【材料(1人分)】

まさば1切れ80g

煮汁(みそ18g，砂糖9g，酒15mL，水30mL)

しょうが3g

【調理方法】

①　なべに水，調味料，しょうがを入れて火にかける。

②　煮汁が沸とうしたら，火を弱め，皮を上にしてさばを入れる。

③　落としぶたをして弱火で約10分煮る。

④　器にさばを盛り付け，しょうがをのせる。]

(1)　調理を行う際には新鮮な魚を選ぶことが大切である。新鮮な魚はどのような状態であるか，次の①，②の問いに答えよ。

①　一尾の魚について，目，えらの状態から説明せよ。

②　切り身の魚について，身，液汁の状態から説明せよ。

(2)　次のグラフは，まさば可食部100g当たりに含まれる成分の割合を示したものである。①〜③に当てはまる栄養素を書け。

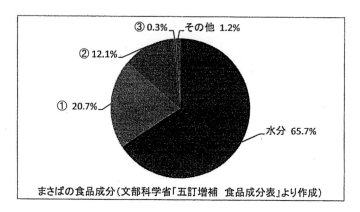

③ 0.3%　その他 1.2%
② 12.1%
① 20.7%
水分 65.7%
まさばの食品成分（文部科学省「五訂増補　食品成分表」より作成）

(3)　しょうがを用いる目的を「飾り」以外に1つ答えよ。

(4)　煮汁が沸騰した後にさばを入れる理由を書け。

(5)　落としぶたをする目的を2つ書け。

(6)　さばのみそ煮1人分の熱量を求めよ。ただし，食品100g当たりの
　　熱量は，まさば202Kcal，みそ217Kcal，砂糖384Kcal，酒107Kcal，
　　しょうが30Kcalとする。

(7)　加熱調理の方法である「煮る」について，「ゆでる」との違いが
　　明確になるように説明せよ。

(☆☆☆◎◎◎)

【3】ハーフパンツの製作と手入れについて，次の(1)～(7)の問いに答え
　　なさい。

(1)　ソフトデニムを材料としてハーフパンツを製作する。ソフトデニ
　　ムの織物組織を答えよ。

(2)　ゴムテープの必要量を計算するために，胴囲を採寸する。男子と
　　女子の採寸方法の違いが明確になるように説明せよ。

(3)　次の図はハーフパンツの型紙と布である。あとの①～③の問いに
　　答えよ。

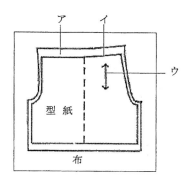

① アの部分の名称を書け。

② イの線の名称を書け。

③ ウは何を示しているか書け。

(4) 布を裁ち切り線で正確に裁断する際の裁ちばさみの使い方について説明せよ。

(5) 股上を縫う時の留意点を書け。

(6) 既製服のハーフパンツには次のような表示があった。このとき，次の①～④の問いに答えよ。

① 既製服のサイズを定めている規格を何というか，書け。

② 布地に使われる繊維の種類と混用率を示した表示を何というか，書け。

③ ポリエステルと綿の混用の布地の長所を簡潔に書け。

④ 次の表示には，家庭用品品質表示法で表示が義務付けられた事項が1つ不足している。不足している事項を書け。

(7)　ハーフパンツを洗濯する。このとき，次の①，②に答えよ。

　①　汚れを繊維から引き離す役割をする洗剤の主成分を書け。

　②　ハーフパンツに付着した血液を落とす場合について，次のア，イの問いに答えよ。

　　ア　水で洗う理由を書け。

　　イ　しみを落とす場合は布をこすらない。その理由を3つ書け。

中学校家庭　実技検査

ミニクッションカバーを手縫いで製作する。

次の手順に沿って作品を完成させなさい。

　注意1：持参した裁縫用具及び配付された用具を適宜使用する。

　注意2：受検番号が書かれている面が布の表である。

　注意3：一本取りで縫う。

　1　布を外表に折り，下図のような縫い代をとり，裁断する。

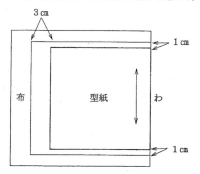

　2　布用両面複写紙を使用し，できあがり線をかく。

　3　3cmの縫い代を1cm折り込み，できあがり2cm幅の三つ折りをする。

4 三つ折りの部分を次のとおりに縫う。

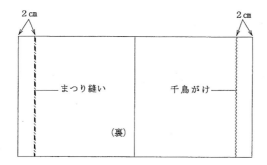

5 三つ折り同士が重なるように布を中表に合わせる。

6 上下の縫い代を次のとおりに縫う。

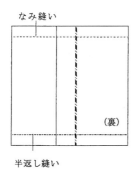

7 6を表に返し，三つ折りの中央にスナップを付ける。

(☆☆☆◎◎◎)

解答・解説

【中学校】

【1】(1)　生物の細胞から有用な性質を持つ遺伝子を取り出し，植物などの細胞の遺伝子に組み込み，新しい性質をもたせた食品や加工食品。
(2)　大豆，とうもろこし，ばれいしょ，なたね，綿実，アルファルファ，てん菜，パパイヤ　　(3)　卵，乳，小麦，えび，かに，そば，落花生　　(4)　白身魚…ウ，オ，キ　　赤身魚…ア，イ，エ，カ
(5)　①　ある地域で生産されたものをその地域で消費すること。
②　国内で消費される食料のうち，国内産の食料で占める割合を表したもの。　　③　食料輸送が環境に与える負荷の大きさを表す指標。
(6)　共遊玩具　　(7)　・頭部から尾部へという方向性　　・中枢部から末端へという方向性　　(8)　①　イ　　②　ア　　③　エ
(9)　①　ア　い草　　イ　吸湿性・保温性が高いため，冬は暖かく夏は涼しく暮らすことができる。　　②　共通点…障子もふすまも間仕切りとして使用される。　　相違点…障子は明かりとりの機能ももっている。　　(10)　①　安全が確保される権利，選択する権利，知らされる権利，意見が反映される権利　　②　ア　営業所以外の場所
イ　8日間　ウ　書面により契約を解除する意思を通知する
(11)　①　下前　　②　上前　　③　おくみ　　④　おはしょり
〈解説〉(1)(2)　遺伝子組み換え食品の特徴として，生産者や消費者の求める性質を効率よくもたせることができる，組み込む有用な遺伝子が種を超えていろいろな生物から得られる点，などがあげられる。遺伝子組み換え食品のうち，大豆，なたね，綿実は，主に製油用として用いられる。　　(3)　アレルギー表示が義務化されているのは7品目だが，表示が推奨されているのはオレンジ，牛肉，大豆など18品目ある。
(4)　白身魚は沿岸魚や底生魚，赤身魚は回遊魚に多い。　　(5)　①〜③は関連した言葉なので，まとめて学習するとよい。我が国では食料自給率が低く，フードマイレージが他国と比較して高い傾向にある。そ

のため，「FOOD ACTION NIPPON」キャンペーンを展開し，地産地消の推奨や米粉の活用などを行うことで食料自給率向上を図っている。

(6)　共遊玩具のマークには盲導犬マークとうさぎマークがある。

(8)　家庭内における事故のほとんどは，65歳以上の高齢者で占められている。　(9)　ア　い草の国内における産地は熊本県が有名であるが，中国などの外国産も輸入されるようになっている。2001年には，中国のい草に対してセーフガード(緊急輸入制限)が発令された。

(10)　①　消費者の権利はアメリカのケネディ大統領が「消費者4つの権利」を示し，その後フォード大統領が「消費者教育を受ける権利」を入れて5つの権利とし，1980年に国際消費者機構がさらに3つ加えて，8つの権利としている。　②　クーリング・オフ制度は，店舗販売や通信販売には適用されないこともおさえておこう。　(11)　和装の部分の名称は，必ず学習しておくこと。男性と女性の和服の相違点(おはしょりがない等)もおさえておこう。

【2】(1)　①　目は澄んでいて，えらは鮮やかな赤色をしている。
②　身に透明感・つや，はり・弾力があり，液汁が出ていない。
(2)　①　たんぱく質　②　脂質　③　炭水化物　(3)　魚のくさみをとるため　(4)　表面のたんぱく質を凝固させ，うまみが流れ出たり，煮崩れしたりすることを防ぐため。　(5)　味や熱を均等に行き渡らせるため。　(6)　252.17Kcal　(7)　「ゆでる」は基本的に味付けをしないが，「煮る」は材料と調味液を一緒に入れて加熱しながら味付けをする。

〈解説〉(1)　①　えらを見るのは，その魚の血の色から判断するためであり，鮮やかな赤色をしているのが新鮮ということになる。
(3)　しょうがの辛み成分の1つであるジンゲロンには消臭作用・抗菌作用があるため，しょうがは魚による食中毒を防止するのにも適する。
(5)　落としぶたは材料の上にかぶせるものであり，ふたのサイズは鍋の直径より一回り小さいものがよいとされている。　(6)　廃棄率が記載されていないため，すべて可食部という前提で計算すればよい。

(7)　特に，食塩を入れて「ゆでる」場合は，塩ゆでと呼ぶ。

【3】(1)　あや織り　　(2)　男子…腰骨上端の真上の回りを水平に測る。女子…胴の一番細い部分を測る。　(3)　①　縫い代　　②　できあがり線　　③　たての布目　　(4)　片方の手で布を押さえ，はさみの下側を台や机につけながら裁断する。　(5)　股上は力のかかる部分で丈夫にする必要があるため，二度縫いをする。　(6)　①　日本工業規格　②　組成表示　　③　綿とポリエステルの両方の長所が生きるため，吸湿性がよく，乾きやすいなどの性質を持つ。　④　取扱い絵表示

(7)　①　界面活性剤　　②　ア　液温が高いと血液の成分であるたんぱく質が変質し，布から離れにくくなるため。　イ　・汚れが布の繊維の中に入り込まないようにするため　　・汚れが布に広がらないようにするため　　・布を傷めないようにするため

〈解説〉(1)　あや織りは平織り，朱子織りと合わせた三原組織の1つで，平織りより伸縮性に優れる等のメリットがある。　(3)　縫い代は縫い目と裁ち目の間の部分のこと。できあがり線は縫った時の線を表す。(6)　②　繊維の種類と混用率は家庭用品品質表示法を根拠法とする。表示では全体表示と分離表示がある。　③　なお，混用の布地にアイロンをかける場合は温度が低いほうに合わせる。本問の場合，綿が高温，ポリエステルが中温なので，中温とする。　④　取扱い絵表示には，日本工業規格(JIS)とISOがあり，近年ではISOを表示する傾向がある。両者の記号と意味を学習しておくこと。　(7)　①　界面活性剤には，親油性と親水性の部分があり，水と油のように混じり合わないものを混ぜ合わせるのに役に立つ。　②　血液の染み抜きは，まず中性洗剤で洗い，その後水でよくすすぐ方法が一般的である。

2013年度　実施問題

【中学校】

【1】次の(1)～(10)の問いに答えなさい。

(1)　次の図の調理用具について，①～⑥の名称を書け。

(2)　次の加工食品の表示について，①～④に当てはまる語句を書け。

名　称	もめん豆腐
原材料名	（①）・凝固剤〔塩化マグネシウム・粗製海水塩化マグネシウム（にがり）〕
内 容 量	400 g
（②）期限	24.7.4
保存方法	（③）（10℃以下）で保存してください
販 売 者	○○○

品　名	カレー
原材料名	野菜（ジャガイモ・人参・玉ねぎ）牛肉動物性油（豚脂・牛脂）調味料…
殺菌方法	機密性容器に密封し加圧加熱殺菌
内 容 量	220 g
（④）期限	欄外下に別記
製 造 者	○○○

(3) 「容器包装に係る分別収集及び再商品化の促進等に関する法律」
(平成7年6月16日法律第112号)において，消費者の責務として示され
ていることを書け。

(4) 次の①～⑥がそれぞれリデュース，リユース，リサイクルのどれ
に当てはまるか，書け。

① 使用済みてんぷら油を回収施設へ持参する。

② 食事は残さず全部食べる。

③ クリーニング店にハンガーを返却する。

④ 詰め替え用商品を購入する。

⑤ リターナブルびんを回収に出す。

⑥ 古紙の資源回収に協力する。

(5) 次の①～④について，正しいものには○を，誤っているものに
は×を書け。

① JISマークは，国が定める安全規格マークである。

② 自治体の保健所は，消費者の安全を守るために商品テストをし
たり，必要な情報を提供したりする。

③ グリーンコンシューマーとは，環境に負荷を与えない生活を実
践する消費者のことである。

④ ISO(国際標準化機構)は，企業の行う環境保全活動や環境ラベル
の国際規格づくりを行っている。

(6) 売買契約が成立した場合の販売者と消費者の立場について，次の
文の①，②に当てはまる語句を書け。

消費者には代金を支払う(①)と商品を受け取る(②)が発
生する。一方，販売者には代金を受け取る(②)と商品を引き渡
す(①)が発生する。

(7) 途上国の生産者に公正な賃金や労働条件を保証した価格で購入す
ることを何と言うか，書け。

(8) 住まいに必要な空間に関する次の文の①～④に当てはまる語句を
あとから選び，記号を書け。

住まいの中で行われる生活行為によって必要な空間を分類する

と，みんなが集まる食事や団らんのための家庭生活の空間，炊事や洗濯などのための(①)の空間，洗面・入浴・排せつのための(②)の空間などがある。

また，空間の使い方から分類すると，家族が共通に使う(③)の空間と，睡眠や勉強をするための(④)の空間に分けられる。

　　ア　社会生活　　イ　共同生活　　ウ　労働作業
　　エ　個人生活　　オ　生理・衛生　　カ　家事作業

(9)　室内の空気を汚染するものに関する次の文の①〜④に当てはまる語句を書け。

(①)は，湿度の高い浴室や押し入れなど結露のできる場所でよく発生する。(②)は，カーペットやふとん，畳など，もぐり込める所を好み，ほこりに含まれる人のフケやアカなどをえさにしている。(③)は，無色，無味，無臭で強い毒性がある。血液中のヘモグロビンと結びつきやすい気体である。塗料や接着剤などに含まれる揮発しやすい化学物質が主な原因で，頭痛，目やのど・鼻の痛み，吐き気，呼吸器の障害，めまい，皮膚炎など，(④)と呼ばれる様々な症状がでることがある。

(10)　住居の環境に関する次の文の①，②に当てはまる単位を書け。

照度の基準は，一般的な読書では500〜750(①)，作図や手芸などでは1000〜1500(①)程度である。生活環境における騒音の基準値は，住宅地域を対象とした場合，昼間50(②)，夜間40(②)である。

(☆☆☆◎◎◎)

【2】次の文は，ある家族の状況について書かれたものである。この文を読んで，(1)〜(8)の問いに答えなさい。

　○　祖母，父，母，4歳女児の4人家族である。父，母は共働き，普段は祖母が女児の世話をしている。

　○　女児は幼稚園で，①鬼ごっこや踊りを好み，家でも②転がったり跳んだりして遊んでいる。休日に父と公園で遊ぶことを楽しみ

にしている。最近，祖母から教えてもらった①あやとりやお手玉に興味を持っている。

○　女児は③乳歯が生えそろい，おやつに④祖母が作った蒸かし芋や干し柿を食べている。

○　次の休日には，家族そろって，⑤女児の日常着を買いに行き，食事をする予定である。

(1)　下線部①について，鬼ごっこ・あやとり・お手玉のように古くから子どもの間で受け継がれてきた遊びを何と言うか，書け。

(2)　下線部②について，「幼児期運動指針」(平成24年3月)では，遊びを中心とする身体活動を行うことによって期待される効果を挙げている。2つ書け。

(3)　下線部③について，乳歯は生えそろうと何本か，書け。

(4)　下線部④について，蒸かし芋や干し柿など素材そのものを生かした手作りのおやつを与えることのよさを，2つ書け。

(5)　下線部⑤について，4歳児の日常着を買いに行くに当たって，条件として相応しくないものをア～キから2つ選び記号を書け。
　　ア　寒いときは暖かく，暑いときは涼しくできるもの。
　　イ　汗や汚れを吸い取り，皮膚を清潔に保つもの。
　　ウ　汚れが目立たないもの。
　　エ　姿勢や運動を妨げないもの。
　　オ　着脱が容易なもの。
　　カ　飾りが多く，かわいらしくみえるもの。
　　キ　洗濯しやすく，丈夫なもの。

(6)　次のア～エを発達の順番に並べ替えよ。
　　ア　人の名を覚える。
　　イ　「なぜ」を連発し多弁になってくる。
　　ウ　接続詞や助詞を使って複雑な事柄を上手に表現できる。
　　エ　形容詞や動詞を使い始める。

(7)　子育てと仕事を両立させるためには，育児休業だけでなく，ワークライフバランスが重要であるとして，平成19年に定められた憲章

名を書け。

(8) 「幼稚園教育要領」(平成20年3月)の幼児期の教育について，次の文中の①〜③に当てはまる語句を書け。

　　幼児期の教育は，生涯にわたる(　①　)の基礎を培う重要なものであることにかんがみ，国及び(　②　)は，幼児の健やかな成長に資する良好な環境の(　③　)その他適当な方法によって，その振興に努めなければならない。

(☆☆☆◎◎◎)

【3】ポークソテーと付け合わせの調理について，(1)〜(10)の問いに答えなさい。

【資料1】　日本食品標準成分表(五訂増補)　　[食品の成分値は，食品(可食部)100gあたりの数値である。]

食品名	水分 g	たんぱく質 g	脂質 g	炭水化物 g	Ca mg	Fe mg	ビタミンA β-カロテン当量 μg	ビタミンA レチノール当量 μg	ビタミンB₁ mg	ビタミンB₂ mg	ビタミンC mg	食物繊維総量
豚肉	60.4	19.3	19.2	0.2	4	0.3	0	6	0.69	0.15	1	(0)
①	79.8	1.6	0.1	17.6	3	0.4	Tr	(0)	0.09	0.03	35	1.3
②	89.5	0.6	0.1	9.1	28	0.2	9100	760	0.05	0.04	4	2.7

【資料2】

　ポークソテー　【材料：豚肉，塩，こしょう，油】

　　①　豚肉に切り込みを入れ，塩，こしょうをする。

　　②　十分熱したフライパンに油を入れ，皿に盛ったとき(　ア　)面になるほうを下にして，まず(　イ　)火で，表面の肉の色が変わるまで焼く。

　　③　裏返してしっかり焼く。

　粉ふきいも　【材料：じゃがいも，塩，こしょう】

　　①　じゃがいもの芽の部分を取り，皮をむき切る。

　　②　じゃがいもを鍋に入れ，水を加え加熱する。

　　③　軟らかくなったら，湯をきる。

　　④　鍋を弱火にかけ，塩とこしょうを振り，鍋を前後に揺り動かす。

にんじんのグラッセ【材料：にんじん,（　ウ　）（　エ　）（　オ　）】

①　にんじんをシャトーにむく。

②　鍋に①を入れ，水を入れる。

③　（　ウ　）（　エ　）（　オ　）を加え，紙ぶたをして煮る。

ゆで野菜 【材料：カリフラワー，塩，酢】

　　ゆで水に塩，酢少量を加えて，一口くらいの大きさの(　カ　)に分けたカリフラワーをゆで，水気をきる。

(1)　【資料1】は豚肉，にんじん，じゃがいもの成分値である。①，②に当てはまる食品名を書け。また，表中の(0)，Trの意味を書け。

(2)　豚肉100gあたりのエネルギー量を求めよ。値は小数点第一位を四捨五入した整数で答えよ。単位はKcalとする。

(3)　ポークソテー，粉ふきいも，ゆで野菜の材料を6つの食品群に分類したとき，摂取できない食品群を全て書け。

(4)　【資料2】の(　ア　)~(　カ　)に当てはまる語句を書け。

(5)　豚肉をソテーしたとき縮まないように切り込みを入れる。3か所切り込みを入れた図を書け。また，この処理を何と言うか，書け。

(6)　じゃがいもの芽取り，にんじんのシャトー切りをする場合，次の図の包丁のア~オのどの部分を使うか，記号を書け。

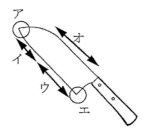

(7)　粉ふきいもとにんじんのグラッセを作る際の水の量をそれぞれ次から選び，書け。

　　ひたひたの水　　　たっぷりの水　　　かぶるくらいの水

(8)　カリフラワーをゆでる際に酢を加える理由を書け。また，同じ働きをする食品名を1つ書け。

(9)　ポークソテーと付け合わせを一皿に盛り付けたときの図を書け。

(10)　味の対比効果について，具体例を挙げ説明せよ。

中学校家庭　実技検査

　　　　鉛筆等で印付けをしてから，次の手順に沿って作品を完成させなさい。

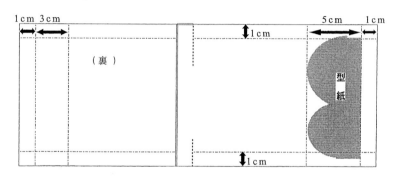

＊　指示のない部分については，寸法を考慮しなくてよい。

1　ほころびをなみ縫いで繕う。

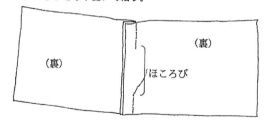

2　┈┈　の部分をなみ縫いで縫う。

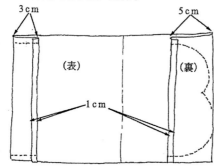

3　2を表に返し、▨▨▨▨　の部分をまつり縫いで縫う。

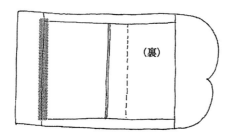

4　スナップボタンを縫い付ける。

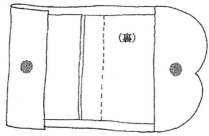

5 ▨▨▨▨ の部分を千鳥がけで縫う。

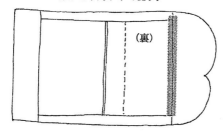

6 ▨▨▨▨ の部分を一目落としで縫う。

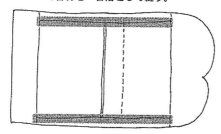

(☆☆☆◎◎◎)

解答・解説

【中学校】

【1】(1) ① すり鉢　② すりこぎ　③ おろし金　④ ピーラー　⑤ 寸胴鍋　⑥ 行平鍋　(2) ① 大豆　② 消費　③ 冷蔵　④ 賞味　(3) 分別排出　(4) ① リサイクル　② リデュース　③ リユース　④ リデュース　⑤ リユース　⑥ リサイクル　(5) ① ×　② ×　③ ○　④ ○　(6) ① 義務　② 権利　(7) フェアトレード　(8) ① カ　② オ　③ イ　④ エ　(9) ① かび　② ダニ

③　一酸化炭素　　④　シックハウス症候群　　(10)　①　lx　　②　dB
〈解説〉(1)　すり鉢とすりこぎは，ゴマなどをすり潰すときに使う。寸
胴鍋は通常の鍋より深さがあり，スープのだしを煮込んでとる場合な
どに使う。行平鍋は，取っ手と注ぎ口のある小ぶりのもので，厚手ア
ルミや陶器製がある。　　(2)　豆腐は加工食品であるが生鮮食品同様，
消費期限(食べても安全な期限)である。カレー(ルー)は加工食品なので，
賞味期限(おいしく食べられる期限)である。　　(3)　同法第4条(事業者
及び消費者の責務)では，容器包装の廃棄物の抑制，容器包装の分別収
集などの促進について述べている。　　(4)　3Rは廃棄物の発生抑制(リ
デュース)，物の再利用(リユース)，再生利用(リサイクル)を指す。そ
の他にリペア，リフューズを加えた5Rもある。　　(5)　①　JIS日本工
業規格は工業製品の性能やサイズの基準を示した国家標準である。
②　商品テストや情報提供をするのは，自治体の消費生活センターで
ある。　　(6)　契約とは複数の当事者間の合意によって，発生する権利
と義務の関係である。書類を作成しない売買でも契約によって成立し
ているとみなされる。　　(7)　フェアトレードとは，途上国の生産者や
労働者の生活を支援，および自立促進のため，適正な報酬による取引
を行うことを指す。　　(10)　照度の単位はlx，エアコンや洗濯機など
の発生音の大きさはdB(デシベル)で示す。なお，細かな作業をしない
場合の居室は200lx(ルクス)程度とされている。

【2】(1)　伝承遊び　　(2)　健康的な体の育成，体力・運動能力の向上
(3)　20(本)　　(4)　食品添加物や調味料の含有量が少ない，かむ力を
育てる　　(5)　ウ，カ　　(6)　ア → エ → イ → ウ　　(7)　仕事と生
活の調和憲章　　(8)　①　人格形成　　②　地方公共団体　　③　整備
〈解説〉(1)　家族のコミュニケーションは，ゲームやテレビに取って代
わられているが，近年，身体を使いながら集中したり，友だちとかか
わったりする伝承遊びが見直されている。　　(2)　幼児期運動指針(文
部科学省)では，子どもの走る，投げる，跳ぶなどの運動能力の低下へ
の対応として，毎日60分以上，遊び，散歩，手伝いなどをして楽しく

体を動かすことを推奨している。　(3)　乳歯は6歳ごろから永久歯に生えかわる。永久歯は28本(親知らずを含めると32本)である。

(4)　その他，食物繊維が摂れる，季節感が味わえる等も考えられる。

(5)　日常着は汚れが目立ち，手入れをして清潔に保てるものがよい。また，飾りが多いと手入れや動作の妨げになるので避けたほうがよい。

(6)　言葉の発達は，単語(人や物の名前) → 二語文(名詞＋形容詞や動詞) → 質問期 → 理由や原因・結果を含めた複雑な表現となる。

(7)　ワークライフバランス憲章とも呼び，内閣府(男女共同参画室)が制定した。長時間労働による心身の健康被害，少子化，介護問題などとはたらき方とのバランスをとるため，多様なはたらき方やはたらき甲斐があり人間らしいはたらき方(ディーセントワーク)への取り組みを行う。　(8)　問題文は教育基本法第11条の条文である。教育基本法は幼稚園を含めた学校教育の基礎となるものであるため，全条文暗記しておくことが望ましい。

【3】(1)　①　じゃがいも　　②　にんじん　　(0)…測定をしていないが，含まれていないと推測されること　　Tr…含まれてはいるが，最小記載値に達していないこと　　(2)　式…19.3×4＋19.2×9＋0.2×4＝77.2＋172.8＋0.8＝250.8　　答…251Kcal　　(3) 2，3群

(4)　ア　上　　イ　強　　ウ　砂糖　　エ　塩　　オ　バター　カ　ふさ

(5)　図…

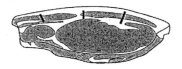

名称…筋切り　　(6)　ジャガイモ…エ　　にんじん…ウ　　(7)　粉ふきいも…かぶるくらいの水　　にんじんのグラッセ…ひたひたの水

(8)　理由…あくを除くため　　食品名…小麦粉

(9)

(10)　甘味をもつスイカや汁粉に塩を少し加えると甘味が強くなるように，異なる味を持つ2種類の物質を混ぜたとき，主たる味が強まる現象

〈解説〉(1)　じゃがいもはビタミンCと炭水化物，にんじんはカロテンが多いことが特徴である。また，(0)は推定値でゼロ，Trは微量，(Tr)は推定値で微量，—は未測定という意味である。　(2)　たんぱく質と炭水化物は1gあたり4Kcal，脂肪1gは9Kcalである。　(3)　1群は豚肉，4群はカリフラワー，5群はじゃがいも，6群は油が該当する。

(4)　豚肉は最初は強火で表面をすばやく凝固させ，肉汁がでないようにする。その後，中火にして中まで完全に火を通す。「グラッセ」とは，砂糖で甘く味付けしたものである。　(5)　豚肉は赤みの外側と脂肪の間に筋があるので，ところどころ包丁を入れると丸く縮まない。

(6)　にんじんのシャトー切りは，長さ3〜4cmに切り，縦4〜6つに割ったものを先が少し細くなるように面取りをする。　(7)　ひたひたの水とは，材料のすれすれまでで水の量が少ない。かぶるくらいの水は，材料が完全に水中に入る。　(8)　酢を入れると白く仕上がる。あく抜きには小麦粉，米(またはとぎ汁)も使う。　(9)　主菜の肉を皿の手前に，付け合わせを向こう側に盛る。1尾の魚の場合は頭を左に，腹を手前に盛り付ける。　(10)　ここではにんじんのグラッセに塩を少々入れて，より甘く感じる対比効果を出している。

2012年度　実施問題

【中学校】

【1】次の(1)～(4)の問いに答えなさい。

(1) 住宅平面図について，次の①～③の名称を書け。

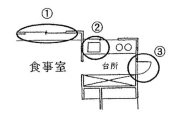

食事室　台所

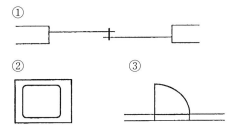

① ② ③

(2) 調理等について，次の①～⑦の説明に当てはまる用語を書け。

① バターと小麦粉を，弱火でゆっくり加熱しながら混ぜ合わせたもの。ソースやスープに濃度をつけるために用いる。

② 椀盛り，吸い物，汁物に芳香を添えるためのもの。季節感を出し，食欲を増進させる等の役割をもつ。

③ アジの体側にある，とげに似たうろこのこと。

④ 魚肉特有で，暗赤色の筋肉のこと。カツオ，マグロ，サバのような赤身の魚に多い。

⑤ 火の通りをよくし，味の浸透を早めるため，料理を盛り付ける際に裏面になるほうに切り込みを入れること。

⑥ 魚の煮汁が冷えてゼリー状に固まったもの。

⑦　大きい鍋に湯を沸かして，その中に，材料を入れた小鍋の底が湯につかるようにして加熱する調理法。

(3)　幼児の発達について，次の①〜⑤の問いに答えよ。

①　毎日の食事や排泄など，生きていくために欠くことのできない行動を何というか，書け。

②　ボウルビィが提案した考え方で，人が特定の人との間に形成する愛情の絆のことを何というか，書け。

③　心理的発達に伴って象徴機能が可能になった段階の遊びの様相を説明せよ。

④　1歳未満の子を養育している労働者が育児のために休業できることを定め，1991年に制定し，1995年に改正された法律名を書け。

⑤　1989年に国際連合総会で採択され，日本では1994年に批准した「子どもの権利条約」において，定められた4つの権利を書け。

(4)　布を使った製作について，次の①〜④の問いに答えよ。

①　図1は採寸箇所を示したものである。ア〜エの名称を書け。

図1

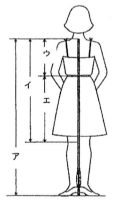

②　股上(またがみ)の採寸方法を書け。

③　綿65％，ポリエステル35％のワイシャツ地を使ってエプロンを製作するときに最も適したミシン針とミシン糸の組み合わせを次のア〜エから選び記号を書け。

ア　ミシン針　12番，ミシン糸　30番カタン糸

イ　ミシン針　14番，ミシン糸　絹糸

ウ　ミシン針　11番，ミシン糸　60番ポリエステル糸

エ　ミシン針　9番，ミシン糸　30番ポリエステル糸

④　図2のように繊維を分類したときAに入る繊維を，ア～クからすべて選び記号で書け。

図2

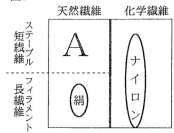

ア　レーヨン　　　イ　カシミア　　　ウ　ポリエステル

エ　羊毛　　　　　オ　麻　　　　　　カ　ポリノジック

キ　綿　　　　　　ク　アクリル

(☆☆☆◎◎◎)

【2】次の材料を使い調理を行う場合について，下の(1)～(4)の問いに答えなさい。

米飯，牛肉，たまねぎ，調味料(だし，さとう，しょうゆ)他

(1)　牛肉にはトレーサビリティシステムが導入されている。このシステムを説明せよ。

(2)　上記材料の栄養的特質と調理上の性質について，次の文中の①～⑥に当てはまる語句を書け。

　　たまねぎは，6つの食品群の(　①　)に分類される。また，独特の刺激臭と辛味がある。このにおいと辛味は同一物質で，(　②　)がその主体をなしている。にら，にんにく，らっきょうに含まれるものと同一物で，酵素アリナーゼによって分解されて，(　③　)を生

ずる。たまねぎは，加熱すると刺激臭と辛味を失い，（　④　）を生
ずる。

　　　肉を加熱した際の香りは（　⑤　）反応によるもので，肉のたんぱ
く質のアミノ酸と（　⑥　）が結合することによる。
(3)　精白米80gの米を炊く場合の水の量は何mLか，書け。
(4)　上記の材料を使い調理した牛丼の成分を調べたところ，たんぱく
質20g，脂質20g，炭水化物100gであった。この場合のPFC比を求め
よ。

(☆☆☆◎◎)

【３】衣服の着用と手入れについて，次の(1)，(2)の問いに答えなさい。
　(1)　次の①～⑥のうち衣服の着用についての説明として正しいものを
　　　すべて選び，記号を書け。
　　①　被服を着装したときの，もっとも外側の被服と外気との間の気
　　　候を被服気候という。
　　②　ビニルシートやゴムシートは，防風性は大きいが，透湿性がな
　　　いので被服には適さない。
　　③　接触温冷感は，その布に含まれる天然繊維の割合や熱伝導度に
　　　関係する。
　　④　透湿性は，水蒸気が湿度の低い方から高い方へ移動する性質で
　　　ある。
　　⑤　体からは，絶え間なく水蒸気や熱が出ている。この水蒸気を不
　　　感蒸泄という。
　　⑥　着用した衣服にニンヒドリン溶液をかけると，たんぱく質に反
　　　応し，赤紫色に発色する。
　(2)　「中学校学習指導要領解説編(技術・家庭)」(平成20年9月)の内容
　　　C衣生活・住生活の自立の(1)のウ「衣服の材料や状態に応じた日常
　　　着の手入れができること」に次の文がある。①～③に当てはまる語
　　　句を書け。
　　　　補修については，例えば，（　①　）による裾上げ，ミシン縫いに

よるほころび直し，(　②　)付けなどを取り上げ，補修の目的と
(　③　)に適した方法を選び，実践できるようにする。

(☆☆☆◎◎◎)

【4】和服について，次の(1)～(3)の問いに答えなさい。

(1)　次の①～③の文様をア～オから1つずつ選び，記号を書け。

①　矢絣　　②　麻の葉　　③　市松

ア

イ

エ

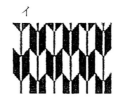

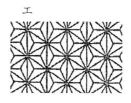

オ

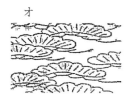

(2)　着物の襟は男女とも左を上にして合わせる。これを何というか，
書け。

(3)　背中心から肩先を通り，水平に上げた手のくるぶしまでの寸法を
何というか，書け。

(☆☆☆◎◎◎)

【5】次の(1)〜(5)の文は音の環境とその調整について述べた文である。文中のア〜オに当てはまる語句を答えなさい。

(1) 室内の音源から発した音は直接伝わる直接音と，壁面などにあたり一部吸収された残りの(ア)とに分かれる。

(2) 音が停止してからその部屋の音のエネルギーが100万分の1になるまでを表したものが(イ)時間である。

(3) 直接音と(ア)との時間差が1/20秒以上ある場合には，音が分離して聞こえてくる(ウ)現象が生じる。

(4) 一般に望ましくない音を(エ)という。

(5) 防音には，(オ)と吸音の二つの側面がある。(オ)のためには石や煉瓦，コンクリートなど重量の大きな材料ほど効果がある。吸音のためには，じゅうたんを敷く，壁や天井などを吸音構造にする工夫が必要である。

(☆☆☆◎◎◎)

【6】幼児は成人と比較して，次の(1)〜(4)のような特徴がある。その理由を幼児の身体発育や生理的機能の特徴から説明しなさい。

(1) バランスがとりにくく転びやすい。

(2) 汗をかきやすい。

(3) 呼吸数が多い。

(4) 1回に食べる量が少ない。

(☆☆☆◎◎◎)

【7】経済のしくみについて，次の(1)～(5)の問いに答えなさい。

(1) 図1，図2の①～⑤に当てはまる語句を書け。

図1 【経済の循環】

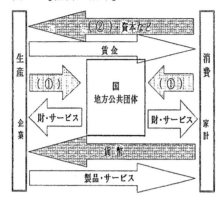

図2 【価格と需要供給の関係】

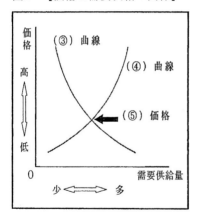

(2) 商品の売買は，生産者と消費者とをつなぐ流通の過程で行われている。

この取引の場のことを何というか，書け。

(3) 「購入活動は，投票するのと同じである」ともいわれている。その理由を説明せよ。

159

(4)　インフレーションによる家庭への影響を「物価」と「賃金」を用いて説明せよ。

(5)　景気の変動をおさえ，物価や通貨の価値を安定させるために様々な金融政策を行っている金融機関名を書け。

(☆☆☆◎◎◎)

【高等学校】

【1】次の(1)～(12)の問いに答えなさい。

(1)　調理等について，次の①～⑦の説明に当てはまる用語を書け。

①　バターと小麦粉を弱火でゆっくり加熱しながら混ぜ合わせたもの。ソースやスープに濃度をつけるために用いる。

②　椀盛り，吸い物，汁物に芳香を添えるためのもの。季節感を出し，食欲を増進させる等の役割をもつ。

③　アジの体側にあるとげに似たうろこのこと。

④　魚肉特有で，暗赤色の筋肉のこと。カツオ，マグロ，サバのような赤身の魚に多い。

⑤　火の通りをよくし，味の浸透を早めるため，料理を盛り付ける際に裏面になるほうに切り込みを入れること。

⑥　魚の煮汁が冷えてゼリー状に固まったもの。

⑦　大きい鍋に湯を沸かし，その中に，材料を入れた小鍋の底がつかるようにして加熱する調理法。

(2)　だいこんやかぼちゃなどの煮物を作るときに面取りする理由は何か，書け。

(3)　一般に，植物性食品より，動物性食品のほうがたんぱく質の栄養価は高いが，栄養価の低いたんぱく質でも，不足しているアミノ酸を多く含む食品と組み合わせると，低い栄養価を高くすることができる。これを何というか，書け。

(4)　次のア～エについて，燃えやすいものから順に並べかえて，記号で書け。

ア　ポリ塩化ビニル　　イ　絹　　ウ　レーヨン
エ　ガラス繊維

160

(5) 次の図に示す縫いしろの始末の名称を書け。

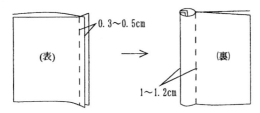

(6) WHOでは出産予定日を，最終月経の始まった日を0週0日とし，そこから数えて満何週0日としているか，書け。

(7) 新生児が授乳後，嘔吐しやすいのはなぜか，その理由を書け。

(8) 次の表示①，②は，それぞれどのような基準を満たした製品に付けられるのか，書け。

(9) 商品流通の国際化にともない，世界共通の規格などを設定することを目的に設置された機関を何というか，書け。

(10) 家計の実収入から非消費支出を差し引いたものを何というか，書け。

(11) 遺言による指定がない相続のとき，配偶者と直系尊属が相続人となる場合は，それぞれの相続分はどのようになるか，その割合を書け。ただし，相続分の合計が1になるようにすること。

(12) 次の①〜③は，建築図面に用いる平面表示記号である。それぞれの名称を書け。

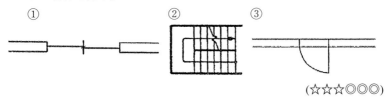

(☆☆☆◎◎◎)

【2】次の図は，昭和50年と平成21年における日本の女性の年齢階級別労働力率を表したものである。このとき，下の(1)〜(4)の問いに答えなさい。ただし，年齢階級別労働力率とは，年齢階級別の総人口に占める労働人口の割合であり，労働人口とは，就業者と完全失業者の合計である。

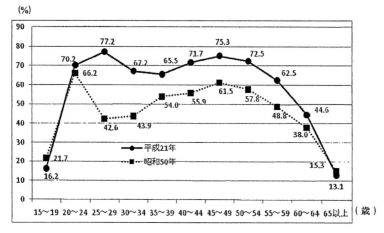

(総務省「労働力調査」より作成)

(1) この2つのグラフが，M字型を描いているのはなぜか，説明せよ。

(2) 昭和50年と平成21年のグラフを比較したとき，M字型の底の部分が大きく変化している。この原因を説明せよ。

(3) 平成21年に改正された「育児・介護休業法」(育児休業，介護休業等育児又は家族介護を行う労働者の福祉に関する法律)において，育児について述べられた項目を1つあげ，その内容を簡潔に説明せよ。

(4) 平成19年12月に，「仕事と生活の調和(ワーク・ライフ・バランス)憲章」が策定された。この憲章では，仕事と生活の調和が実現した社会の姿とはどのような社会であると述べているか，3つ書け。

(☆☆☆◎◎◎)

【3】牛乳の性質と調理性について，次の(1)〜(5)の問いに答えなさい。

(1) カルシウムは，牛乳で摂ると吸収がよい。その理由を書け。

(2) 乳糖不耐症の症状を書け。また，その症状を引き起こす原因について書け。

(3) じゃがいもを牛乳で煮ると，水煮に比べて硬くなる。その理由を書け。

(4) 粉ミルクなどの乾燥食品では，保存中に褐変することがある。この理由を書け。

(5) トマトスープを作る際に，牛乳とトマトを混ぜるときに凝固しないようにするには，どのように調理したらよいのか，書け。

(☆☆☆◎◎◎)

【4】次の環境に関する文を読んで，下の(1)〜(3)に答えなさい。

　我が国では，現在①3Rを通じて，天然資源の消費を抑制し②環境への負荷を低減する循環型社会の構築に取り組んでいる。

　循環型社会への取組は，国だけでなく，地方公共団体，事業者，国民など各階各層の絶え間ない努力によるものである。その基盤となったのが廃棄物処理や3Rに関する技術である。経済社会活動が拡大し，人々の暮らしが豊かになるにつれて，廃棄物の発生量は増大し，質も多様化している。こうした変化に対応して，③廃棄物対策技術が進化した。

(1) 下線部分①が表す3つの単語を書け。また，それぞれについて，具体的な行動を書け。

(2) 下線部分②に関するもののひとつに，ガソリン車の代替燃料として注目されているバイオエタノールがある。バイオエタノールについて，具体的な原材料をあげて説明せよ。

(3) 下線部分③について，容器包装廃棄物の具体的な例を1つあげ，回収場所に出すまでの消費者としての配慮事項と，廃棄物が製品に再生されるまでの過程を説明せよ。

(☆☆☆◎◎◎)

解答・解説

【中学校】

【1】(1)　①　引き違い戸　　②　流し台　　③　片開き窓
(2)　①　ルー　　②　吸い口　　③　ぜいご　　④　血合い肉
⑤　隠し包丁　　⑥　煮こごり　　⑦　湯せん　　(3)　①　基本的生活習慣　　②　アタッチメント　　③　枕を人形に見立てたり，積み木を自動車に見立てたりするなど身の周りの事物を心の中で別のものに見立てて遊ぶ様子がみられる。　　④　育児休業，介護休業など育児又は家族介護を行う労働者の福祉に関する法律(育児・介護休業法)
⑤　・生きる権利　　・育つ権利　　・守られる権利　　・参加する権利　　(4)　①　ア　総丈　　イ　着丈　　ウ　背丈　　エ　スカート丈　　②　椅子に座って，胴囲線から座面までをはかる。　　③　ウ
④　イ，エ，オ，キ

〈解説〉(2)　①　加熱時間の長さによってルーの色が異なり，ホワイトルー，ブラウンルーがある。ルーはグラタン，カレー，シチューにも用いられる。　　②　吸い口には，木の芽，ゆず，みょうが，ネギなどがある。吸い物を作るとき，椀に具(実)を入れてから，汁を張り，一番上に吸い口を置いて蓋をする。蓋を取ったとき，吸い口のよい香が漂う。　　③　アジの下ごしらえの際，最初にぜいごを取る。　　④　血合い肉の筋肉には血管が多く集まっているので，赤黒い色をしている。血合い肉の筋肉は持続型の遊泳の時に用いられるので，運動量の多いマグロ，カツオに多い。　　⑥　魚肉や皮にコラーゲンというたんぱく質が含まれており，煮ると溶け出してゼラチンとなる。煮こごりはこれが冷えて固まり，ゼリー状になったものである。　　⑦　湯せんにより，温度が100℃以上に上がり焦げるのを防ぐことができる。バターやゼラチンを溶かすとき直接鍋に火をかけて熱を加えると焦げつきやすいクリームやソース類などに用いられる。　　(3)　②　父母や身近な人との間に愛着(アタッチメント)を形成することにより，子ども

は安心感を抱くことが分かっている。　③　2歳頃からつもり・見立て遊びが，3歳頃にはごっこ遊びが始まり，模倣や社会的役割を徐々に理解していくようになる。　④　育児・介護休業法は，1991年に成立し，2009年6月に改正，2010年6月に施行された。改正内容として，子の看護休暇の拡充，父親の育休取得の推進が盛り込まれた。

(4)　④　化学繊維はすべてフィラメントとして，紡糸される。

【2】(1)　食品がいつ，どこで，どのように生産され，加工・流通・販売されたかを知ることができるシステム　(2)　①　4群　②　硫化アリル　③　アリシン　④　甘味　⑤　アミノカルボニル　⑥　糖質　(3)　120mL　(4)　P：F：C＝12：27：61

〈解説〉(1)　トレーサビリティとは，trace(追跡する)とability(可能性)から，追跡可能性を意味する。国産牛では，平成16年12月から固体識別番号がつけられ，生産地などを確認できるようになった。その他の食品においても，大手スーパーなどで導入が進んでいる。　(2)　①　6つの食品群の3群は緑黄色野菜，4群はその他の野菜・果物である。

②　たまねぎの辛味や刺激臭の成分は硫化アリルで，肉の生臭さを和らげる効果がある。　③　アリシンは，たまねぎやにらなどを刻んだり傷つけたりすることで，酵素アリナーゼによって分解されてできる。

④　たまねぎを加熱した時の甘さは，硫化アリルが熱で変わったプロピルメルカプタンという物質のためである。　⑤　アミノカルボニル反応は，主に食品に含まれるタンパク質のアミノ酸と糖が化学的に作用して，褐色物質を作る反応である。焼き肉やのほか，クッキーを焼く場合も，材料である卵や牛乳中のアミノ酸と砂糖が化学反応を起こし褐色物質と香味物質を作り香ばしさを増す。　(3)　炊飯の際の水加減は重さで1.5倍である。80g×1.5＝120g＝120mL　(4)　PFC比率とは，たんぱく質(Protein)，脂肪(Fat)，炭水化物(Carbohydrate)から得られるエネルギー比率を％で示したものである。それぞれの頭文字からPFC比率とした。たんぱく質と炭水化物は1gあたり約4kcal，脂肪は1gあたり約9kcalのエネルギーを発生する。よって，PFC比率は，次のよ

うに算出する。20g×4＝80，20g×9＝180，100g×4＝400，80＋180＋400＝660，$\frac{80}{660}×100≒12$，$\frac{180}{660}×100≒27$，$\frac{400}{660}×100≒61$

【3】(1)　②，⑤，⑥　　(2)　①　まつり縫い　　②　スナップ
③　布地
〈解説〉(1)　①　被服気候とは，衣服と身体との間に形成される空気層の温・湿度，気流のことである。快適な状態とは，最内空気層の温度32℃，湿度50％といわれている。　③　接触温冷感とは，服地と接触したときに温かく感じるか，ひんやり感じるかということ。冷たく感じる時，手から布への瞬時の熱移動量が多い。繊維の種類により異なり，アクリル，羊毛，綿は温かく感じ，ナイロンは冷たく感じる。また，布の水分率が高いほど，密な組織ほど冷たく，毛羽があると温かく感じる傾向がある。　④　透湿性とは，湿気を透過させて，発汗した汗などを外へ逃がしてあげることである。　⑤　人間は睡眠中など，運動して汗をかかなくても，不感蒸泄により水分が失われる。高齢者はとかく水分不足におちいりやすいので，注意が必要といわれている。⑥　ニンヒドリンを用いた実験により，肌着の汚れが目に見えなくても実際は汚れていることがわかり，洗濯の必要性を視覚的にとらえることができる。ニンヒドリンは，たんぱく質に反応するので，肌着のどの部分が汚れやすいかを理解することができる。　(2)　日常着の手入れについて，主として生活における実践につなげる内容について問うている。まつり縫いやボタン付けは実践の中でも頻繁に出てくる内容なので実際に身につけておこう。

【4】(1)　①　イ　　②　エ　　③　ウ　　(2)　右前　　(3)　ゆき
〈解説〉(1)　①　矢絣は，矢羽根に似ていることから命名された。江戸時代以降，結婚するときに矢絣の着物を持たせると出戻ってこない(射た矢が戻ってこない)ことから，縁起がよいとされた。女学生が矢絣の着物に袴をよく着用した。　②　麻の葉は6つのひし形を1枚の麻の葉にみたて，それを放射線状に繋げた幾何学模様である。麻の木はすく

すくと真っ直ぐに育ち成長が早く丈夫なので，めでたいと言われている。そのため，赤ちゃんの産着や肌着によく用いられている。
③　市松文は，2色の正方形を交互に並べた文様で着物や長襦袢の地紋として多く用いられている。はじめ，石畳と言っていたが，1741年に歌舞伎役者佐野川市松が舞台衣装の袴の模様に用いたことから，市松と呼ばれるようになった。また，アの文様は亀甲と言い，亀の甲羅の形を模したもので吉祥模様である。　(2)　左が上ということは，左の襟を後(あと)に，右の襟を先にあわせることになる。右前の「前」というのは順番が先の意味で，左右は着る人から見ての左右のことである。よって右前とは右の襟を先にあわせて，左を後から重ねることを意味する(懐に右手が入る)。　(3)　和服の名称はこの他にも，おくみ，おくみさがり，えり下，ふり，身八ツ口，けん先など基礎的事項なので確認しておこう。

【5】ア　反射音　イ　残響　ウ　エコー　エ　騒音　オ　遮音
〈解説〉室内での快適な音の環境のために，室内からの発する音が快適に聞こえることと，外からの騒音を遮ることが必要である。音楽や映画を楽しむ為に，室内から発生する音を外に出さないようにしつつ，快適な響きを実現することが基本である。普通の状態では，音は外に抜けてしまって内部には残らないが，遮音構造にすると音の響きの部分が部屋内に反射音として残ることで残響時間が長くなり，エコー現象が生じる。そこで，遮音を行なった部屋では，音を吸収するために吸音材を使う必要がでてくる。

【6】(1)　全身に対して，頭の割合が大きく重心が上の方にあるため。
(2)　新陳代謝が盛んで体温が高いため。　(3)　体重1kgあたりの酸素の消費量が多いため。　(4)　消化機能が未発達のため。
〈解説〉(1)　身長に対する頭長の割合は，新生児で$\frac{1}{4}$，2歳で$\frac{1}{5}$である。(2)　汗をかくこと(発汗)により，体温調節を行っている。体にたまった余分な熱を放散し，体温を一定に保っている。　(3)　1分間の呼吸

数は2～3歳は約25～30回であり，成人では16～18回である。胸郭の発育にしたがって呼吸数が減少する。　(4)　胃の容量は1歳児でおよそ500ml，6歳児で900ml，6歳児で成人の約$\frac{1}{3}$である。

【7】(1)　①　租税　　②　労働力　　③　需要　　④　供給
⑤　均衡　　(2)　市場　　(3)　消費者が何かを購入することは，それがよいという意思表示になり，それを提供した事業者を選択したことになる。このように購入することは，その商品がよいという自分の意見を表明する投票行為に似ているから。　(4)　急激に物価が上がると実質賃金は低下することになる。特に，年金生活者のように受け取る金額が変わらない人には，物価だけが上がり生活が苦しくなる。
(5)　日本銀行
〈解説〉(1)　図1：家庭内の誰かが企業で働いて労働力を提供し，賃金を受け取る。その貨幣で，製品・サービスを購入して生活する。企業と家計は，国・地方公共団体から社会成立の基盤として災害対策，社会福祉などの財・サービスを受け取り，一方，企業と家計は国・地方公共団体へ税金を納める。図2：価格が下がると需要が増え，価格が上がると供給は増える。よって，需要と供給のバランスがとれたところで価格が決まる。競争市場では，需要と供給が一致したときに価格と取引する需要供給量が決まる。　(2)　市場とは，魚市場のような具体的な場所だけでなく，取引すべてを市場という。スーパーでは，実際にはお客が店員と価格交渉をすることはない。しかし，スーパーの商品量の多少により価格の変化に影響する。　(3)　偽装食品を提供したメーカーの食品を買わないなどの不買行動は，購入活動を投票行動と見立てている例である。　(4)　物価が上昇すると，物の購入により，多くのお金が必要である。貨幣価値の低下により，欲しいものが買えなくなる。物価の上昇の時期に比べて，賃金の上昇が遅れることが多い。預貯金の価値が下がり，これに頼っている高齢者などの生活が苦しくなる。　(5)　日本銀行は，金融政策を実施して，通貨流通量を調整することで物価と国民経済を安定させる役割を担っている。

【高等学校】

【1】(1) ① ルー　② 吸い口　③ ぜいご　④ 血合い肉
⑤ 隠し包丁　⑥ 煮こごり　⑦ 湯せん　(2) 形を美しく
し，煮くずれを防ぐため。　(3) たんぱく質の補足効果
(4) (燃えやすいものから)　ウ→イ→ア→エ　(5) 袋縫い
(6) 満40週0日　(7) 新生児は胃の入り口の閉鎖が不完全なため。
(8) ① 古紙を40％以上使用した紙製品　② (社)日本玩具協会の
安全基準に合格したおもちゃ　(9) 国際標準化機構　(10) 可処
分所得　(11) 配偶者：2/3　直系尊属：1/3　(12) ① 引き違
い戸　② 階段昇り表示　③ 片開き窓

〈解説〉(1) ① 加熱時間の長さによって色が異なり，ホワイトルー，
ブラウンルーがある。ルーはグラタン，カレー，シチューにも用いら
れる。　② 吸い口には，木の芽，ゆず，みょうが，ネギなどがある。
吸い物を作るとき，椀に具(実)を入れてから汁を張り，一番上に吸い
口を置いて蓋をする。蓋を取ったとき，吸い口のよい香が漂う。
③ アジの下ごしらえの際，最初にぜいごを取る。　④ 血合い肉の
筋肉には血管が多く集まっているので赤黒い色をしている。筋肉は，
持続型の遊泳の時に用いられるので，運動量の多いマグロ，カツオに
多い。　⑥ 魚肉や皮にコラーゲンというたんぱく質が含まれており，
煮ると溶け出してゼラチンとなる。煮こごりはこれが冷えて固まり，
ゼリー状になったものである。　⑦ 湯せんにより，100℃以上に温
度が上がって焦げるのを防ぐことができる。バターやゼラチンを溶か
すときや直接鍋に火をかけて熱を加えると焦げつきやすいクリームや
ソース類などに用いられる。　(2) 煮汁が沸騰すると振動し食材の角
は食材同士，食材と鍋がぶつかり煮くずれが生じる。煮くずれは素材
の形が崩れ，煮汁が濁るため，料理の見栄えが悪くなる。面取りによ
り角をとるとぶつかったときの力が分散し，煮くずれを防ぐことがで
きる。　(3) たんぱく質の補足効果の例を，次に示す。植物性食品の
精白米と一緒に動物性食品のアジを食べることにより，精白米の第一
制限アミノ酸であるリジンが向上し，アミノ酸価は100となる。

(7)　乳児は授乳後，吐乳や溢乳(いつにゅう)を起こしやすい。吐乳は吐くこと，溢乳は胃から逆流することである。乳児は呼吸しながらお乳を飲むという飲み方をしているため，お乳と一緒に空気を飲み込むことが多く，溢乳の原因となる。そのため，授乳後にゲップをさせるとよい。　　(8)　①のグリーンマークは古紙の利用拡大を通じ，環境緑化を図ることを目的としている。②のSTマーク(safety toy)は，安全玩具マークともいう。　　(9)　国際標準化機構(ISO)は国の代表的標準化機関から成る非電気分野の国際標準化機関で，1947年に18ヵ国で発足した。近年，ISO9000(品質管理)やISO14000(環境管理)を掲げる企業も多い。

【2】(1)　わが国の女性労働者は，出産・子育ての時期にいったん離職し，再就職する傾向にあるから。　　(2)　女性の社会参加が進んできているとともに，女性の晩婚・晩産化による子育ての年令が上昇しているため。　　(3)　項目：短時間勤務制度の義務化　　内容：事業主は，3才未満の子を養育する従業員について，従業員が希望すれば利用できる短時間勤務制度を設けなければならない。　　(4)　・就労による経済的自立が可能な社会　　・健康で豊かな生活のための時間が確保できる社会　　・多様な働き方・生き方が選択できる社会

〈解説〉(1)　M字型曲線は1960年代後半からみられるようになり，日本や韓国の女性の働き方にみられる。ノルウェー，スウェーデン，アメリカの女性は逆U字型(台形)を示している。M字型は女性が働き続けるための条件が整っていないことを意味している。　　(3)　他に，子育て期の所定外労働(残業)の免除の義務化，子の看護休暇の拡充，父親の育休取得の推進が追加された。　　(4)　いわゆるワーク・ライフ・バランス憲章が目指す社会を実現することで，①結婚や子育てに関する希望の実現などに向けて，暮らしの経済的基盤が確保できる，②家族・友人などとの充実した時間，自己啓発や地域活動への参加のための時間などを持てる，③子育てや親の介護が必要な時期など多様で柔軟な働き方が選択でき，しかも公正な処遇が確保されていることがあげられている。

【3】(1) 牛乳は，乳糖とカゼインホスホペプチドなどカルシウム吸収を促進させる因子があるため。 (2) 症状：牛乳を飲むと，下痢や腹痛を起こす。 原因：乳糖の分解吸収を促進するラクターゼの分泌が不足していたり，分泌しないため。 (3) 牛乳中のカルシウムが，じゃがいものペクチン質と結合し，水煮の場合に比べじゃがいも中に多くのペクチン質が残るため。 (4) 牛乳に含まれるアミノ酸と還元糖が反応して，褐色化の原因となるメラニン色素を生成するため。

(5) トマトはよく煮て，酸味をとってから牛乳と混ぜ合わせる。

〈解説〉(1) ペプチドとは，牛乳のたんぱく質であるカゼインが分解・消化される途中に生じる，アミノ酸の集合体のことである。カゼインホスホペプチドは，カルシウムや鉄などのミネラルを溶けやすくして吸収を高める働きがある。乳糖は，腸内善玉菌を増やす働きをしている。 (2) 乳児期までは，小腸の粘膜でラクターゼが作られるため，母乳や粉ミルクでは乳糖不耐症を起こさない。しかし離乳とともに，乳糖不耐症の素因のある人では ラクターゼが少なくなっていき起こることがある。乳製品を少しずつ，繰り返し摂っていると軽くなることもある。牛乳をよく摂取している学齢期では起こりにくく，高齢者でよくみられる。 (4) 反応性の高いカルボニル基(還元基)を持つ還元糖はアミノ酸などと反応し，褐変(カルボニル反応)を生じる。糖類には還元糖と非還元糖があり，粉ミルクに含まれるラクトース(乳糖)は還元糖である。 (5) 牛乳のたんぱく質であるカゼインは酸を加えると凝固する。トマトには酸が含まれているため，あらかじめ煮て酸を少し弱めておくと，凝固を防ぐことができる。

【4】(1)　(単語：行動の順)　・Reduce：必要なものだけ購入する，詰め替え方式の商品を買うなど。　・Reuse：使えるものは繰り返し使う，紙，衣類などの再使用など。　・Recycle：原材料として再生利用する，市町村の資源ゴミ収集，再生品の購入と使用など。　(2)　木材やトウモロコシなどの植物を，アルコール発酵させた燃料のこと。

(3)　(例)　容器包装廃棄物のペットボトルは，洗浄してキャップとラベルをとり，圧縮してから回収場所に出す。業者により，異物処理，粉砕，洗浄などの工程を経て，フレーク状のプラスチック原材料となり，作業服やカーペットなどの繊維製品，卵パックやカップめんなどのシート製品に再生利用される。

〈解説〉(1)　3Rについては，最近では5Rで紹介されることが多い。5Rとは，3RにRefuse(買い物用の袋を持ち歩く，過剰包装や容器を断る)とRpair(修理して使用)を加えたものである。　(2)　食物原料を燃料に使用することへの問題点がある中，食物にはならないセルロース(農産廃棄物，木材加工廃物，森林の間伐材，生活ゴミなど)を使ったエタノール製造には，将来性があると言われている。　(3)　いわゆる容器包装リサイクル法(容器包装に係る分別収集及び再商品化の促進等に関する法律)は，市町村が分別収集した容器包装廃棄物の引き取りと再商品化(リサイクル)を製造販売事業者に義務づけた法律である。消費者の役割は，廃棄物がスムースに製品に再生できるように，洗浄・分類して回収場所に出すことである。

2011年度　実施問題

【中高共通】

【1】次の(1)～(10)の問いに答えなさい。

(1)　15歳～49歳までの女子の年齢別出生率を合計したものを何というか，書け。

(2)　出生後4週間の子どもの時期を何というか，書け。

(3)　生後3～4日に体重が出生体重の5～10%減少するのはなぜか，書け。

(4)　母乳を主な栄養とする場合を「母乳栄養」というのに対し，調整粉乳を主な栄養とする場合を何というか，書け。

(5)　ビューラーは遊びを心理発達的な視点から分類している。ア～ウから発達順として適当なものを1つ選び記号を書け。

　　ア　受容遊び→機能遊び→想像遊び→創造遊び

　　イ　受容遊び→想像遊び→機能遊び→創造遊び

　　ウ　機能遊び→想像遊び→受容遊び→創造遊び

(6)　子どもの成長発達のために役立つ童話・童謡・絵本・紙芝居・映画・童話劇・玩具等を総称して何というか，書け。

(7)　もち米は，粘りが強く，もち，おこわなどに用いられる。もち米を構成するでんぷんの種類を書け。

(8)　次の大豆の加工品ア～エのうち，たんぱく質の消化が最もよいものを1つ選び，その記号を書け。

　　ア　おから　　イ　煮豆　　ウ　炒り豆　　エ　豆腐

(9)　なす，しそ，黒豆などに含まれる青，赤，紫色の色素名を書け。

(10)　じゃがいもの発芽部分に存在する植物毒の名称を書け。

(☆☆☆◎◎◎)

【中学校】

【1】スーツの購入と手入れについて，次の(1)〜(4)の問いに答えなさい。

```
サイズ
バスト 83
ヒップ 91
身 長 158

9AR
```

(1)　上図は成人女性のサイズ表示である。「9AR」はそれぞれ何を表す記号か，書け。

(2)　ポケット口の裏に補強のために縫い付ける布の名称を書け。

(3)　ズボンの裾を表に糸が目立たないように手縫いで始末する場合，適する縫い方を2つ書け。

(4)　毛製品は，水洗いにより収縮するものが多い。収縮の原因を1つ書け。

(☆☆☆◎◎◎)

【2】和服について，次の(1)〜(3)の問いに答えなさい。

(1)　裏を付けない一枚仕立ての着物，裏を付けて仕立てた着物の名称をそれぞれ書け。

(2)　和服の構成上の特徴を洋服と比較して説明せよ。

(3)　未婚女性，既婚女性，男性の礼装における正装の名称を書け。

(☆☆☆◎◎◎)

【3】食肉類について，次の(1)〜(6)の問いに答えなさい。

(1)　牛肉の赤色に関係している色素たんぱく質の名称を2つ書け。

(2)　筋肉を含む膜や腱に多く含まれる結合組織を構成する主なものを2つ書け。

(3)　動物性たんぱく質に多く，穀類たんぱく質に不足しやすい必須アミノ酸の名称を1つ書け。

174

(4) 牛肉の筋肉内に，脂肪が網の目状に均等に交雑する状態を何というか，書け。

(5) 豚脂の融点は，牛脂より低い。その理由を脂肪酸を基に説明せよ。

(6) 食肉に利用するためには，と殺後一定期間熟成を待つ。その理由を書け。

(☆☆☆◎◎◎)

【4】無機質について，次の(1)～(8)の説明に適する元素を右の中から選び書きなさい。

```
K
Ca
Mg
Fe
Na
Cl
Zn
I
Cu
```

(1) 無機質の中で体内で最も多量に存在し，血液凝固に関与している。

(2) 酵素の機能を助け，味覚などの感覚機能を維持する。

(3) 胃液に含まれるペプシンの働きを活性化させる。

(4) 甲状腺ホルモンの成分である。

(5) 過剰摂取が，高血圧やむくみの罹患につながりやすい。

(6) 酸素の運搬に関わり，ビタミンCによって体内への吸収が促進される。

(7) 骨の石灰化に関わり，不足すると筋肉のけいれんを引き起こす。

(8) 細胞内液に陽イオンとして存在し，浸透圧の維持に関与する。

(☆☆☆◎◎◎)

【5】快適で安全な住生活について，次の(1)～(4)の問いに答えなさい。

(1) 次の図は住まいの中での熱の移動を表している。①～③の矢印が表している熱の移動の名称を下から選び，書け。

換気　輻射　伝導　対流

(2) あとのア～エのうち熱環境の説明として正しいものをすべて選び，その記号を書け。

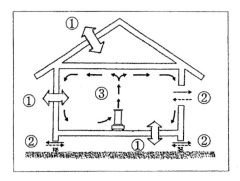

　　ア　熱貫流率の値が大きいほど熱が伝わりやすい。
　　イ　熱容量が大きくなればなるほど外部環境の影響を受けやすい。
　　ウ　熱貫流率を小さくすることは断熱性を悪くすることである。
　　エ　熱貫流抵抗が大きいほど断熱性がよい。
　(3)　光環境の調節の際，グレアの防止が必要である。グレアを説明せ
　　よ。
　(4)　上の図の床に畳を敷いた。板床と比較した場合の畳床の長所を2
　　つ書け。

　　　　　　　　　　　　　　　　　　　　　　　　　（☆☆☆◎◎◎）

【6】高齢者を取り巻く生活について，次の(1)〜(5)の問いに答えなさい。

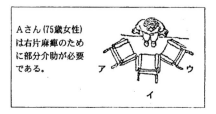

　(1)　在宅福祉サービスの三本柱の2つは訪問介護，日帰り介護である。
　　あと1つのサービスを書け。
　(2)　上の図において，Aさんがベッドから車いすに移乗する時，車い
　　すはどこに配置するかア〜ウから1つ選び，その記号を書け。

(3)　車いすを利用した外出は，廃用症候群の発症を防止することにつながる。廃用症候群を説明せよ。

(4)　意思決定能力の低下した高齢者や成人に達した知的障害者の財産や生命を守り，その権利を擁護する制度の名称を書け。

(5)　準同居と近居の語句を説明せよ。

(☆☆☆◎◎◎)

【7】販売や支払い方法について，次の(1)，(2)の問いに答えなさい。

(1)　次のア～ウの販売方法のうち「特定商取引に関する法律」(最終改正平成21年6月5日法律第49号)によるクーリング・オフ制度の対象にならないものを，1つ選びその記号を書け。

　　ア　連鎖販売取引　　イ　通信販売　　ウ　電話勧誘販売

(2)　次のア～ウの用語の意味を書け。

　　ア　デビット　　イ　クレジット　　ウ　ローン

(☆☆☆◎◎◎)

【8】次の表は「小学校学習指導要領」(平成20年3月)第8節　家庭，「中学校学習指導要領」(平成20年3月)第8節　技術・家庭(家庭分野)の内容の一部を示している。下の(1)～(10)の項目が，表の(ア)～(ク)のどこに当てはまるか，記号で答えなさい。

内容	小学校	中学校（家庭分野）
A	(ア) ・生活時間の工夫	(オ)
B	(イ)	(カ)
C	(ウ)	(キ) ・衣服の計画的な活用や選択
D	(エ) ・物や金銭の大切さ	(ク)

(1)　米飯及びみそ汁の調理

(2)　近隣の人々とのかかわり

(3)　安全な室内環境の整え方

(4)　地域の食材を生かした調理

(5)　手縫いやミシン縫いによる製作・活用

(6)　季節の変化に合わせた生活の大切さ

(7)　環境に配慮した消費生活の工夫と実践

(8)　1食分の献立

(9)　自分の成長と家族や家庭生活とのかかわり

(10)　身近な物の選び方，買い方

(☆☆☆◎◎◎)

【高等学校】

【1】次の(1)～(8)の問いに答えなさい。

(1)　次のア～エの繊維のうち，温度20℃，湿度65％のとき，吸湿性が高いものから順に並べかえて，記号で書け。

　　　ア　綿　　イ　羊毛　　ウ　レーヨン　　エ　アクリル

(2)　被服製作において，身ごろの前端，衿ぐり，袖ぐり，袖口などの裏側の始末に用いられる布を何というか，書け。

(3)　次のア～エの販売方法や取引のうち，「特定商取引に関する法律」(最終改正平成21年6月5日法律第49号)におけるクーリング・オフ制度の対象にならないものを1つ選び，その記号を書け。

　　　ア　通信販売　　イ　特定継続的役務提供　　ウ　電話勧誘販売

　　　エ　訪問販売

(4)　業者から注文していない商品が送られてきた場合，法律では消費者側の保管義務期間を定めている。商品の引き取りを要求した場合と要求しなかった場合の保管期間は，商品が届いてから何日間か，それぞれ書け。

(5)　天ぷらの衣の材料として用いる小麦粉は，薄力粉が適している。その理由を書け。

(6)　次のア～エの脂溶性ビタミンのうち，欠乏症としてはくる病や骨軟化症があり，過剰症としては高カルシウム血症や腎機能障害があ

るものを1つ選び，その記号を書け。

ア　ビタミンA　　イ　ビタミンD　　ウ　ビタミンE

エ　ビタミンK

(7)　住宅における戸締まり，照明，インターホンなど防犯にかかわることを，防犯を行う企業で確認，コントロールするシステムを何というか，書け。

(8)　次の図は既製衣料品のサイズ表示例である。(ア)，(イ)に入る語句をそれぞれ書け。また，下段の「94AB4」のABや「9AR」のAは，何を示している記号か，書け。

成人男性

| サイズ |
| チェスト　94 |
| （　ア　）　84 |
| 身　長　165 |
| 94AB4 |

成人女性

| サイズ |
| バスト　83 |
| （　イ　）　91 |
| 身　長　158 |
| 9AR |

(☆☆☆◎◎◎)

【2】食肉類について，次の文を読み，下の(1)～(5)の問いに答えなさい。

　　食肉の主成分は，水分，たんぱく質，①脂質で，炭水化物は少ない。食肉の脂質の量は，部位などによって差が大きく，食肉の品質，利用方法と深く関係している。食肉の筋肉を構成するたんぱく質は，②筋漿(筋形質)たんぱく質と筋原線維たんぱく質，膜や腱などの結合組織を構成する③肉基質たんぱく質に分類される。

(1)　下線部分①について，豚脂と牛脂はどちらが融点が低いか，書け。また，その理由を説明せよ。

(2)　下線部分②の中で，肉色に関係するたんぱく質の名称を2つ書け。

(3)　筋肉内への脂肪の入り方が網の目状に均等に交雑した状態を何というか，書け。

(4)　下線部分③について，かたいすね肉を長時間煮るとやわらかくなる理由を説明せよ。

179

(5)　食肉は，と殺後一定期間，低温で貯蔵して肉の熟成を待つ。肉の熟成とはどのようなことか，説明せよ。

(☆☆☆◎◎◎)

【3】介護と社会福祉について，次の文を読み，下の(1)～(6)の問いに答えなさい。

　Aさん(75歳女性)は右片麻痺のため，部分介助が必要であり，認知症の症状があらわれてきている。今日は晴天でAさんの気分も良いので，車いすで介助者と二人で近くの公園まで外出することにした。

(1)　次の図は，Aさんがベッドから車いすに移乗する様子である。車いすはどこに配置するのがよいか，図中のア～ウから1つ選び，その記号を書け。

(2)　車いすを停止した時に必ず行わなければならない操作は何か，書け。

(3)　車いすで段差を降りるときに，介助者が行う操作について，説明せよ。

(4)　車いすを利用した外出は，褥瘡予防に効果があるが，褥瘡の原因と症状について説明せよ。

(5)　平成18年12月20日に，「高齢者，障害者等の移動等の円滑化の促進に関する法律」が施行された。公共の建物などについて，この法律で定められている建築物移動等円滑化基準の具体例を1つあげ，説明せよ。

(6)　意思決定能力の低下した高齢者や成人に達した知的障害者に代わ

180

って契約や契約取り消しなどを行うことにより，本人の財産などを守り，その権利を擁護する制度を何というか，書け。

(☆☆☆◎◎◎)

【4】日本人の食事摂取基準について，次の(1)～(3)の問いに答えなさい。
(1) 食事摂取基準における推定エネルギー必要量とは何か，説明せよ。
(2) 体重63.0kg，年齢25歳程度の男性の1日の推定エネルギー必要量を求めよ。
　　ただし，基礎代謝基準値は24.0kcal/kg体重/日とし，身体活動レベルの値を1.75とする。
(3) 15～17歳の男子は，成長期であることから，ほかの年齢に比べて推定エネルギー必要量が多い。このエネルギー代謝に関係するビタミンで，15～17歳の男子の推奨量がほかの年齢よりも多いものは何か，3つ書け。

(☆☆☆◎◎◎)

【5】住居について，次の(1)，(2)の問いに答えなさい。
(1) 次の図は，日本の民家の屋根の形態である。ア，イの名称を下のa～eからそれぞれ1つ選び，その記号を書け。

　a 入母屋　　b 方形　　c 寄棟　　d 切妻　　e 片流れ
(2) ダイニング，キッチン，リビングの各室が別々である「各室独立型」に比べて，「ダイニングキッチン型」にはどのような利点があるか，3つ書け。

(☆☆☆◎◎◎)

解答・解説

【中高共通】

【1】(1)　合計特殊出生率　　(2)　新生児期　　(3)　哺乳量よりも排泄や皮膚呼吸による水分消失が上回るため　　(4)　人工栄養　　(5)　ウ　(6)　児童文化財　　(7)　アミロペクチン　　(8)　エ　　(9)　アントシアン　　(10)　ソラニン

〈解説〉(2)　分娩後乳児は，母親の胎内環境から母体外の生活に適応することを要求される。母胎に共生した状態から独立した生理的適応過程を獲得するまでの期間を新生児期という。また，新生児期の中でも乳幼児死亡の最も多い分娩を挟んだ生後7日までを周産期と呼ぶ。

【中学校】

【1】(1)　9：バスト　　A：体型　　R：身長　　(2)　力布
(3)　まつり縫い，千鳥がけ　　(4)　繊維表面の鱗片のため，水の中でもむと繊維が絡み合ってフェルト化するため

〈解説〉(1)　成人女子の体型表示は，Aを普通の体型とし，ヒップの大きさで表示する。Yは，A体型より4cm小さい。ABはA体型より4cm大きい。B体型はA体型より8cm大きい。成人男子の場合は，チェストとウエストの寸法差で表す。

【2】(1)　裏を付けない一枚仕立ての着物：ひとえ　　裏を付けて仕立てた着物：あわせ　　(2)　和服は平面の布で構成され，洋服は人体の形に合わせて立体的に構成されている　　(3)　未婚女性：ふりそで　既婚女性：留袖　　男性：紋付き，羽織，袴

〈解説〉(2)　和服は，ゆとりが多く様々な体型に対応しやすい。身体に密着しないため通気性が良い。着装に技術を要する場合もある。平面にたたんで収納できるため場所を取らない。洋服は，着用者のサイズや体型に合わせて作られ，機能的で活動的である。身体に密着するた

め保温性がある。装着が簡単で着くずれしない。立体的に仕上げてあるため，型くずれしないように収納する必要がある。

【3】(1) ヘモグロビン，ミオグロビン　(2) コラーゲン，エラスチン
(3) リジン　(4) 霜降り　(5) 豚脂は不飽和脂肪酸を多く含み，牛脂は飽和脂肪酸を多く含むため。　(6) 筋肉中のたんぱく質が酵素によって分解され，筋肉が軟化するとともに呈味成分が増え，風味が向上するため
〈解説〉(1) 肉類の色は，選ぶときのポイントとなる。例えば牛肉は鮮やかな赤い色で，つやの良いものを選ぶ。脂肪の色は白色で，赤身と脂身の境目がはっきりしているものがよい。豚肉は，肉の色は淡い赤色で，脂肪が白いものがよい。つやの良いものを選ぶ。古くなると灰色が強くなる。鶏肉はうすいピンク色で，皮と脂肪に透明感のあるものがよい。古くなるにつれて，くすんだり黄色くなってくる。

【4】(1) Ca　(2) Zn　(3) Cl　(4) I　(5) Na　(6) Fe
(7) Mg　(8) K
〈解説〉選択肢にあるCuは銅で筋肉・骨・血液に多い。骨髄でヘモグロビンをつくるときに鉄の利用をよくする。生レバーやココア，豆類が主な給源である。他にも代表的なものとしてP(リン)があり，リンの80％はリン酸カルシウム，リン酸マグネシウムとして骨や歯をつくる。残りの20％は体液，組織中に含まれる。

【5】(1) ① 伝導　② 換気　③ 対流　(2) ア，エ
(3) 視野内に著しく高い輝度の部分が存在し，対象物が見にくくなる現象。　(4) 保湿性に富む，弾力性がある
〈解説〉(4) 畳の他によく用いられる床材としてフローリング，カーペット，クッションフロア(ビニールクロス)がある。フローリングは耐久性に優れ，掃除が簡単であり夏場はひんやりしていて快適である。カーペットは保温性，吸音性に優れ，歩きやすく感触がよい。クッシ

ョンフロアは，表面が水気に強いので水回りにも適しており，価格が手ごろで手入れが楽などの利点がある。一方，それぞれ短所もあるので，用途に合わせて用いるのがよい。

【6】(1)　短期入所介護　　(2)　ウ　　(3)　使わないことで臓器が衰えてしまうこと　　(4)　成年後見制度　　(5)　準同居：親世帯と子世帯が同一家屋や同一敷地内に住むこと　　近居：親世帯と子世帯が近隣地域内に住むこと

〈解説〉(3)　可動ベットや椅子で起き上がり，だんらんに参加することは生活にメリハリが生まれる。起き上がると視野が変化し，脳を刺激する。寝たきりは食欲低下，感覚の鈍化，床ずれ，失禁・便秘，筋力低下の原因にもなる。

【7】(1)　イ　　(2)　ア　即時決済　　イ　販売信用　　ウ　分割返済

〈解説〉(2)　デビットカードとは買い物の代金を，キャッシュカードを使って預・貯金口座から引き落とすシステムのこと。デビットとは借方のことで，クレジット(貸方)とは反対の意味を持つ。スーパーなどのレジのPOS端末にカードを差し込み，暗証番号と金額を打ち込むと自分の口座から代金が引き落とされ，店に振り込まれる。

【8】(1)　イ　　(2)　ア　　(3)　キ　　(4)　カ　　(5)　ウ　　(6)　ウ　(7)　ク　　(8)　イ　　(9)　オ　　(10)　エ

〈解説〉小学校学習指導要領では家庭科の内容について，A 家庭生活と家族，B 日常の食事と調理の基礎，C 快適な衣服と住まい，D 身近な消費生活と環境とし，小学校と中学校の内容構成が同一の枠組となった。小学校においては中学校での内要を見通して，小学校の学習に求められる基礎的・基本的な知識及び技能や生活をよりよくしようと工夫する能力と実践的な態度が着実にはぐくまれることを目指している。中学校では，4つの内容をすべての生徒に履修させ，小学校の内容との体系化を図り，中学生としての自己の生活の自立を図る視点か

ら内容が構成された。

【高等学校】

【1】(1) イ→ウ→ア→エ　(2) 見返し　(3) ア　(4) 引き取り
を要求した場合：7日間　引き取りを要求しなかった場合：14日間
(5) グルテンの量が少なく，てんぷらがからりと揚がるから　(6) イ
(7) ホームセキュリティシステム　(8) (ア) ウエスト
(イ) ヒップ　記号：体型
〈解説〉(5) グルテンは，小麦粉のたんぱく質の分子がもつれ合って生じる粘性の高いものである。たんぱく質が原料であるから，たんぱく質含有量の高い小麦粉のほうがグルテンを多量に生成する。グルテンを多く生成させるには，小麦粉の中に含まれているアミラーゼやプロテアーゼが十分に働く必要があり，ぬるま湯を用いたり，一定以上の時間ねかせたり，塩を加えたりすることで強いグルテンを生じる。

【2】(1) 豚脂　理由：豚脂は不飽和脂肪酸を多く含み，牛脂は飽和脂肪酸を多く含むため　(2) ミオグロビン，ヘモグロビン
(3) 霜降り　(4) かたいすね肉に多く含まれているコラーゲンが，加熱により可溶性のゼラチンに変化したため　(5) 筋肉は，と殺後硬直するが，筋肉中の酵素のはたらきで自己消化が起こり，柔らかく風味のよい肉になること
〈解説〉(5) と殺をした場合，と殺後に筋肉が死後硬直に至る時間は，牛で24時間，豚で12時間，鳥で2～4時間程度である。と殺後の肉は柔らかいがうまみが少ない。しかし，硬直した肉を数日間放置すると，硬直が解除されて，肉は再び柔らかくなり，肉特有の風味が生じる。

【3】(1) ウ　(2) 車いすのブレーキをかけること。　(3) 車いすを後ろ向きにし，後輪を段にそって降ろす。次に，ゆっくり後進し，キャスターが段差に近づいたら，ティッピングレバーを踏みながら，キャスターを上げ，後ろに引く。最後に静かにキャスターを降ろす。

(4)　からだの骨の突出部に長時間の圧迫が加わると，その部分の血行障害がおこり，皮膚と骨の間の組織が貧血状態となり，そこに栄養障害・代謝障害が生じて壊死をおこすこと　　(5)　廊下幅は，車いすを使用する人の通行が容易なように120cm以上の幅を確保する

(6)　成年後見制度

〈解説〉(3)　ベッドから車いすへの移乗の介護(右麻痺の場合)は，まず，ベットに対して約30〜45°の角度で麻痺していない左側に車いすを置く。ブレーキをかけ，フットレストも持ち上げ，足を入れやすいようにする。ベットから起こし，端に浅く腰かけさせる。次に腰ベルトをつかみ，上半身を介護者の上半身で支えながら腰を引き上げる。介護を受ける人は，左側の手で車いすのアームレストにつかまり，立ち上がっている左側の足を軸にして体を回転させる。静かに車いすにおろし，後ろにまわって，脇の下から手を入れ，深く座らせる。

【4】(1)　エネルギーの不足と過剰のリスクが最も小さくなる摂取量のこと　　(2)　求め方：63.0×24.0×1.75＝2646　　答：2646kcal/日

(3)　ビタミンB_1，ビタミンB_2，ナイアシン

〈解説〉(1)　各栄養素については，推定平均必要量，推奨値，目安量，目標量，上限量が示されている。推定平均必要量とは，同じ性，年齢階級の人々の50％が必要量を満たすと推定される1日の摂取量。推奨量は，じ性，年齢階級の人々のほとんど(97〜98％)が1日の必要量を満たすと推定される1日の摂取量のことである。

【5】(1)　ア　d　　イ　c　　(2)　・省スペース，省エネルギー効果があるため，経済的である。　・動線が短く，食事の支度や後片付けに要する時間を節約できる。　・台所にひきこもって家事を行うのではなく，家族と会話をしながら行うことができる。

〈解説〉(1)　屋根の形には他にも，招き，半切妻，マンサード，腰折れ，越屋根，のこぎりなどがある。　(2)　ダイニングキッチンの普及で日本人の食事様式は大きく変貌する。公共住宅がDKを採用したことか

ら都市住宅はもちろん農村住宅にも浸透した。食事という家族の日常生活場面におけるイス生活が本格的に進行しはじめるきっかけとなった。

2010年度　実施問題

【中高共通】

【1】ハーフパンツの製作について，次の(1)～(4)の問いに答えなさい。

(1) 右の図の型紙A，Bのうち，後ろパンツの型紙はどちらか，その記号を書け。また，その根拠を書け。

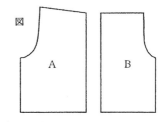

図

(2) 綿の布地を購入した。布地は，裁断する前に布目を正しくする作業を行う。この作業を何というか，書け。また，この作業を行う理由を書け。

(3) ミシンをかけたところ，縫い目がとんでしまった。このとき，針に関係した原因と考えられるものを2つ書け。

(4) ブロードとデニムの布について，それぞれの織り方を書け。

(☆☆☆◎◎◎)

【2】安全で快適な住宅について，次の(1)～(5)の問いに答えなさい。

(1) 「建築基準法」(昭和25年法律第201号)において，住宅の居室には採光のための窓その他の開口部を設けると規定されている。その採光に有効な部分の面積は，居室の床面積の何分の1以上にしなければならないか，書け。

(2) 階段での転落事故は，大けがにつながりやすい。階段の安全設計の面から配慮することを3つ書け。

(3) 防暑の対策として，建物の構造について，どのような工夫があるか，2つ書け。

(4) 特定の障害のある人向けに開発するのではなく，障害，年齢，性別，言語などに関係なく，より多くの人が利用できるように製品や環境を計画，開発，設計するという考え方を何というか，書け。

(5) 「コーポラティブ住宅」とは，どのような住宅のことか，説明せよ。

(☆☆☆◎◎◎)

【中学校】

【1】食品成分の分類について，次の文を読み，(1)～(3)の問いに答えなさい。

　①単糖類は，炭水化物としての性質を示す最小単位である。②少糖類は，単糖類が2個～10個程度結合したものである。多糖類は単糖類が数百～数万個結合したもので，その種類は多い。その中の③可消化性多糖類は，体内に吸収されてエネルギーになる。

　食物繊維は，水に対する溶解性に基づいて④不溶性食物繊維と⑤水溶性食物繊維に大別されている。

(1) 下線部①～③について，糖の名称を2つずつ書け。

(2) 下線部④，⑤について，それぞれに当てはまる物質を下から3つずつ選び，記号を書け。

ア　セルロース　　　イ　アルギン酸　　　ウ　アラキドン酸
エ　植物ガム　　　　オ　ギムネマ酸　　　カ　リグニン
キ　グルコマンナン　ク　キチン

(3) 食物繊維の生理作用を2つ書け。

(☆☆☆◎◎◎)

【2】かき玉汁の調理について，次の(1)～(6)の問いに答えなさい。

(1) 右の表のかき玉汁の塩分を0.8％に仕上げたい。しょうゆの塩分は16％である。塩を4gとしたとき，しょうゆは何ml加えればよいか。

(2) かき玉汁が白濁している。考えられる調理上の原因を2つ書け。

```
材料と分量（4人分）
だし汁　　　800　ml
┌　水　　　1000　ml
│　昆布
└　かつおぶし
塩　　　　　4　g
しょうゆ
卵
糸みつば
片栗粉
```

189

(3) 上の表の材料を6つの食品群別に分類したとき，該当する材料がない食品群をすべて書け。

(4) 緑黄色野菜とはどのような野菜か。栄養素名，数値を用いて説明せよ。

(5) 昆布だしとかつおだしの主なうま味成分を書け。

(6) 水溶き片栗粉を汁に入れるタイミングをア～エから選び，記号で書け。また，片栗粉を加える理由を書け。

(☆☆☆☆◎◎)

【3】「中学校学習指導要領第8節技術・家庭」(平成20年3月)について，次の(1)，(2)の問いに答えなさい。

(1) 各分野の内容の取扱いについて，共通して配慮するものとして示されている事項を2つ書け。

(2) 各分野の指導について，共通して充実するよう配慮するものとして示されている学習活動を2つ書け。

(☆☆☆☆◎◎)

【4】「就学前の子どもに関する教育，保育等の総合的な提供の推進に関する法律」(平成18年法律第77号)について，あとの(1)～(3)の問いに答えなさい。

第一条　この法律は，我が国における急速な(ア)の進行並びに家庭及び地域を取り巻く(イ)の変化に伴い，小学校就学前の子どもの教育及び保育に対する需要が多様なものとなっていることにかんがみ，地域における創意工夫を生かしつつ，幼稚園及び保育所等における小学校就学前の子どもに対する教育及び保育並びに保護者に対する(ウ)の総合的な提供を推進するための措置を講じ，もって地域において子どもが健やかに育成される(イ)の整備に資することを目的とする。

(1)　上の文の(ア)～(ウ)に当てはまる語句を書け。
(2)　幼稚園と保育所について，各施設の設置を規定している法律名と所管する省庁名を書け。
(3)　この法律によって制度化された「就学前の教育・保育を一体として捉えた一貫した総合施設」の名称を書け。

(☆☆☆◎◎◎◎)

【5】消費生活について，次の(1), (2)の問いに答えなさい。
(1)　次のア～ウの語句を説明せよ。
　　ア　家計　　イ　非消費支出　　ウ　循環型社会
(2)　次の文を読み，下のア～ウの問いに答えよ。

> 6月2日，Aさん宅に羽毛布団のセールスマンが訪れた。「不要なので帰ってください」と言ってもセールスマンは帰らず，2時間居座られた。根負けしたAさんは，50万円の羽毛布団をクレジットで購入した。その後，クーリング・オフについて記載された書面を見て，解約しようかどうかを迷っているうちに，1週間以上経過してしまった。6月12日，Aさんは電話で業者にクーリング・オフを申し入れたが，受け付けてもらえなかった。

　　ア　Aさんがクーリング・オフ制度によって契約を解除するためにはどうすればよかったか，期限(月日)と方法について書け。
　　イ　訪問販売におけるクーリング・オフ制度を規定している法律名を正式名で書け。
　　ウ　このような場合，Aさんは消費者契約法(平成12年法律第61号)第4条の規定により，この契約を取り消すことができる。その理由を書け。

(☆☆☆☆☆◎◎)

【6】中学生に必要な栄養について，次の(1)～(3)の問いに答えなさい。

食事摂取基準（1人1日あたり）

エネルギー・栄養素		エネルギー	たんぱく質	カルシウム	鉄	ビタミンA	ビタミンB1	ビタミンB2	ビタミンC
		kcal	g	mg	mg	μg	mg	mg	mg
12～	男子	2,650	60	900	11.5	700	1.4	1.6	100
14歳	女子	2,300	55	750	13.5	550	1.2	1.4	100

［厚生労働省『日本人の食事摂取基準（2005年版）』2004年］

(1)　ビタミンB_1，ビタミンB_2の摂取基準量は女子より男子が多い。その理由を書け。

(2)　鉄の摂取基準量は男子より女子が多い。その理由を書け。

(3)　食事摂取基準には，推奨量，目安量，目標量，上限量が示されている。目標量が決められている理由を書け。また，目標量で示されている栄養素名を右の表から選び，書け。

(☆☆☆☆◎◎◎)

【7】衣服の手入れについて，次の(1)，(2)の問いに答えなさい。

(1)　下の図は，汚れが布から離れた状態を示している。このときの界面活性剤のはたらきを書け。また，図中のa～cを何というか，書け。

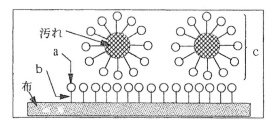

(2)　次のア～オについて，＿＿＿＿線部が正しい場合には○を書け。間違っている場合は正しく書き直せ。

ア　柔軟仕上げ剤を使うと，主成分の陽イオン界面活性剤が繊維表面に吸着し，布がすべりやすく，やわらかくなる。

イ　カルシウムイオンなどの硬度成分は，洗剤の界面活性剤に作用して界面活性剤の効果を低下させる。

ウ　多くの合成洗剤には，紫外線を吸収し青色を発する性質をもち，繊維の黄ばみを消し輝かしい白さを与える<u>漂白剤</u>が含まれている。

エ　<u>塩素系漂白剤</u>は，しみの色素だけを分解するので，色・柄ものの衣料にも使える。

オ　綿55％，ポリエステル45％の混紡のシャツをアイロンがけするとき，<u>綿</u>に合わせた温度にする。

（☆☆◎◎◎◎）

【高等学校】

【1】炭水化物について，次の文を読み，下の(1)，(2)の問いに答えなさい。

> 体内に摂取された炭水化物の糖質は，消化酵素の働きによって，ブドウ糖などの（　ア　）類に分解され，（　イ　）から吸収された後，肝臓に運ばれる。肝臓で，ブドウ糖の大部分は（　ウ　）に変化し，その一部が肝臓から血液中に出て血糖となり，各組織に運ばれてエネルギー源となる。このとき，発生するエネルギーは，糖質1gあたり約（　エ　）kcalである。
>
> しかし，炭水化物の中には，ヒトの消化酵素ではほとんど分解されない<u>食物繊維</u>もある。

(1)　文中の（　ア　）～（　エ　）に当てはまる語句や数字を書け。

(2)　文中の下線部分について，次の①～③の食物繊維を多く含む食品を，下のa～fから1つ選び，その記号を書け。

①　アルギン酸　　②　ペクチン　　③　イヌリン

a　いちご　　　b　かにの殻　　　c　寒天

d　ごぼう　　　e　こんにゃく　　f　こんぶ

（☆☆☆☆◎◎◎）

【2】乳幼児の特徴について，次の(1)～(4)の問いに答えなさい。

(1)　体位を急に変えると，普段握っている手指を広げて，万歳をするように両腕を挙げる。このような新生児期の原始反射を何というか，書け。

(2)　生後2～3日に排出する便で，黒っぽい色をした粘り気があるものを何というか，書け。

(3)　J・ボウルビィが提唱した「子どもが特定の人との間に形成する情緒的な絆」のことを何というか，書け。

(4)　ことばの発達について，次のア～エのことばが出る順に並べかえて，記号で書け。

ア　二語文　　イ　喃語　　ウ　「マンマ」などの初語
エ　「どうして」などの質問

(☆☆☆◎◎◎)

【3】日本の家族について，次の(1)，(2)の問いに答えなさい。

(1)　次のア～エの家族形態について，核家族であるものをすべて記号で書け。

ア　夫婦のみ　　イ　祖母とその孫　　ウ　父親とその未婚の子
エ　兄弟姉妹のみ

(2)　次の文の(a)～(c)に当てはまる語句や数字を書け。

ア　民法では，未成年の子が婚姻するときには，父母の少なくとも一方の(a)が必要であるとされている。

イ　戸籍法では，出生の届出は，(b)日以内に，死亡の届出は，死亡の事実を知った日から(c)日以内にしなければならないとされている。(ただし，国外における特例を除く。)

(☆☆☆◎◎)

【4】介護保険制度について，次の(1)～(4)の問いに答えなさい。

(1)　第1号被保険者と第2号被保険者の年齢の範囲をそれぞれ書け。

(2)　介護サービス利用料のうちの自己負担割合を書け。

(3)　在宅介護サービスを希望してから，そのサービスを受けるまでの流れを次の3つの語句を用いて説明せよ。

要介護認定　　要介護度判定　　ケアプラン

(4)　平成17年6月に成立した介護保険法改正法で創設された地域密着型サービスの1つである「小規模多機能型居宅介護」について説明せよ。

(☆☆☆☆◎◎◎)

【5】洗濯について，次の(1)〜(3)の問いに答えなさい。

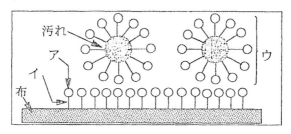

(1)　上の図は，洗濯液での界面活性剤分子のはたらきを示した模式図である。図中のア〜ウを何というか書け。

(2)　上の図は，汚れが布から離れた状態を示している。このときの界面活性剤分子のはたらきについて説明せよ。

(3)　洗剤は，適正量の使用が必要である。その理由を，洗浄効果と環境の2つの面から書け。

(☆☆☆◎◎◎◎)

【6】次に示した献立について，下の(1)〜(5)の問いに答えなさい。

米飯　　　麩とみつばのすまし汁　　　サバの竜田揚げ
白あえ　　フルーツゼリー

(1)　すまし汁を昆布とかつおぶしを用いた「混合だし」で作る。このだしの取り方を説明せよ。

(2)　サバの竜田揚げを4人分作る。1人分のサバの可食部を正味80gに

するには，何g購入すればよいか，求めよ。ただし，サバの廃棄率は40％とし，小数第1位を切り上げること。

(3)　鮮度が落ちたサバを食べると，アレルギー様の症状を起こす場合があるが，その原因を書け。

(4)　白あえを作る際は，食べる直前にあえ衣と材料を合わせるのがよいとされているが，その理由を書け。

(5)　ゼラチンに生のパイナップルを入れてフルーツゼリーを作ろうとしたが，うまく固まらなかった。この理由を書け。

(☆☆☆◎◎◎)

【7】次の文を読み，下の(1)～(3)の問いに答えなさい。

　6月2日午後，Aさん宅に，ある電器製品のセールスマンが訪れた。Aさんが，「不要なので帰ってください」と言っても，セールスマンは帰らず，2時間居座った。根負けしたAさんは，10万円の商品をクレジットで購入した。その後，Aさんがクーリング・オフについて記載された契約書面を見て，解約しようかどうか迷っているうちに，2週間が経過した。6月16日に，Aさんは訪問販売業者に電話で，契約の解除を申し入れたが，受け付けてもらえなかった。

(1)　Aさんがクーリング・オフ制度により契約を解除するためにはどうすればよかったか，期限(月日)と方法について書け。

(2)　訪問販売におけるクーリング・オフ制度を規定している法律名を正式な名称で書け。

(3)　Aさんは消費者契約法に基づいて，この契約を取り消すことができる。その理由を書け。

(☆☆☆◎◎◎)

解答・解説

【中高共通】

【1】(1) A 　根拠：Aの方がまた上が長く，カーブの弧が長いから
(2) 名称：地直し 　問題：着用後の型くずれや洗たくによる収縮を防ぐため 　(3) ・針のつけ方が浅い ・針が曲がっている
(4) ブロード：平織 　デニム：綾織

〈解説〉(2) 地直しの方法 　・綿の場合は，水に1時間ぐらい浸けてから干して，少し湿っている状態で，布地の縦横の布目を整えながらアイロンをかける。羊毛の場合は，全体的に霧吹きで霧を吹き，湿り気が全体に行き渡ってから，裏からアイロンをかけて布目を正す。
(3) ミシンのトラブルについては，その他に，針が折れる，針棒が動かない，布が縫えない，上糸が切れる，下糸が切れる，　などがある。これらの原因についても確認しておこう。 　(4) 織物は，平織，綾織(斜紋織)，朱子織の3つが基本である。平織には，ブロード，ギンガム，天竺，など，綾織(斜紋織)には，デニム，ギャバジンなど，朱子織には，サテン，ドスキンなどがある。

【2】(1) 7分の1以上 　(2) ・広い踏み面にする ・踊り場付きの折れ階段にする ・手すりを付ける 　(3) ・大きな開口部を取る
・屋根に断熱材を付ける 　(4) ユニバーサルデザイン 　(5) 自ら居住するものが，組合を結成し，共同して事業計画をさだめ，土地の取得，建物の設計，工事発注その他の業務を行い，住宅を取得し，管理していく方式

〈解説〉(4) ユニバーサルデザインとは，「できるだけ多くの人が利用可能であるようなデザインにすること」という意味である。デザイン対象を障害者に限定せず，人々全体を対象としており，「バリアフリー」の発展形と位置づけられる。生活必需品や公共の建築物や交通機関がすべてユニバーサルデザインを目指すことが必要である。 　(5) コーポラティブ住宅とは，住宅を作る際，自ら土地を購入し，設計と工事

を発注し，自分達の要望を基に進める住宅のことである。共同で事業を進めるため，入居後の交流が円滑にいき，まとまって管理することができる。短所は，住宅完成までの期間の長期化，居住者の資金調達力が乏しいことなど，がある。

【中学校】

【1】(1)　①　ぶどう糖　果糖　　②　ショ糖　麦芽糖　　③　でんぷん　グリコーゲン　　(2)　④　ア　カ　ク　　⑤　イ　エ　キ
(3)　・便の排泄を促進する　・糖尿病の発症を抑制する
〈解説〉単糖類の中でエネルギー源として重要な六炭糖(ぶどう糖，果糖，ガラクトース)の場合，消化吸収などのエネルギーとして使われる。少糖類は，オリゴ糖ともいい，多くは二糖類でエネルギー源として使われ，ショ糖，乳糖，麦芽糖などがある。単糖類が3〜5個結合した少糖類でフラクトオリゴ糖がある。これは，低エネルギー甘味料，虫歯予防，整腸作用などの働きがある。多糖類には，単糖類となってエネルギーとなる可消化性多糖類として，でんぷん，グリコーゲンがある。その他にエネルギー源にならない食物繊維としてセルロースやペクチンがある。食物繊維はさらに不溶性と可溶性に分かれる。不溶性にはセルロース，リグニン，キチンがあり，便秘予防，整腸作用があり，穀類，種実類，豆類などに含まれる。可溶性にはアルギン酸，植物ガム，グルコマンナンがあり，コレステロールや血糖の低下作用があり，切り干し大根，ごぼう，こんにゃく，寒天などに含まれる。

【2】(1)　15ml　　(2)　・卵白が熱凝固する前に撹拌したから　・卵白が凝固するための温度に達していなかったから　　(3)　4群，6群
(4)　原則として，可食部100g中にカロテン600μg以上含むものをいう。
(5)　昆布だし：グルタミン酸　　かつおだし：イノシン酸
(6)　イ　理由：汁の比重を大にして卵が分散するのを助けるため
〈解説〉(1)　計算式　(800×0.008)−4＝2.4　　2.4÷0.16＝15
(2)　卵の固まる温度は，卵黄67℃，卵白80℃である。よって，清汁の

液温が80℃位だと濁らず卵が固まるが，温度が30℃～40℃位の場合，汁が濁る。　(3)　1群に卵とかつおぶし，2群に昆布，3群に糸みつば，5群に片栗粉がある。よって，4群と6群に該当する材料がない。

(4)　緑黄色野菜の基準である可食部100g中にカロテン600μg以上含まれていなくても緑黄色野菜とすることがある。日常食べる量が多いピーマンとトマトはカロテンが600μg以下であるが，緑黄色野菜としている。　(6)　卵液は，だし汁より比重が大きいので，だし汁に卵液を流し込むと卵が沈む。そこで，比重を大きくするためにだし汁にとろみを付ける。すると，卵液は，だし汁の中に浮いた状態になる。

【3】(1)　・基礎的・基本的な知識及び技術を習得し，基本的な概念などの理解を深めるとともに，仕事の楽しさや完成の喜びを体得させるよう，実践的・体験的な学習活動を充実すること　・生徒が学習した知識及び技術を生活に活用できるよう，問題解決的な学習を充実するとともに，家庭や地域社会との連携を図るようにすること

(2)　・衣食住やものづくりに関する実習等の結果を整理し，考察する学習活動　・生活における課題を解決するために言葉や図表，概念などを用いて考えたり説明したりするなどの学習活動

〈解説〉(1)　文部科学省「中学校学習指導要領解説家庭編」平成20年9月教育図書p76参照　　(2)　前掲書p82参照

【4】(1)　ア　少子化　イ　環境　ウ　子育て支援　(2)　・幼稚園法律名：学校教育法　所管：文部科学省　・保育所　法律名：児童福祉法　所管：厚生労働省　(3)　認定こども園

〈解説〉(3)　認定こども園は，保育所及び幼稚園等における小学校就学前の子どもに対する保育及び教育並びに保護者に対する子育て支援の総合的な提供を行う施設であり，都道府県知事が条例に基づき認定する。親が働いている，いないにかかわらず利用できる施設である。「認定こども園」の教育・保育の内容を次に示す。・幼稚園教育要領と保育所保育指針の目標が達成されるよう，教育・保育を提供　・施

設の利用開始年齢の違いや，利用時間の長短の違いなどの事情に配慮・認定こども園としての一体的運用の観点から，教育・保育の全体的な計画を編成　・小学校教育への円滑な接続に配慮

【5】(1)　ア　収入と支出の視点から家族の経済行為をとらえたもの　イ　税金や社会保険料などの公費負担分　　ウ　製品等が廃棄物等となることが抑制され，並びに製品等が循環資源となった場合においてはこれについて適正に循環的な利用が行われることが促進され，及び循環的な利用が行われない循環資源については適正な処分が確保され，もって天然資源の消費を抑制し，環境への負担ができる限り低減される社会　(2)　ア　6月9日までに，内容証明郵便など文書で事業者に通知する。　イ　特定商取引に関する法律　　ウ　消費者契約法での取消し事由である「不退去」に相当するため

〈解説〉(2)　ア　クーリング・オフとは，訪問販売・電話勧誘販売・キャッチセールス・その他悪徳商法などの売買契約を解約できるしくみのことである。クーリング・オフができる期間は訪問販売であれば8日以内であり，書面(配達記録付き内容証明郵便)で手続きをする必要がある。なお，店舗販売での契約については，クーリング・オフ制度はない。　ウ　消費者契約法は，消費者と事業者の情報力・交渉力には大きな格差があるため，消費者の利益擁護を図ることを目的として，平成13年4月に施行された。契約を勧誘されている時に事業者に不適切な行為があった場合，契約を取り消すことができる。不適切な行為を次に示す。1)不実告知：嘘を言う。　2)断定的判断：確実に儲かると儲け話を断定的に言う。　3)不利益事実の不告知：よい点ばかり話し，都合の悪いことを知っていて隠す。　4)不退去：自宅や職場に一方的にきて帰るように言っても帰らない。　5)監禁：事業者から呼び出され「帰りたい」意思を示しても帰してくれない。取消ができるのは，誤認に気がついた時，または困惑行為の時から6ヶ月，契約の時から5年以内である。

【6】(1) ビタミンB_1とB_2はエネルギー代謝で必要となるビタミンであり，1000kcalあたりの必要量が示されている。男子の方がエネルギー量が多いから，ビタミンB_1とB_2も多くなる。 (2) 月経血による鉄損失分が加えられているから (3) 理由：生活習慣病の一次予防のため 栄養素名：カルシウム

〈解説〉(1) ビタミンB群は，タンパク質や糖質，脂質などエネルギー代謝を進める役目を行う。ビタミンB_1は，ご飯やパン，などの糖質を分解する酵素の活動を助け，エネルギーに変える働きがある。ビタミンB_1が不足すると，糖質のエネルギー代謝が悪くなり，疲れやすくなる。ビタミンB群は水溶性ビタミンに属すため，余分なものは尿とともに排出される。身体はビタミンB群を身体に蓄積しておけないため，毎日の食事から補給する必要がある。 (3) 食事摂取基準は，健康な個人または集団を対象として，国民の健康の維持・増進，エネルギー・栄養素欠乏症の予防，生活習慣病の予防，過剰摂取による健康障害の予防を目的とし，エネルギー及び各栄養素の摂取量の基準を示すものである。保健所，保健センター，民間健康増進施設等において，生活習慣病予防のために実施される栄養指導，学校や事業所等の給食提供にあたって，最も基礎となる科学的データである。生活習慣病予防に重点をおき，栄養素について新たな指標「目標量」を設定した。増やすべき栄養素として，食物繊維，カルシウム，など，減らすべき栄養素として，コレステロール，ナトリウム(食塩)とした。

【7】(1) 汚れが界面活性剤分子に包まれて，繊維から離れやすくなり，汚れが液中に細かく分散し，布に付かない状態にする。 a 親水基 b 親油基 c ミセル (2) ア ○ イ ○ ウ 蛍光剤 エ 酸素系漂白剤 オ ポリエステル

〈解説〉(1) c ミセルとは，界面活性剤などの分子またはイオンが数十個から数百個集まってつくるコロイド粒子のことである。洗剤分子は，水中で，親水性のカルボキシル基を外側に，親油性のアルキル基を内側にして配列し，球状のミセルをつくる。 (2) ア 柔軟剤には洗剤

とは異なる陽イオン界面活性剤が使われている。これは，洗浄作用はないが，柔軟仕上げ・帯電防止の働き，抗菌作用がある。柔軟剤を使うと，吸水性が低下するためタオルなど水をはじいてしまう。柔軟剤の陽イオン界面活性剤は，ジアルキルアンモニウム塩などの第4級アンモニウム塩が多い。　ウ　衣類を白くするには，漂白と蛍光増白がある。漂白は，化学的な方法で色素を破壊する。蛍光増白は，目に入ってくる反射光を補い，見かけ上，目に白く映るようにするものである。

【高等学校】

【1】(1)　ア　単糖　　イ　小腸　　ウ　グリコーゲン　　エ　4
　　(2)　①　f　　②　a　　③　d

〈解説〉(2)　多糖類には，単糖類となってエネルギーとなる可消化性多糖類として，でんぷん，グリコーゲンがある。その他にエネルギー源にならない食物繊維としてセルロースやペクチンがある。食物繊維はさらに不溶性と可溶性に分かれる。不溶性にはセルロース，リグニン，キチンがあり，便秘予防，整腸作用があり，穀類，種実類，豆類などに含まれる。可溶性にはアルギン酸，植物ガム，グルコマンナンがあり，コレステロールや血糖の低下作用があり，切り干し大根，ごぼう，こんにゃく，寒天などに含まれる。アルギン酸はコンブ，ワカメ，ヒジキ，モズクなどに含まれている。イヌリンは，ゴボウ，菊芋，チコリ，タンポポ，ごぼう，などに含まれている。

【2】(1)　モロー反射　　(2)　胎便　　(3)　アタッチメント
　　(4)　イ→ウ→ア→エ

〈解説〉　(1)　新生児期の反射運動のなかで，その後消失するものを原始反射という。原始反射の中に，吸てつ反射，把握反射，モロー反射などがある。吸てつ反射は，口に乳首がふれると乳汁を吸う反射である。把握反射は，手のひらを押すと握り返す反射である。モロー反射は，仰向けにすると，腕と手指を広げる反射である。　(2)　胎便とは，

生後2〜3日にでる黒っぽい粘りのある便である。その後黄色っぽい移行便になり，5〜7日では黄色便となる。　(3)　アタッチメントとは，赤ちゃんと保育者との間に作られる愛着形成のことで，両親など特定の少数の人との間の愛情の絆をいう。愛着形成により，子どもは安心感を得ることができ，その後の成長や人間形成に影響を及ぼすことがわかっている。　(4)　言葉の発達はおよそ次のように進んでいく。喃語：「バーバー，ブーブー」という未分化な発声で，この時期に，親など身近な養育者が声かけをすることが大切である。初語：「マンマ」など意味のある言葉を話す。二語文：「ママ，行こう」などと話すようになる。質問期：「これなあに，どうして」という質問語を話すようになる。

【3】(1)　ア，ウ　　(2)　a　同意　　b　14　　c　7
〈解説〉(1)　国勢調査の定義によると，夫，妻，子どもの三者を家族の基礎的な単位としている。教科書では，国勢調査の定義を用いている。(2)　a　男は18歳，女は16歳にならないと，結婚(法律上は，婚姻という)することができない(民法731条。婚姻適齢)。しかし，未成年者の場合は，「父母」の同意が必要である(737条1項)。　b　出生届は，出生証明書を添付して，出生届の提出期限は，生まれた日を第1日として，14日以内に提出する。国外では3ヶ月以内に在外公館へ提出する。c　死亡届は，死亡した日から7日以内に提出することになっている。

【4】(1)　第1号被保険者：65歳以上の者　　第2号被保険者：40歳以上65歳未満の者　　(2)　1割　　(3)　利用希望者は，市町村に要介護認定の申請を行う。この後，介護認定審査会が要介護判定を行う。市町村から要介護1〜5と認定された場合，ケアマネージャーからケアプランを作成してもらい，このプランに応じて，サービスを利用する。(4)　在宅での生活が継続できるように，自宅からの「通い」を中心として，随時「訪問」や「泊まり」を組み合わせてサービスを提供する介護のこと。

〈解説〉(1)　65歳以上の第1号被保険者と40歳から64歳までの第2号被保険者で，保険料の受け取り方や金額が異なる。65歳以上の「第1号被保険者」の介護保険料は，10段階に分かれており，被保険者や世帯の所得状況によって決められる。所得に応じた段階別の定額制で，国が定める基準に基づき，各市区町村が条例で設定する。保険料は，年金月額15,000円以上の人は年金から直接徴収され，15,000円未満の人は市区町村が個別に徴収する。40歳から64歳までの「第2号被保険者」の介護保険分は，加入している医療保険の保険料として徴収される。

(4)　小規模多機能型居宅介護とは，地域密着型サービスのひとつで，平成18年4月の介護保険制度改正により創設された。介護が必要となった高齢者(主に認知症高齢者，他の人も利用可能)が，今までの人間関係や生活環境をできるだけ保てるように，「通い」を中心にするが，「訪問」および「宿泊」も取り入れて，3つのサービス形態が相互に補い合って，24時間サービスを提供できる仕組みである。

【5】(1)　ア　親水基　イ　親油基　ウ　ミセル　(2)　界面活性剤の分子が，汚れを取り囲んで除去し，さらに清浄になった布の表面にも吸着するため，布に再度汚れが付くのを防ぐ状態となる。

(3)　洗濯溶液は，ある一定の濃度になると，洗浄力は最大になり，それ以上高濃度になっても洗浄効果は変わらないうえ，洗剤に含まれる界面活性剤などの有機物が，河川などに大量に排出されると，微生物によって分解されず，水質汚濁の原因になり，環境を破壊するため。

〈解説〉(1)　ウ　ミセルとは，界面活性剤などの分子またはイオンが数十個から数百個集まってつくるコロイド粒子のことである。洗剤分子は，水中で，親水性のカルボキシル基を外側に，親油性のアルキル基を内側にして配列し，球状のミセルをつくる。

【6】(1) なべに水を入れ，昆布をしばらくつけておき，中火にかけ，沸騰直前に昆布を出し，かつおぶしを入れる。再び沸騰したら，火を止め，かつおぶしが沈んだらこす。　(2) 答　534g　(3) サバのうまみ成分であるヒスチジンが，酵素により分解され，ヒスタミンという有害物質に変化するから。　(4) 早くから合わせておくと材料から水分が出て，味が水っぽくなるから。　(5) 生のパイナップルには，ゼラチンの主成分であるタンパク質を分解する酵素を含んでいるため。

〈解説〉(2)　求め方　$(80 \times 4) \times \dfrac{100}{100-40}$　(3) 「魚にあたる」とは大方「ヒスタミン中毒」といわれている。マグロ，イワシ，さんま，鯖などはヒスチジンを多く含んでいる。これを室温で放置すると，細菌の働きによって，ヒスチジンがヒスタミンに変わる。これを食べると，アレルギー反応と同じヒスタミン中毒による症状を起こす。ヒスタミンは加熱しても消えない。よって，新鮮なうちに冷蔵することが大切である。　(5) パイナップル，キウイ，などには，たんぱく質分解酵素が含まれている。ゼラチンは，動物の皮や骨に含まれるコラーゲンを原料としているのでたんぱく質が主体である。よって，生のパイナップルを入れると，たんぱく質分解酵素の働きでゼラチンが分解されて固まらなくなる。酵素は熱に弱いので，果物を加熱してから使うか，缶詰を利用するとよい。

【7】(1)　6月9日までに，内容証明郵便などの文書で訪問販売事業者に通知する。　(2)　特定商取引に関する法律　(3)　セールスマンが居座ったことが，消費者契約法での契約取消し事由である「不退去」に当たるため。

〈解説〉(1)　クーリング・オフとは，訪問販売・電話勧誘販売・キャッチセールス・その他悪徳商法などの売買契約を，解約できるしくみのことである。クーリング・オフができる期間は訪問販売であれば8日以内であり，書面(配達記録付き内容証明郵便)で手続きをする必要がある。なお，店舗販売での契約については，クーリング・オフ制度は

ない。　(3)　消費者契約法は，消費者と事業者の情報力・交渉力には大きな格差があるため，消費者の利益擁護を図ることを目的として，平成13年4月に施行された。契約を勧誘されている時に事業者に不適切な行為があった場合，契約を取り消すことができる。不適切な行為を次に示す。　1)不実告知：嘘を言う。　2)断定的判断：確実に儲かると儲け話を断定的に言う。　3)不利益事実の不告知：よい点ばかり話し，都合の悪いことを知っていて隠す。　4)不退去：自宅や職場に一方的にきて帰るように言っても帰らない。　5)監禁：事業者から呼び出され「帰りたい」意思を示しても帰してくれない。取消ができるのは，誤認に気がついた時，または困惑行為の時から6ヶ月，契約の時から5年以内である。

2009年度　実施問題

【中学校】

【1】魚を用いた調理実習について，次の(1)～(4)の問いに答えなさい。

(1) 次の表は，煮魚の煮汁をつくるときの調味料とその分量である。
（ ア ）～（ オ ）に当てはまる数字を書け。

調味料	重量(g)	容量(ml)	計量スプーン（杯）
しょうゆ	48	（ ア ）	大さじ　2 小さじ（ イ ）
酒	（ ウ ）	20	大さじ　1 小さじ（ エ ）
上白糖	（ オ ）	10	小さじ　2

(2) 魚を煮るとき，煮汁を煮立ててから入れるのはなぜか，関係する
栄養素名を入れて説明せよ。

(3) 魚を煮るときは，落としぶたをするが，その理由を2つ書け。

(4) 魚に多く含まれ，コレステロールを低下させる作用がある多価不
飽和脂肪酸を2つ書け。

(☆☆☆◎◎◎)

【2】卵について書かれた次の文を読み，下の(1)～(3)の問いに答えなさい。

　　卵はたんぱく質が豊富で，卵黄には鉄，（ ア ）などの無機質
や，ビタミン（ イ ），ビタミンD，ビタミンE，ビタミンKなどの
（ ウ ）性ビタミンも豊富に含まれる。

　　卵は日数が経つにつれて性質が劣化しはじめる。卵の新鮮度を判定
するのにa卵黄係数を用いる場合がある。また，卵を保存する上で，
b卵の殻を水では洗わない方がよい。

(1) 文中の（ ア ）～（ ウ ）に当てはまる数字や語句を書け。

(2) 文中の下線部分a卵黄係数について，次のア，イの問いに答えよ。

ア　卵黄係数を求める式を「卵黄の直径」「卵黄の高さ」を用いて書け。

イ　次の表は，A〜Dの卵の卵黄係数を表している。鮮度のよい卵を全て選び，記号を書け。

卵	A	B	C	D
卵黄係数	0.42	0.22	0.36	0.24

(3)　文中の下線部分b卵の殻を水では洗わない方がよいのはなぜか。卵の構造面からその理由を書け。

(☆☆☆◎◎◎)

【3】いも類について，次の(1)〜(4)の問いに答えなさい。

(1)　いも類に含まれるビタミンCの特徴は何か，書け。

(2)　さつまいもの甘みを引き出す加熱方法について，理由とともに書け。

(3)　やまいもを生のまますりおろして食べることには，口当たりがよいことのほかにどのような利点があるか，1つ書け。

(4)　こんにゃくいもに含まれる糖質の名称を書け。

(☆☆☆◎◎◎)

【4】食品の選択や安全性について，次の(1)〜(5)の問いに答えなさい。

(1)　次のア〜ウの食品添加物について，その使用目的を書け。
　　ア　アルギン酸　　イ　サッカリン　　ウ　ソルビン酸

(2)　食生活の改善にかかわり，平成17年6月に制定された法律の名称を書け。

(3)　食品衛生法施行規則の一部を改正する省令に基づき，平成20年6月3日から，アレルギーの原因になりやすい食品として表示が義務付けられている特定原材料は7品目となった。えび，かに，卵，乳以外の3品目をすべて書け。

(4)　次のマークはどのような食品に使用されているか，書け。

208

認定機関名

(5) 収穫後の農産物に農薬を散布することを何というか，書け。また，その目的を書け。

(☆☆☆◎◎◎)

【5】消費生活について，次の(1)〜(3)の言葉を簡潔に説明しなさい。
    (1) 可処分所得
    (2) デポジット
    (3) 多重債務

(☆☆☆◎◎◎)

【6】乳幼児の心身の発達について，次の(1)〜(4)の問いに答えなさい。
    (1) 乳幼児の発育について書かれた次の文を読み，文中の（　ア　）〜（　エ　）に当てはまる数字を書け。
        乳幼児期の身体的な発育は著しく，一般に体重は3か月で出生時の約（　ア　）倍，1年で約（　イ　）倍になり，身長は1年で出生時の約（　ウ　）倍，4年で約（　エ　）倍になる。
    (2) 新生児の頭蓋に見られる2つのすきまの名称を書け。
    (3) 乳歯がすべて生えそろうと何本になるか，書け。
    (4) 乳幼児の心の発達について，次のア〜ウの問いに答えよ。
        ア　「アタッチメント」とは何か，説明せよ。
        イ　2歳ころからみられる「第一反抗期」とは何か，説明せよ。また，周囲の望ましい接し方について書け。
        ウ　幼児期にみられるもののとらえ方として，「アニミズム」とは何か，具体例をあげて説明せよ。

(☆☆☆◎◎◎)

【7】被服について書かれた次の文を読み，下の(1)～(5)の問いに答えなさい。

　　被服を着装することによってつくられる皮膚表面と被服の間の局所的な気候を(ア)といい，一般的には，体幹部の皮膚面と被服の間の空気層が(イ)±1℃，湿度が(ウ)±10％のとき，快適と感じるといわれている。

　　被服材料となる布には，織物，編み物，不織布などがある。また，布の材料となる糸には天然繊維と化学繊維がある。化学繊維のような，ある程度の長さをもつ長繊維を平行にそろえて撚りをかけてつくった(エ)糸の太さを表す単位は(オ)である。これは9000mの糸の重さを示すものである。一方，綿などの繊維は短いので，つむいで糸にする。こうしてつくられた糸の太さを表す単位には(カ)が使われ，数字が大きくなるほど糸の太さは(キ)なる。

(1)　文中の(ア)～(キ)に適する語句または数字を書け。

(2)　次の①，②の織物は何織で構成されているか，織り方の名称をそれぞれ書け。

　　①　サージ　　②　ギンガム

(3)　2とび5枚朱子織の組織図を書け。

(4)　次の図Aは，シャツブラウスのそでの型紙図である。前そではa・bのどちらか，記号を○で囲め。また，仮縫いをして試着したところ，図Bのように，そで山の両脇から肩に向かってしわが入った。どのように補正すればよいか，そでの型紙図に補正線を書け。

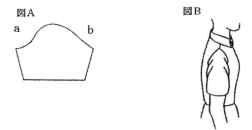

図A　　　　　　　　　　　図B

(5)　編み物について，次のア，イの問いに答えよ。

ア　肌着・靴下などの材料として編み物が多く用いられる。その理由を，織物の構造と比較して書け。

イ　下の①，②の編み目記号が示す編み方の名称を書け。

① 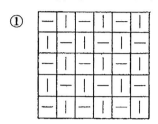　　②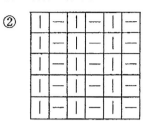

(☆☆☆◎◎◎)

【8】我が国の住宅政策について書かれた次の文を読み，下の(1)〜(4)の問いに答えなさい。

　　昭和41年から5年ごとに国土交通省により「住宅建設五箇年計画」が策定され，建設計画の具体的な目標が示されている。第三期(昭和51〜55年度)には，(　ア　)居住水準と平均居住水準が設定された。さらに第五期(昭和61〜平成2年度)では，都市居住型と一般型の2つの(　イ　)居住水準が設定された。

　　このような変遷の中で，平成18年には，「現在及び将来の国民の住生活の基盤である良質な住宅の供給」などを基本理念に定めた_a新しい住宅政策を示す法律が公布施行された。そして，この法律に基づき，住生活基本計画を策定し，目標設定の前提として_b3つの「水準」を設定して住生活安定向上施策を総合的かつ計画的に推進している。

(1)　文中の(　ア　)，(　イ　)に適する語句をそれぞれ書け。

(2)　文中の下線部分_a新しい住宅政策を示す法律の名称を書け。

(3)　(2)に基づいて進められている全国的な住宅計画は，平成18年から何年度までの計画か，書け。

(4)　文中の下線部分_b3つの「水準」のうちの1つは「居住面積水準」であるが，ほかの2つの水準は何か，書け。

(☆☆☆◎◎◎)

解答・解説

【中学校】

【1】(1)　(ア) 40　(イ) 2　(ウ) 20　(エ) 1　(オ) 6

(2)　魚に含まれるたんぱく質の熱凝固性を利用し，魚の周囲を固めて，煮くずれやうまみが外に出るのを防ぐため　(3)　・煮汁を煮立てることにより，魚が動くことを押さえ，煮くずれを防ぐ・対流効果が上がり，味がよくからまる　など　(4)　エイコサペンタエン酸・ドコサヘキサエン酸

〈解説〉(4)　飽和脂肪酸とは，脂肪の鎖の中に含まれる炭素にすべて水素原子が結合されているものをいう。鎖の中に1個二重結合を持つものを一価不飽和脂肪酸といい，2個以上二重結合をもつものを多価不飽和脂肪酸という。多価不飽和脂肪酸は他にリノール酸，リノレン酸，アラキドン酸がある。多価不飽和脂肪酸のうち，動物の体内では合成されず食物から摂取しなければならない脂肪酸を必須脂肪酸といいリノール酸と α-リノレン酸がある。

【2】(1)　(ア) リン　(イ) A　(ウ) 脂溶　(2)　ア　卵黄係数＝卵黄の高さ÷卵黄の直径　イ　A・C　(3)　卵の殻を覆うクチクラ層は，呼吸作用の調節や微生物の侵入を防ぐ役割をしているが，洗うことによって，クチクラ層が洗い落とされ，微生物の侵入や呼吸バランスが崩れ，卵が腐りやすくなるため。

〈解説〉卵は，脂肪，たんぱく質，ビタミン，ミネラルを豊富に含んでいる理想的な栄養源となる。卵白は新鮮なものは濃厚卵白が多くどろっとしているが，古くなると水溶卵白が多くなりさらっとしている。熱凝固性，起泡性，乳化性などを持ち，さまざまな料理に用いられる。卵黄係数の判定は　新鮮卵：0.442〜0.361　古い卵は0.30以下　である。

【3】(1)　いも類のビタミンCはでんぷんに囲まれているので，加熱や貯蔵によって損なわれることが多い。　(2)　ゆっくり加熱するとアミラーゼの働きでさつまいものでんぷんが麦芽糖へ分解され，甘みが増すから。　(3)　やまいもはアミラーゼを含んでおり，すりおろすことでアミラーゼが働きやすくなり，でんぷんが分解され消化に良いため。
(4)　グルコマンナン

〈解説〉(1)　地下茎あるいは根の一部が肥大し，多量にでん粉などの炭水化物を貯えた作物をいも類と呼ぶ。いも類には，さつまいも，じゃがいも，やまのいも，さといも，こんにゃくいも，かしゅういも，ちょろぎいも，はすいも，ががいもなどがある。主としてでんぷんが多い。煮る，焼く，蒸すなどいろいろの調理法があり，広く用いられている。でんぷん性食品ではあるが，栄養的には一般の野菜に近い。
(2)　アミラーゼが働く最適温度は50～60℃なので，ゆっくり加熱し続けると酵素の働きが保たれ，甘味が増していく。電子レンジのスピード加熱では，甘くならない。焼きいもが蒸しいもより甘いのは，水分蒸発による味の濃縮と酵素の反応する温度帯を通過する時間が長いためである。

【4】(1)　ア　食品の粘りを高める　　イ　食品に甘みをつける
ウ　食品の保存性を高める　　(2)　食育基本法　　(3)　小麦・そば・落花生　　(4)　一定期間にわたって農薬や化学肥料を使用しないで栽培した有機農産物　　(5)　ポストハーベスト　目的：害虫やカビを防止し，長期保存するため。

〈解説〉近年，食生活をめぐる環境が変化し，食生活における栄養の偏りや，不規則な食事，肥満や生活習慣病の増加，「食」の安全，海外への依存などの問題が生じている。健全な心身と豊かな人間性をはぐくむため，食に関する教育，いわゆる「食育」に関する施策を総合的かつ計画的に推進することなどを目的として，食育基本法が制定された。同法では「食育」を，生きる上での基本であり，知育，徳育及び体育の基礎と位置づけ，さまざまな経験を通じて「食」に関する知識と

「食」を選択する力を習得し，健全な食生活を実践することができる人間を育てることを目指している。

【5】(1)　実収入から，所得税や社会保険料などの非消費支出を差し引いた残金。　(2)　繰り返し使用可能なビン等に販売時に預かり金を上乗せし，返却時もどす方法のこと。　(3)　複数の金銭貸付業者からの累積した借金が支払い能力をこえ，返済困難になること。

〈解説〉(2)　デポジット制度とは，製品価格に一定金額の預託金を上乗せして販売し，製品や容器が使用後に返却された時に預託金を返却することにより，製品や容器の回収を促進する制度。「預かり金払い戻し制度」と言うこともある。スウェーデンのアルミ缶のデポジット制度やノルウェーの自動車のデポジット制度などがある。使用済み製品や容器の回収率が上がりリサイクルや適正処理が進む，ごみの散乱が防げる，などのメリットがある。

【6】(1)　ア　2　イ　3　ウ　1.5　エ　2　(2)　小泉門・大泉門　(3)　20本　(4)　ア　愛着と訳され，親等の特定の人との間に結ばれる愛情に基づいた絆である。　イ　説明：自我の発達により，自分の意志を親や周囲のおとなに対する反抗という形で表すこと。　接し方：「自分でやる」という気持ちを尊重し，難しいところをアドバイスしながら「自分でできた」という達成感を持たせる。　ウ　「机さんが『痛い痛い』って言ってるよ」というように，無生物も生物と同じように命や意識があると考えること。

〈解説〉(4)　愛着関係は，①反射運動や生理的微笑から，人に対しての，泣く，なん語の発声や，微笑などの行動へと変化する。　②人の区別がつき始める。親や保護者に対して，特に頻繁に微笑やなん語の発声を示す。抱かれると泣きやむようになってくる。　③親や保護者など特定の人に積極的に近づこうとする。いなくなると泣き，後を追う。見知らぬ人に対し，恐れと警戒を示し，特定の人に抱きついたりして保護を求める。新しいものや場所に出会った場合など，特定の人を安

全基地として，距離を保ちながら探索するが，時々，戻ってくる。のプロセスで形成されていく。　アニミズムのほかにも，乳幼児は経験も少なく，大脳の発達も不十分なので，知覚が未分化であり，ひとつひとつの事柄をはっきりと区別してとらえられないことや自己中心的なとらえ方をする等の特徴がある。

【7】(1)　(ア)　被服気候　　(イ)　32　　(ウ)　50　　(エ)　フィラメント　(オ)　デニール　　(カ)　番手　　(キ)　細く　　(2)　①　斜文織　②　平織

(3)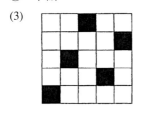　　　　(4)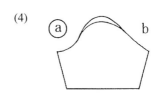

(5)　ア　たて糸とよこ糸がほぼ直角に交差しているためにほとんど伸びない織物に比べ，一本の糸をループ状に絡み合わせた編み物は，伸縮性，フィット性，運動適合性などが織物よりも優れているため，肌着や靴下などに適している。　イ　①　かのこ編み　　②　一目ゴム編み

〈解説〉(2)　斜文織りはたて糸がよこ糸2本以上ずつと組み合って織物の表面に斜めの浮きがあらわれるもので，デニムやサージが代表的である。平織りとはたて糸とよこ糸を交互に交差させたものであり，ブロードやギンガムが代表的である。他には，朱子織がありサテンが代表的である。布は織物構造と編み物構造を持つものが一般的だが，繊維を糸にせず，薄いシート状の集合体にして接着剤や熱で固めた不織布もある。　　(5)　編み物は，ニット(knit)とも呼ばれる。狭義では毛糸を使って編み上げたり，または編んだパーツ類を縫い合わせて衣類を作ることを指すことが多い。織物が縦糸と横糸の2種類の糸を用いて「一段」ずつ布地を作り上げるのに対し，編み物は1本の糸から作りあげることができ，結び目を作る要領で「一目」ずつ形を作って行くこ

とが特徴である。方法としては手によるもの(手編み)と機械によるもの(機械編み)がある。

【8】(1)　(ア)　最低　　(イ)　誘導　　(2)　住生活基本法　　(3)　平成27年度まで　　(4)　住宅性能水準・居住環境水準

〈解説〉(2)　住生活基本法(じゅうせいかつきほんほう，平成18年6月8日法律第61号)は，国民に安全かつ安心な住宅を十分に供給するための住宅政策の指針となる日本の法律。2006年に閣議決定された。住生活基本法の基本理念には，1　住生活の基盤である良質な住宅の供給　2　良好な居住環境の形成　3　居住のために住宅を購入するもの等の利益の擁護・増進　4　居住の安定の確保　の4つが謳われている。この基本理念の上に2015年までの「全国計画」を定め，その下で各都道府県が地域の実情に即した「都道府県計画」を定める。民間業者の「責務」も求められている。2016年までの目標値として良質な住宅ストックに関連して，「新耐震基準の適合率を75％→90％に」「共同住宅における共用部分のユニバーサルデザイン化率を10％→25％に」「省エネルギー対策を講じた住宅ストック率を18％→40％に」「リフォームの実施率を2.4％→5％に」「適正な修繕積立金を設定しているマンションの割合を20％→50％に」など，他にも多くの項目が掲げられている。

2008年度　実施問題

【中学校】

【1】気候・風土と住まいの工夫について，次の(1)～(3)の問いに答えなさい。

(1)　新潟県上越地域や青森県日本海側地域などの家屋に見られる雁木について，その地域の気候や風土とのかかわりをもとに簡潔に説明せよ。

(2)　日本の伝統的和風木造住宅にみられる合理的に住まうための工夫を，次のア，イの観点からそれぞれ一つずつ書け。

　　　ア　通気性の確保　　イ　日射量の調節

(3)　下の図のような断面図の部屋に放熱器を置くこととした。暖房効率が高い配置はア～ウの中でどこか，その記号を書け。また，その理由も書け。

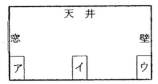

（☆☆☆◎◎◎）

【2】消費生活について，次の(1)～(3)の問いに答えなさい。

(1)　次の図は，総務省統計局の「家計調査年報家計収支編(平成17年)」をもとに作成した家計の収支項目分類である。図中の(ア)～(コ)に当てはまる語句をあとの語群からそれぞれ1つ選び，その記号を書け。

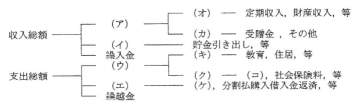

①	経常収入	②	交通・通信	③	財産売却
④	実支出	⑤	実収入		
⑥	実支出以外の支出	⑦	実収入以外の収入		
⑧	消費支出	⑨	直接税	⑩	特別収入
⑪	土地家屋借入金	⑫	保険掛金	⑬	保険取金
⑭	非消費支出	⑯	有価証券売却		

(2) 次のア～エの取引について，クーリング・オフで契約を解除できる期間を，それぞれ書け。

ア　店舗外での宅地・建物の売買契約　　イ　連鎖販売取引

ウ　訪問販売　　　　　　　　　　　　　エ　現物まがい取引

(3) 昭和62年に国際消費者機構が提唱した，消費者の5つの責任を書け。

(☆☆☆◎◎◎)

【3】被服の洗濯について書かれた次の文を読み，下の(1)～(4)の問いに答えなさい。

　洗濯の目的は，被服をなるべく傷つけずに，汚れを落としてもとのようにすることである。洗濯の方法には，水を使う（　ア　）洗濯と有機溶剤を使う（　イ　）洗濯があり，クリーニング業者が行う（　ア　）には，（　ウ　）と（　エ　）があり，（　イ　）には，aドライクリーニングがある。このように洗濯には様々な方法があるが，被服の手入れを適切に行うためには，繊維製品のb取り扱い絵表示や品質表示などをよく見て，繊維や汚れの種類に応じた方法を選ぶ必要がある。

　洗濯には，洗濯用洗剤を使うことが多い。洗剤の主成分は，（　オ　）であり，この働きで汚れが落ちる。そのほか，（　オ　）の働きを助ける洗浄補助剤や酵素，蛍光増白剤など，洗い上がりや風合いをよくする性能向上剤が配合されているものがある。仕上げには，c柔軟仕上げ剤の利用や，糊つけ，アイロンかけなどがあり，被服に応じて適宜行うようにする。

(1) 文中の（　ア　）～（　オ　）に当てはまる語句を書け。

(2)　文中の下線部分aドライクリーニングをした場合，衣類の保管上の注意点は何か，理由を含めて書け。

(3)　文中の下線部分b取り扱い絵表示について，次の①～③のISO(国際標準化機構)による絵表示に従い，どのような取扱いをしたらよいのか，それぞれ書け。

①　　　　　　　②　　　　　　　③

(4)　文中の下線部分c柔軟仕上げ剤について，次のア，イの問いに答えよ。

ア　柔軟仕上げ剤を使用すると，衣類がしなやかな風合いになるのはなぜか，書け。

イ　柔軟仕上げ剤を一定の使用濃度以上に使用すると，布地の吸水性が低下するのはなぜか，書け。

(☆☆☆◎◎◎)

【4】次の表は，木綿の布地の種類とミシン針の関係を示している。表中のア～ケに当てはまる語句を下の語群からそれぞれ1つ選び，その記号を書きなさい。

	布　地	ミシン針（番）	針目の大きさ（針/3cm）
薄　地	ア	イ	ウ
普通地	エ	オ	カ
厚　地	キ	ク	ケ

①　オックスフォード　　　　②　ジョーゼット

③　タフタ　　④　ベロア　　⑤　ポプリン

⑥　ローン　　⑦　9　　　　⑧　11　　　　⑨　13～18

⑩　14　　　⑪　15～20　　⑫　17　　　　⑬　20～25

⑭　25～30

(☆☆☆◎◎◎)

【5】幼児の成長や発達について，次の(1)～(3)の問いに答えなさい。

(1)　C.ビューラーらが提唱した活動内容による遊びの5つの分類につ

いて，「感覚遊び」「運動遊び」のほか3つを書け。
(2)　幼児期におけるおやつの意義を1つ書け。
(3)　生徒が「幼児の食事」の献立作成をする際に配慮すべき点を，幼児の身体と食生活のそれぞれの面から書け。

(☆☆☆◎◎◎)

【6】高齢化と社会福祉について，次の(1)〜(3)の問いに答えなさい。
(1)　平成12年度から始まった介護保険制度について簡潔に説明せよ。
(2)　老老介護について簡潔に説明せよ。また，老老介護の問題点を1つ書け。
(3)　高齢者のQOLについて，内容を簡潔に説明せよ。

(☆☆☆◎◎◎)

【7】たんぱく質について，次の(1)〜(5)の問いに答えなさい。
(1)　次の表は，たんぱく質の種類とその性質，所在の関係を示している。表中の①〜⑥に当てはまる語句を書け。

分　類	種　類	性　質	所　在
（①）たんぱく質	アルブミン	水溶性，熱凝固	卵白，血液，筋肉
	③	塩溶液に可溶，熱凝固	アルブミンと共存
	④	希酸・希アルカリに可溶	米，小麦
	⑤	アルコールに可溶	とうもろこし，小麦
	硬たんぱく質	不溶	骨，毛・爪
（②）たんぱく質	リンたんぱく質	単純たんぱく質とリン酸が結合	乳汁，卵黄
	核たんぱく質	単純たんぱく質と核酸が結合	細胞核
	糖たんぱく質	単純たんぱく質と糖が結合	粘液，消化液
	色素たんぱく質	単純たんぱく質と色素が結合	血液，筋肉
	⑥	血液中で脂質とたんぱく質が結合	血漿，神経組織

(2)　必須アミノ酸とはどのようなものか，書け。
(3)　たんぱく質の栄養価の評価法の一つとして，「アミノ酸価」がある。「アミノ酸価」について，簡潔に説明せよ。
(4)　たんぱく質の栄養価が低い食事の場合，不足しているアミノ酸を補うことによって栄養価を高めることができる。このことを何と言うか，書け。
(5)　糖とアミノ酸が加熱によって褐変し，特有の香気が発生する。この反応を何というか，書け。

(☆☆☆◎◎◎)

【8】牛乳について，次の(1)〜(4)の問いに答えなさい。
 (1) たんぱく質の中で牛乳に多く含まれ，酸を加えると凝固する性質のある物質の名称を書け。
 (2) 牛乳，レバー，うなぎに多く含まれ，脂質代謝を促進するはたらきをもち，不足すると口角炎や口唇炎などを引き起こすビタミンは何か，書け。
 (3) 次のア，イの調理は，牛乳のどのような性質を利用しているか，書け。
   ア レバーソテー　　イ カスタード・プディング
 (4) カルシウムの吸収率は，食品の種類によって異なる。牛乳のカルシウムの吸収率が高い理由を2つ書け。
(☆☆☆◎◎◎)

【9】授業で，「あじのムニエル，ほうれん草のソテー，粉ふきいも」の調理実習を行うことにした。このことについて，次の(1)〜(7)の問いに答えなさい。
 (1) 一人分のムニエルに使用するあじを110gとしたとき，4人の班へ準備するあじの分量は何gか，書け。ただし，あじの廃棄率を55％とし，小数点以下を四捨五入して求めよ。
 (2) ほうれん草やにんじんなどの緑黄色野菜に多く含まれ，体内で吸収されるとビタミンAに変わる物質の名称を書け。
 (3) ほうれん草の成分から発見され，核酸の合成やアミノ酸代謝に関係し，不足すると貧血になるビタミンの名称を書け。
 (4) ほうれん草に含まれ，鉄と結合して不溶性となり，鉄分の吸収を阻害する物質の名称を書け。
 (5) ほうれん草を色よく仕上げるためのゆで方のポイントを書け。
 (6) ほうれん草を油脂とともに調理するとよい理由を書け。
 (7) 調理実習後，粉ふきいもの調理を家でやってみたら，うまく粉をふかなかったと生徒から報告があった。考えられる原因をじゃがいもの性質から2つ書け。
(☆☆☆◎◎◎)

【10】食品の流通について，次の(1)，(2)の問いに答えなさい。

(1)　牛肉の牛海綿状脳症(BSE)問題をきっかけに，小売店で販売される食品の履歴をいつでも明らかにするシステムが求められるようになった。このシステムの名称を書け。

(2)　フード・マイレージについて，簡潔に説明せよ。

(☆☆☆◎◎◎)

解答・解説

【中学校】

【1】(1)　積雪の多い地域で冬季の通路確保のために，家屋の一部やひさしを連続的に張り出し，地域で協力して雪に埋もれないようにした家屋の構造を言う。　(2)　ア　障子や襖で仕切り，広い開口部を取る。イ　軒を深くして，夏の日差しを防ぎ，冬の日差しを部屋の奥まで取り込む。　(3)　記号　ア　理由　窓からの冷気が放射器の湿気によって上昇し，冷気が下部にとどまらないため。

〈解説〉(1)　雁木とは，雪の多い地方で，雪よけのために家々の軒から庇(ひさし)を長く差し出して造り，下を通路とするものである。

(2)　ア　開口部を広く取ることにより，通気性を確保している。

イ　軒を深くすることにより，日射量をうまく調節できている。

(3)　放熱器は窓際に置くほうが空気の循環にうまくのり，熱効率がよくなる。

【2】(1)　(ア)　⑤　　(イ)　⑦　　(ウ)　④　　(エ)　⑥　　(オ)　①　(カ)　⑩　　(キ)　⑧　　(ク)　⑭　　(ケ)　⑫　　(コ)　⑨

(2)　ア　8日間　　イ　20日間　　ウ　8日間　　エ　14日間

(3)　批判的意識を持つ責任　　主張し行動する責任　　社会的弱者への配慮責任　　環境への配慮責任　　連帯する責任

〈解説〉(1)　収入と支出の分類は頻出なので頭に入れておくこと。

(2)　クーリングオフ期間は契約により違うのでそれぞれ頭に入れておくこと。

(3)　消費者の5つの責任

1. 批判的意識－商品やサービスの用途，価格，質に対し，敏感で問題意識をもつ消費者になるという責任

2. 自己主張と行動－自己主張し，公正な取引を得られるように行動する責任

3. 社会的関心－自らの消費行動が，他者に与える影響，とりわけ弱者に及ぼす影響を自覚する責任

4. 環境への自覚－自らの消費行動が環境に及ぼす影響を理解する責任

5. 連帯－消費者の利益を擁護し，促進するため，消費者として団結し，連帯する責任

【3】(1)　(ア)　湿式　(イ)　乾式　(ウ)　ランドリー　(エ)　ウェットクリーニング　(オ)　界面活性剤　(ウ)(エ)は逆も可

(2)　ビニール袋のままの保管は，変色，変質，かびの発生，石油系溶剤の残留による化学やけなどの原因となることがあるため，乾式洗濯後は，ビニール袋から出して，日陰の風通しのよい所に吊した後，タンス等に保管する。　(3)　①　最高温度40℃の水で，手洗いのみ行う。

②　アイロン底面の最高温度が200℃で，アイロン掛けする。

③　脱水後に平干しをする。　(4)　ア　柔軟仕上げ剤の主成分である陽イオン界面活性剤が繊維に吸着すると，疎水基によって繊維相互間の直接的な摩擦が防止され，すべりがよくなるため。　イ　柔軟仕上げ剤の疎水基が外に向いているため，一定量を超えると吸水性が低下する。

〈解説〉(1)　洗濯には湿式洗濯と乾式洗濯とがある。湿式洗濯は水と洗剤を使用する。乾式洗濯は有機溶剤を使用する。ふつう家庭洗濯は湿式洗濯である。商業洗濯には湿式洗濯と乾式洗濯とがある。

(2)　クリーニングから戻った衣類はビニール袋に入っているが，これは運搬の時の汚れを避けるためのもので，そのまましまうと衣類に含まれていた湿気が発散されず，カビなどの原因にもなる。石油系溶剤の場合は残留で化学火傷をおこすこともあるので，衣類は袋から出し陰干しをして保管するとよい。　(3)　取り扱い絵表示は頻出なので頭に入れておくこと。　(4)　ア　柔軟仕上げ剤の主成分は陽イオン海面活性剤と陰イオン海面活性剤で，陽イオン海面活性剤は，平滑，風合い，帯電防止をもたらす為に使われ，特徴としては洗浄力は弱く，刺激性，殺菌作用，タンパク変質性，防水性がある。陽イオン界面活性剤は，水中ではプラス(+)の電気を帯び，綿などの繊維はマイナス(−)の電気を帯びる為，柔軟材が繊維にむらなく覆われる。布の表面が親油基のためすべりが良くなるが，逆に水分吸収が悪くなる。　イ　衣服素材に柔軟仕上げを行うことにより，滑りやすさ，柔らかさ，ふくらみ，静電気防止効果などを付与することができるが，その一方で，親油基が表面にあるために，吸水性が低下し，場合によっては撥水性を持つことがある。

【４】ア　⑥　　イ　⑦　　ウ　⑬　　エ　⑤　　オ　⑧　　カ　⑪
キ　①　　ク　⑩　　ケ　⑨
〈解説〉ミシンの布地と針の種類は頻出なので頭に入れておくこと。

【５】(1)　模倣遊び　　受容遊び　　構成遊び　　(2)　幼児は胃が小さいので，1回の食事量が少ない。そのため，おやつは食事の補助的な役割がある。　(3)　身体面　幼児期は身体の成長が著しいので，エネルギー源，成長に必要なたんぱく質・カルシウム・鉄・ビタミン類が摂取できる食材を取り入れるようにする。　食生活面　幼児期は，食習慣の基礎ができる時期であるため，献立には，好き嫌いが出ないよう様々な食材を取り入れて，調理法を工夫するようにする。
〈解説〉(1)　ビューラーらは遊びを，感覚遊び，運動遊び，模倣遊び，受容遊び，構成遊びに分類した。　(2)　こどもに与えるおやつは，食

事の一部，栄養補給といった栄養的意味合いも大切だが，もっと楽しいもの，思い出となるもの，母親の愛情や家庭の暖かさを伝える，心の贈り物といった立場からも考えていきたいものである。

(3) 他に身体面では幼児期は身体が小さく消化機能も未発達なので，量のバランスを考えた献立を作成したり，食生活面では幼児期は味の好みが出てくるころなので，あまり濃い味にはせず，好き嫌いが出ないような献立を取り入れたりすることなどが考えられる。

【6】(1) 40歳以上の国民が保険料を出し合い，要介護の高齢者を社会全体で支えるしくみであり，高齢者の状態にあった福祉サービスが用意されている。 (2) 説明 高齢者が高齢者の介護をすること。
問題点 介護者自身も高齢のため，肉体的，精神的負担が大きい。
(3) 人間の生活を身体機能や物質的豊かさからだけでなく，自己実現のための文化，交友関係の充実をめざし，精神的な満足感を得るように生活の質の向上を図るという考え方。
〈解説〉(1) 急速に高齢化と少子化が進むなかで，介護は家族だけでは支えきれない現状にある。そこで，深刻化する介護問題を社会全体で支えようとするしくみが介護保険制度である。 (2) 老老介護あるいは老老看護とは，家庭の事情などにより高齢者が高齢者の介護をせざるをえない状況のことで，日本のような高齢化社会を形成している国家ではよくみられるケースである。高齢の夫婦や親子において妻が夫の介護を，息子が母の介護というケースなど様々なケースがあり，家族が共倒れする危険性や介護疲れによる心中事件もあることから大きな社会問題となっている。 (3) QOLとはquality of lifeの略で，「生命の質」とか「生活の質」と訳される。高齢者のQOLとは，自立した生活ができ，明日への希望を持って生きがいを実感できる人生のことである。

【7】(1) ① 単純　② 複合　③ グロブリン　④ グルテリン
⑤ プロラミン　⑥ リポたんぱく質　(2) 人の身体に欠かせな
い栄養で，たんぱく質を構成し，アミノ酸のうち体内でつくることが
できないもの。　(3) 人にとって理想的なアミノ酸組成を100として，
それぞれの食品に含まれるアミノ酸の組成を比較したとき，最も不足
しているアミノ酸の割合をいう。　(4) たんぱく質の補足効果
(5) アミノカルボニル反応
〈解説〉たんぱく質は，単純たんぱく質(アミノ酸だけでできている)，複
合たんぱく質と誘導たんぱく質に大きく分類される。
● 単純たんぱく質
　アルブミン：血清アルブミン，卵アルブミン，乳アルブミンなど
　グロブリン：血清グロブリン，卵グロブリン，ミオシン(筋肉グロ
　　　　　　　ブリン)など
　グルテリン：小麦のグルテリン，米のオリゼニンなど
　プロラミン：とうもろこしのツェイン，小麦のグリアジンなど
　硬たんぱく質：つめや毛のケラチン，骨の結合組織の コラーゲン，
　　　　　　　エラスチンなど
● 複合たんぱく質＝単純たんぱく質と他の物質が結合したもの。
　糖たんぱく質：粘質多糖類とたんぱく質が結合した物質で，粘膜や
　　　　　　　分泌液，卵白などに含まれる
　リポたんぱく質：脂質，たんぱく質が結合した物質で，血清中の高
　　　　　　　比重リポたんぱく(HDL)，卵黄のリポビテリンな
　　　　　　　ど。
　リンたんぱく質：リン酸とたんぱく質が結合した物質で，乳汁のカ
　　　　　　　ゼイン，卵黄のビテリンなど。
　色素たんぱく質：色素を含むたんぱく質で，色素成分中に金属を含
　　　　　　　む物は，金属たんぱく質とも呼ばれる。
(2) 必須アミノ酸とは，動物の成長や生命維持に必要であるが，体内
で合成されないため，食物から摂取しなければならないアミノ酸であ
る。　(3) アミノ酸価とは，人間にとって理想の必須アミノ酸の総量

に対して，最も不足している必須アミノ酸の割合を，食品タンパク質の栄養価に基づき，化学的に示す方法である。　(4)　穀類に良質たんぱく質とされている動物性たんぱく質や大豆，大豆製品と組み合わせることにより，栄養価(アミノ酸スコア)を改善できる。これをたんぱく質の補足効果という。　(5)　アミノカルボニル反応とは，たんぱく質やペプチドなどのアミノ化合物と還元糖や脂質の分解生成物などのカルボニル化合物との反応である。

【8】(1)　カゼイン　　(2)　ビタミンB_2　　(3)　ア　牛乳がレバー特有のにおいを消すはたらきをする。　イ　牛乳が卵に含まれるたんぱく質の熱凝固性を高める。　(4)　・カルシウムとリンの割合が1：1で存在しているから。　・牛乳に含まれるたんぱく質が吸収を助ける役割をするから。

〈解説〉(1)　カゼインは，牛乳に含まれる乳タンパク質の約80％を占める。一般に乳固形分と呼ばれる成分の主要成分の一つである。
(2)　ビタミンB_2は，脂質代謝に関係し，糖質の代謝にも関わっている。脂質の量が多くなると，必要量が多くなる。　(3)　ア　牛乳には，他のものの臭いを吸収しやすい性質がある。牛乳のこの性質は，レバーや魚などを牛乳に浸して生臭さを減らす時などに利用される。
イ　プディングは，卵の熱凝固と牛乳に含まれる塩類の働きによって凝固する。　(4)　牛乳に含まれているたんぱく質の一部が，カルシウムの溶解性を高め吸収を助ける。また，乳糖もカルシウムの吸収を助けるため，一般に，他の食品に比べカルシウムの吸収率は高いと言われている。牛乳のカルシウム吸収率は約40％で，小魚は約33％，野菜は約19％程度である。

【9】(1)　978g　　(2)　カロテン　　(3)　葉酸　　(4)　しゅう酸
(5)　熱湯で，ふたをしないでゆで，冷水で急激に冷やす。　(6)　ほうれん草に含まれるβ-カロテンは体内で脂溶性のビタミンAに変わるため，油と一緒に調理した方が体への吸収がよくなるため。

(7)　・ペクチンが未成熟で加熱しても可溶化しない，新じゃがいもを使った。　・熱いうちに粉ふきを行わなかったため，冷めてペクチンが溶けにくくなった。

〈解説〉(1)　110×4÷0.45＝977.77778≒978　　(2)　カロテンは緑黄色野菜に多く含まれており，これが体内に入ると，小腸，肝臓，腎臓などで分解されてビタミンAとなる。　(3)　葉酸は，ビタミンB複合体のひとつである。緑葉野菜・酵母・肝臓などに多く含まれ，欠乏すると貧血を起こす。最初にホウレンソウの葉から抽出されたのでこの名がある。　(4)　鉄分はホウレン草で補うのがよいとされているが，ホウレン草に含まれるしゅう酸が鉄分やカルシウムの吸収を妨げてしまう。ただし，ホウレン草の鉄分は，肉や魚などの動物性食品と一緒に食べれば吸収されやすくなる。　(5)　茹でた後冷水で急激に冷やすことにより，茹でて鮮やかになった色が落ちにくくなる。　(6)　ほうれん草に含まれるカロテンは体内でビタミンAに変わる。ビタミンAは脂溶性のビタミンで，油によく溶けるので，緑黄色野菜は油炒めにしたり，生の場合でもドレッシングをかけるなど，油脂と一緒にとることで体内への吸収がよくなる。　(7)　粉ふき芋を作る際，冷めてからでは粘りがでてしまい，とてもやりにくくなる。茹でたての熱いじゃがいもは，細胞膜がやわらかくなっているため，つぶすことで，割合簡単に離れるが，冷めてくると，細胞をつないでいるペクチンという物質がかたくなって離れにくくなる。それを無理やり離そうとすると細胞膜が破れ，中からのりの状態になったでんぷんが押し出されて粘りがでてくる。また，粉ふきいもにするじゃがいもは細胞の中に十分煮えたでんぷんの粒が多く含まれるほどおいしくできる。新じゃがいもは中に含まれるでんぷんが十分熟成していないためおいしくできない。

【10】(1)　トレーサビリティ　　(2)　英国の消費者運動家ティム・ラング が1994年に提唱し，食料の輸送距離×食料の重さを数値化し，食糧の輸送が環境に与える負荷を示す指標としたもの。

〈解説〉(1) トレーサビリティとは，一般には工業製品や食品，医薬品などの商品・製品や部品，素材などを個別(個体)ないしはロットごとに識別して，調達・加工・生産・流通・販売・廃棄などにまたがって履歴情報を参照できるようにすること，またはそれを実現する制度やシステムをいう。 (2) フード・マイレージとは，英国の消費者運動家ティム・ラングが1994年から提唱している概念(Food Miles)で，生産地から食卓までの距離が短い食料を食べた方が輸送に伴う環境への負荷が少ないであろうという仮説を前提として考え出されたものである。具体的には，輸入相手国からの輸入量と距離(国内輸送を含まず)を乗じたもので，この値が大きいほど地球環境への負荷が大きいという考えである。

2007年度 ┃ 実施問題

【中学校】

【１】糖質について書かれた次の文を読み，下の(1)〜(5)の問いに答えなさい。

　　摂取された①糖質は，②消化酵素の作用を受けて，③ぶどう糖などの(ア)に分解され，小腸から吸収されたのち，肝臓に運ばれる。肝臓に運ばれたぶどう糖は，そのまま血液中に入って④血糖となり，各組織でエネルギー源として利用されるほか，肝臓や筋肉に(イ)として蓄えられる。また，過剰に摂取されて余ったぶどう糖は，(ウ)に変換される。

(1)　文中の(ア)〜(ウ)に当てはまる語句を書け。

(2)　文中の下線部分①糖質について「早寝，早起き，朝ご飯」と言われるように，朝食を摂ることが大切であるが，朝食で糖質を摂る必要性について，簡潔に説明せよ。

(3)　文中の下線部分②消化酵素について，だ液に含まれるでんぷんを消化する酵素の名称を書け。

(4)　文中の下線部分③ぶどう糖について，その代謝に関係し，別名チアミンと呼ばれるビタミンの名称を書け。また，このビタミンの欠乏症状を1つ書け。

(5)　文中の下線部分④血糖について，血糖値が上昇すると分泌が促進されるホルモンの名称を書け。

(☆☆☆◎◎◎)

【２】果実類について，次の(1)〜(4)の問いに答えなさい。

(1)　いちごを加熱し，酸と糖を加えるとゼリー状になるが，いちごに含まれる何という成分によるものか書け。

(2)　切ったままにしておいたバナナの実は褐色に変化するが，何という成分によるものか。また，これを防止するためにどのようにした

230

らよいか書け。

(3) ゼラチンを用いたゼリーに生のパイナップルを混ぜたら固まらなかった。その理由を書け。

(4) 下の①〜⑧の果実類について可食部100gあたりの成分値を比較した時，次の(ア)，(イ)に当てはまるものを選び，その記号を書け。ただし，すべて生の果実類とする。

(ア) 最もビタミンCが多い果実　　(イ) 最もカリウムが多い果実

① いちご　　② さくらんぼ　　③ もも

④ すいか　　⑤ 甘柿　　⑥ りんご

⑦ 温州みかん　　⑧ バナナ

(☆☆☆◎◎◎)

【3】塩分濃度0.8％のすまし汁5人分(1人　150ml)をつくるとき，調味料はそれぞれどれくらい使用するか，次の文の(ア)〜(オ)に当てはまる数字を書きなさい。ただし，しょうゆの食塩含有量は16.3％とする。また，解答は小数点第1位を四捨五入し，整数とする。

塩のみで調味すると，塩の分量は(ア)g，概量では小さじ(イ)杯である。また，しょうゆと塩を半々で調味すると，塩の分量は(ウ)g，しょうゆの分量は(エ)g，しょうゆの概量は大さじ(オ)杯である。

(☆☆☆◎◎◎)

【4】ハンバーグステーキの調理について，次の(1)〜(4)の問いに答えなさい。

(1) 材料に食パンを混ぜることの効果を書け。

(2) 玉ねぎのみじん切りを炒めることの効果を書け。

(3) 成形するときの留意点と，その理由を書け。

(4) 焼くときの火加減の留意点と，その理由を書け。

(☆☆☆◎◎◎)

【5】「中学生の栄養と食事」に関する授業を行うことにした。次の(1),
(2)の問いに答えなさい。

(1)　この授業を行うために有効な資料となる，厚生労働省が定めた
「日本人の食事摂取基準(2005年度版)」では何の摂取量の基準が示さ
れているか，書け。

(2)　偏食が適切でない理由を2つ書け。

(☆☆☆◎◎◎)

【6】高齢化と社会福祉について書かれた次の文を読み，下の(1), (2)の
問いに答えなさい。

　　国際連合は，(ア)歳以上の人口の比率が(イ)％を超えた社会を高齢化
社会と定めた。また，(ウ)％を超えた社会を高齢社会という。高齢者
の社会福祉に関して中心になる法律は，(エ)である。

(1)　文中の(ア)〜(エ)に当てはまる語句や数字を書け。

(2)　高齢者が自立した生活を送れるよう，安全で暮らしやすいバリア
フリー住宅にする場合，どのような工夫をすればよいか，具体的に
3つ書け。

(☆☆☆◎◎◎)

【7】消費生活について，次の(1), (2)の問いに答えなさい。

(1)　ごみを減らす方法として，「5つのR」の実践が重要視されている。
5つのRの名称を書け。

(2)　1988年9月にイギリスのジョン・エルキントンとジュリア・ヘイ
ルズが環境保全の観点から商品を選ぶための情報を提供したり，環
境配慮を考えて買い物をすることを提案したりする本を出版した。
その本から広がった考えに基づいた消費行動ができる消費者を何と
呼ぶか，その名称を書け。また，その考えに基づいた消費行動を具
体的に5つ書け。

(☆☆☆◎◎◎)

【8】住居について，次の(1)～(3)の問いに答えなさい。

(1) 建築の平面図は，JIS A 0150の記号を用いるが，次の(ア)～(ウ)の場合の平面表示記号を書け。

(ア) 片開きとびら (イ) 両開き窓 (ウ) 引違い戸

(2) 下図の建物について，下のa～cの条件の時，次の(ア)，(イ)の割合をそれぞれ求めよ。

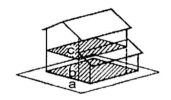

(ア) 建ぺい率 (イ) 容積率

a：敷地面積 150m² b：1階床面積 75m²

c：2階床面積 45m²

(3) 気密性の高い現代の日本の住まいは結露が多くなっているが，その防止対策を1つ書け。

(☆☆☆◎◎◎)

【9】和服について，次の(1)～(3)の問いに答えなさい。

(1) 下の図は，浴衣の並幅の裁ち方である。記号部分の部位を書け。

36～38目	ア	ア	イ	イ	ウ	ウ
					エ	オ

(2) 反物で浴衣を製作する際，縫製前の段階までで生徒が失敗しやすい点を2つあげ，その防止策をそれぞれ書け。

(3) 日常着としての着物には，補強のため臀部に布をあてるが，その布の名称を書け。

(☆☆☆◎◎◎)

【10】衣服の材料と表示について，次の(1)～(3)の問いに答えなさい。

(1)　次の表は各種繊維の性能表である。表をみて，(ア)～(オ)に当てはまる繊維の種類，①～⑥に当てはまる繊維の名称を書け。

性能　　　　繊維の種類・名称			比重	引張強さ (cN/dtex)	乾湿強力比 (%)	伸び率 (%)	水分率 (%)	耐アルカリ性	塩素系漂白の可否
化学繊維	(ア)	レーヨン	1.50～1.52	1.5～2.0	45～55	18～24	12.0～14.0	やや強	可
		①	1.50	1.6～2.4	55～70	10～17	10.5～12.5		可
	(イ)	アセテート	1.32	1.1～1.2	60～64	25～35	6.0～7.0	弱	可
		ナイロン	1.14	4.2～5.7	84～92	28～45	3.5～5.0	強	否
	(ウ)	ポリエステル	1.38	3.8～5.3	100	20～40	0.4～0.5		否
		②	1.14～1.17	3.1～4.9	90～100	12～20	1.2～2.0		可
天然繊維	(エ)	③	1.54	2.6～4.3	102～110	3～7	7	強	可
		④	1.50	4.9～5.6	108	1.5～2.3	7～10		可
	(オ)	⑤	1.32	0.9～1.5	76～96	25～35	16	弱	否
		⑥	1.33	2.6～3.5	70	15～25	9		否

繊維の種類と性能（繊維学会「第3版繊維便覧」2004年より作成）

(2)　次の(ア)～(ウ)の加工法が，衣服材料にもたらす効果を書け。

　(ア)　シルケット加工　　(イ)　パーマネントプレス加工

　(ウ)　かさ高加工

(3)　次の文の(ア)～(カ)に当てはまる語句を下の語群から選び，その記号を書け。

　繊維製品の表示には法規にもとづく法定表示と，自主的な任意表示がある。衣服の法定表示としては，(ア)にもとづく(イ)，(ウ)などがある。その他，(エ)にもとづくサイズ表示，不当景品類及び不当表示防止法による(オ)がある。任意表示としては，関係団体による(カ)や企業の商品についての取り扱い注意表示がある。

語群

　a　工業標準化法　　　　b　国際標準化機構　　c　組成表示

　d　家庭用品質表示法　　e　品質マーク　　　　f　特定商取引法

　g　原産国表示　　　　　h　製造物責任法　　　i　取扱い絵表示

(☆☆☆◎◎◎)

解答・解説

【中学校】

【1】(1) ア 単糖類　イ グリコーゲン　ウ 中性脂肪
(2) 脳細胞は、糖質からのエネルギーしか利用できないため、朝食を摂ることによって血糖値を一定にすることは重要である。　(3) アミラーゼ　(4) 名称：ビタミンB_1　欠乏症状：脚気　(5) インスリン
〈解説〉(1) 糖質(炭水化物)は、単糖類(ブドウ糖、果糖など)、二糖類(ショ糖、乳糖、麦芽糖など)、多糖類(でんぷん、グリコーゲンなど)の3種類に分けられ、1番分子の小さい単糖類に分解されてから体内に吸収される。人間の体の主要なエネルギー源で、速効性があり、特にブドウ糖は脳、神経系、赤血球、筋肉などの唯一のエネルギー源となっている。糖質は、摂り過ぎると体脂肪として貯蔵されるので、肥満の原因になる。また不足分を補うために、肝臓に蓄えられているグリコーゲンをブドウ糖に分解するので、肝臓の解毒作用が低下して、肌荒れなどを起こす場合がある。さらに不足分を補うため、体内のたんぱく質をも分解してブドウ糖を合成するので、病気に対する抵抗力が弱まり、疲れやすくなる。　(2) 糖質を摂らない状態が続くと、ブドウ糖を唯一のエネルギー源としている脳がエネルギー不足になり、機能障害をおこしてしまうことがある。　(3) アミラーゼは、でんぷんなど糖類をブドウ糖に分解する消化酵素で、主に唾液腺や膵臓から分泌される。　(4) 欠乏症には他に、精神の不安定(いらいら)・記憶力の低下がある。　(5) インスリンとは、膵臓のランゲルハンス島B細胞でつくられるホルモンのひとつ。インシュリンともいう。体の各組織への血糖の取り込みを促進し、血糖をへらす。また、グリコーゲンの合成やたんぱく合成、脂質生成をうながし、分解を抑制する作用がある。

【２】(1)　ペクチン　　(2)　成分：ポリフェノール　　防止法：空気に
触れないように食塩水につける。　　(3)　生のパイナップルは，たんぱ
く質分解酵素が含まれており，たんぱく質を主成分とするゼラチンが
分解されるため固まらない。　　(4)　ア　⑤　　イ　⑧

〈解説〉(1)　ペクチンとは，植物内に生成する酸性の多糖類。熟した果
実の中につくられる炭水化物のひとつ。糖や酸と適度な割合で混合す
るとゼラチン状の物質になり，ジャムの粘性増加剤となる。

(2)　ポリフェノールとは，果実や野菜を褐色にかえたり，渋みの原因
となる物質である。　　(3)　ゼラチンは，わずかなたんぱく質分解酵素
の混入でも容易に分解され，粘度が低下したり，ゲル化能を失う。パ
イナップルやパパイヤ，キウイ，メロンなどのたんぱく質分解酵素を
含んだ果物とゼラチンを一緒に用いるときは，加熱して酵素を失活さ
せるか，缶詰や瓶詰などの調理品を使用しなければならない。

(4)　柿には，ビタミンCが大変多く含まれている。果実100gあたり渋
抜き柿で55mg，甘柿で70mg。この量は，温州ミカンの1.6〜2倍にあた
る。バナナは，カリウムを多く含んでおり，脂肪はわずか0.1％の低カ
ロリーでカリウム・マグネシウムはイチゴの2倍含まれている。

【３】ア　6　　イ　1　　ウ　3　　エ　18　　オ　1
〈解説〉ア　150×5×0.008＝6　　イ　塩は小さじ1杯で6gである。
ウ　塩は半分なので3g　　エ　3÷0.163≒18　　オ　しょうゆは大さ
じ1杯で18gである。

【４】(1)　ハンバーグステーキをやわらかくするため。　　(2)　加熱する
ことによって甘み成分が出て旨みが増す。　　(3)　留意点：中央部分を
くぼませる。　　理由：中央部分をくぼませるのは，火がよく通るから。
(4)　留意点：強火〜中火で表面を焼き，ふたをして中火〜弱火にする。
理由：強火で焼くのは，肉のたんぱく質を凝固させ，肉の旨み成分が
溶出するのを防ぐから。また，弱火で焼くのは焦がさないようにしな
がら中までよく火を通すため。

〈解説〉(1) パンの吸水性を利用している。 (2) たまねぎは加熱することによって甘み成分が出る。 (3) 中央は肉の加熱による収縮により盛り上がりやすく，火が通りにくくなるのでくぼませた方がよい。 (4) 肉は，まず強火で肉のたんぱく質を凝固させ，うまみが溶出するのを防ぎ，その後弱火でじっくり中まで火を通す。

【5】(1) 1日にとることが望ましいエネルギー及び各栄養素の摂取量の基準 (2) ・中学生の時期は成長や活動の度合いが大きく，この時期に必要な栄養素が不足すると骨の成長を妨げたり，あとでは発育を取り戻せない。 ・エネルギー不足は，無気力になったり，貧血や免疫力が低下するなど病気になりやすくなる。

〈解説〉(1) 食事摂取基準は，健康な個人または集団を対象として，国民の健康の維持・増進，エネルギー・栄養素欠乏症の予防，生活習慣病の予防，過剰摂取による健康障害の予防を目的とし，エネルギー及び各栄養素の摂取量の基準を示すものである。 (2) 偏食とは，一般的にある特定の食品に対する好き嫌いがはっきりしていて，しかもその程度がひどい場合を言う。偏食がひどく特定の食品しか食べない状態では，成長・発育に必要なビタミンやミネラルなどの栄養素が不足しやすくなり，子どもが好むからといって偏食を容認し，肉料理などに偏っているようでは，わがままを助長するだけでなく，将来の生活習慣病の原因にもなりかねない。さらに，偏食は意欲や好奇心など心の発達や性格形成などの阻害要因になるといわれている。

【6】(1) ア 65 イ 7 ウ 14 エ 老人福祉法 (2) ・転倒しないように手すりを階段につける。 ・つまずかないように床の段差をなくし，床面全体を平らにする。 ・車椅子が通れるように，広い引き戸にし，楽に開閉できるようにする。

〈解説〉(1) 人口の高齢化をしめす指標の主要なものには，老齢人口比率(総人口に占める65歳以上人口の比率)と老年人口指数(15〜64歳の生産年齢人口に対する65歳以上人口の指数)とがある。一般的には前者の

老齢人口比率がもちいられる。国連では，老齢人口比率が7％をこえ
る社会を高齢化社会と呼び，それが14％をこえると高齢社会と呼び分
けている。老人福祉法とは，1963年に制定された老人福祉の基本的な
法律である。老人福祉法の目的は，老人が健康で安定した生活をおく
ることができるようにすることである。　(2)　他に，・車椅子が通れ
るように通路(廊下)の幅を広げる　・ベッドから水回りへの移動を容
易にできるようにする　等

【7】(1)　リフューズ　　リデュース　　リペア　　リユース　　リサ
イクル　　(2)　名称：グリーン・コンシューマー　　具体的な消費行
動：・必要なものを必要な量だけ買う。　・使い捨て商品ではなく，
長く使えるものを選ぶ。　・包装はないものを最優先し，次に最小限
のもの，容器は再使用できるものを選ぶ。　・作るとき，使うとき，
捨てるとき，資源とエネルギー消費の少ないものを選ぶ。　・化学物
質による環境汚染と健康への影響の少ないものを選ぶ。

〈解説〉(1) 5Rとは，以下の5つの英語の頭文字を取ったものである。
①リデュース：ゴミを出さない(ゴミを減らす)。　②リユース：ゴミ
になりそうなものでも，修理して再利用する。　③リファイン：出す
ゴミは，リサイクルしやすいように分別する。　④リサイクル：ゴミ
は回収して，違う製品の原料として利用する。　⑤リコンバート・ト
ゥ・エナジー：以上の4つでも利用できないゴミは，燃やす時の熱を
利用する。(この中で，もっとも基本的な，①リデュース，②リユース，
④リサイクル，を3Rという。)　　(2)　グリーンコンシューマリズムの
定義10：①必要なものだけ買う　②ごみになるものは買わない，容器
は再使用できるものを選ぶ　③使い捨て商品は避け，長く使えるもの
を選ぶ　④使う段階で環境負荷が少ないものを選ぶ　⑤つくるときに
環境を汚さず，つくる人の健康をそこなわないものを選ぶ　⑥自分や
家族の健康や安全をそこなわないものを選ぶ　⑦使ったあと，リサイ
クルできるものを選ぶ　⑧再生品を選ぶ　⑨生産・流通・使用・廃棄
の各段階で資源やエネルギーを浪費しないものを選ぶ　⑩環境対策に

　　積極的な店やメーカーを選ぶ

【8】(1)

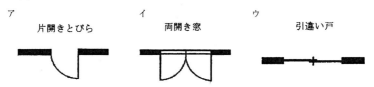

　　(2)　ア　50%　　イ　80%　　(3)　窓を開け，換気する。

〈解説〉(1)　平面表示記号は頻出になりつつあるので頭に入れておくこ
　　　と。　　(2)　(ア)　75÷150＝0.5　　(イ)　(75＋45)÷150＝0.8
　　　(3)　他に，窓ガラスをペアガラスや真空ガラスに変える　等

【9】(1)　ア　そで　　イ　身ごろ　　ウ　おくみ　　エ　かけえり
　　オ　えり

　　(2)

失敗しやすい点	防止策
・裁断を間違える。	・紙模型で裁断計画を立てさせ，点検後に裁断させる。
・へらのしるしつけができあがり内側にでる。	・各部分のへらのしるしつけの種類を掲示物やプリントで提示する。

　　(3)　いしき当て

〈解説〉(1)　浴衣の裁断図は頻出なので頭に入れておくこと。　　(2)　裁
　　　断が難しいので助言が必要である。また，しるしつけも間違えやすい
　　　ので事前にしっかり説明することが必要である。　　(3)　いしき当てと
　　　は，単のきものの臀部の位置に，補強のために裏から縫いつけておく
　　　当て布のこと。「いしき」とは臀部の古語。尻当てともいう。

【10】(1)　ア　再生繊維　　イ　半合成繊維　　ウ　合成繊維
　　エ　植物繊維　　オ　動物繊維　　①　キュプラ　　②　アクリル
　　③　綿　　④　麻　　⑤　毛　　⑥　絹　　(2)　ア　光沢や感触がよ
　　くなる。　　イ　形態安定性に優れ，型くずれの防止となる。　　ウ　糸

に縮れやループを作ることにより，伸縮性に優れ，かさが増し，布の風合いが変わる。　(3)　ア　d　イ　c　ウ　i　エ　a　オ　g　カ　e

〈解説〉(1)　ア　再生繊維とは，化学繊維の一種。紙や木綿などの天然の繊維に化学作用をくわえて溶解，紡糸(ぼうし)してつくった繊維。繊維の化学構造は原料とかわらない高分子で構成されている。ビスコースレーヨン(レーヨン)，キュプラ，ベンベルグなど。　イ　半合成繊維とは，木材パルプやたんぱく質などを化学的に合成して作る化学繊維のこと。アセテートやトリアセテートなど。　ウ　合成繊維とは，主に石油を化学的に合成して作る化学繊維のこと。ナイロンやポリエステル，ポリエチレン，アクリルなど。　エ　植物繊維とは，植物を材料とした繊維のこと。綿，麻など。　オ　動物繊維とは，動物の毛などを材料とした繊維のこと。ウール(羊毛)やモヘア，カシミアなどやシルク(絹)など　(2)　ア　シルケット加工とは，濃い苛性ソーダを使用し，生地(糸)を引っ張りながら乾燥させることによって，シルクのような美しい光沢や艶，独特の風合い，強度，寸法安定性，吸湿性，染色性を得るための加工のこと　イ　パーマネントプレス加工とは綿やレーヨンなどの縮みやしわを防ぐために行う樹脂加工法の一種。PP加工ともいう。　ウ　かさ高とは一定の基準で重さをかけたときの厚み(高さ)をcmで表したもの。　(3)　家庭用品品質表示法とは，経済産業省が定めている法律。品質の識別が難しい家庭用品について，だれでも理解できる，見やすい品質表示のルールを決めて，品質表示を適正でわかりやすくすることにより，消費者が製品の品質を正しく認識し買い物のときに不利益を被らないよう，消費者利益の保護を目的に昭和37年に制定された。工業標準化法とは，1949年に鉱工業の品質改善や生産の合理化の目的で制定された法律のこと。製品の種類，材料，形状，品質，寸法などを標準化する。

2006年度　実施問題

【中学校】

【1】大豆の加工について，次の(1)～(3)の問いに答えなさい。

(1) 生大豆に比べ，加熱した大豆は栄養面でどのような利点があるか，書け。

(2) 次のa)～d)の大豆の加工食品について，下のア，イの問いに答えよ。

　　a)　高野豆腐　　b)　ゆば　　c)　納豆　　d)　きな粉

　　ア　a)～d)は，それぞれ大豆をどのように加工したものか，簡潔に書け。

　　イ　下の表は，a)～d)の食品100g中に含まれる栄養素の量を示したものである。A～Dの中から，a)～d)の食品を示すものをそれぞれ1つ選び，その符号を書け。

	エネルギー (kcal)	たんぱく質(g)	脂　質 (g)	炭水化物(g)	鉄分(mg)	カルシウム (mg)	ビタミンB₂ (mg)
A	200	16.5	10.0	12.1	3.3	90	0.56
B	511	53.2	28.0	8.9	8.1	200	0.08
C	529	49.4	33.2	5.7	6.8	660	0.01
D	437	35.5	23.4	31.0	9.2	250	0.26

(五訂日本食品標準成分表より抜粋)

(3) 豆腐の凝固剤として使われるにがりの主成分は何か，書け。

(☆☆☆◎◎◎)

【2】次の(1)，(2)の問いに答えなさい。

(1) 消費期限と賞味期限の違いを，それぞれが表示されている食品の例をあげて書け。

(2) 「中食」とは何か，書け。

(☆☆☆◎◎◎)

【3】　脂質について，次の(1)～(3)の問いに答えなさい。

(1) 脂質について述べた次の文の(ア)～(セ)にあてはまる語句または

数字を下のa)～v)からそれぞれ1つ選び，その符号を書け。

　脂質の中でエネルギー源となるのは中性脂肪である。摂取された中性脂肪は消化酵素リパーゼによって脂肪酸と(ア)に分解され，(イ)から吸収される。その後，再び中性脂肪となって(ウ)や脂肪組織に貯蔵されるが，必要に応じて脂肪酸と(エ)に分解され，脂肪酸はさらに分解されて(オ)サイクルに入りエネルギーを発生し，二酸化炭素と(カ)に分解される。

　中性脂肪やリン脂質を構成する脂肪酸のうち，分子構造の中の炭素骨格に二重結合をもたないものを(キ)といい，一般に常温では(ク)である。これに対し，二重結合を1つ以上もつ脂肪酸を(ケ)といい，そのうち二重結合を複数もつものを(コ)という。(コ)には，動脈硬化や血栓症予防に役立つ(サ)や，脳組織の老化防止に役立つ(シ)などがあり，魚に多く含まれる。

　生活習慣病を予防する観点から望ましいとされる「植物性食品と魚」と「肉類」の摂取比率は，おおむね(ス)である。また，(キ)と(ケ)と(コ)の摂取比率はおおむね(セ)程度となるようにするのが望ましい。

- a) 不飽和脂肪酸
- b) グリセリン
- c) DHA
- d) EPA
- e) TCA
- f) 固体
- g) 胃
- h) 飽和脂肪酸
- i) クエン酸
- j) ブドウ糖
- k) 液体
- l) 小腸
- m) 肝臓
- n) 水
- o) 多価不飽和脂肪酸
- p) モノグリセリド
- q) 1：1
- r) 3：2
- s) 1：3
- t) 1：1：2
- u) 4：2：1
- v) 3：4：3

(2)　中性脂肪の構造を，下のショ糖の構造の例にならって簡単な図で示せ。

　　　(ブドウ糖)──(果糖)

【ショ糖の構造】

(3)　必須脂肪酸とは何か，書け。また，必須脂肪酸を3つあげよ。

(☆☆☆◎◎◎)

【4】次の表は，寒天，ゼラチン，カラギーナンについて，成分等を比較
した表である。この表中の(1)〜(6)に当てはまる語句または数字を下の
ア〜シの中からそれぞれ1つ選び，その符号を書きなさい。ただし，
同じものを繰り返し用いてもよいこととする。

	寒　天	ゼ　ラ　チ　ン	カラギーナン
成　　分	（1）	（2）	（3）
使用濃度	0.8〜2％	（4）	1〜2％
加熱温度	100℃	40〜50℃	（5）
凝固温度	28〜35℃	（6）	37〜45℃

ア　でんぷん	イ　ガラクタン	ウ　コラーゲン
エ　マルトース	オ　8〜10℃	カ　20〜25℃
キ　40℃	ク　60℃	ケ　80℃
コ　0.2〜0.5％	サ　2〜4％	シ　9〜11％

(☆☆☆◎◎◎)

【5】日常着として着用する夏物ハーフパンツの製作について，次の(1)〜
(5)の問いに答えなさい。

(1)　股上たけの採寸方法を簡潔に述べよ。

(2)　次の表は，生徒A，Bの採寸結果及び型紙①〜④の寸法を示した
ものである。この表を見て，下のア，イの問いに答えよ。

単位：cm

採寸箇所	生徒の寸法		型紙の寸法			
	A	B	①	②	③	④
胴　　囲	62	76	63	66	69	72
腰　　囲	86	100	84	88	92	96
股上たけ	26	28	22	24	26	28
パンツたけ	42	42	36	38	40	42

ア　生徒Aの体型に最も適した型紙を1つ選択させるには，①〜④の
型紙のうち，どの型紙を選択するように指導するか。その符号を
1つ書き，それを選択するように指導する理由を書け。また，そ
の場合の用布の見積り式と必要量を書け。ただし，布幅は110cm
とする。

243

　　イ　生徒Bが④の型紙を選択して製作する場合の補正の仕方を図示
　　　し，説明せよ。
　(3)　製作に適する布の種類を次のa)〜d)から2つ選び，その符号を書け。
　　a)　ツイード　　b)　シーチング　　c)　ソフトデニム
　　d)　コーデュロイ
　(4)　股下の縫い代を折り伏せ縫いで始末する際の本縫い後の作業手順
　　を書け。
　(5)　股上を縫う前に，カーブの部分をアイロンで伸ばすのはなぜか，
　　理由を書け。

　　　　　　　　　　　　　　　　　　　　　　　　(☆☆☆◎◎◎)

【6】繊維の性能と加工について，次の(1)〜(3)の問いに答えなさい。
　(1)　日常着の被服材料に求められる性能を2つ書け。
　(2)　繊維製品に新たな機能を加えるために行われる加工について，次
　　のア，イの問いに答えよ。
　　ア　菌の増殖を抑制し，においの発生を防ぐ目的で，靴下，肌着な
　　　どに主に利用される加工を何というか，書け。
　　イ　ウォッシュアンドウエア加工とは，布にどのような性能を与え
　　　る加工か，書け。
　(3)　「新合繊」とはどのような繊維か，「天然繊維」「合成繊維」とい
　　う言葉を用いて説明せよ。

　　　　　　　　　　　　　　　　　　　　　　　　(☆☆☆◎◎◎)

【7】住居について，次の(1)〜(4)の問いに答えなさい。
　(1)　建物に関する基本的な事項は，1950年に制定された法律に定めら
　　れている。この法律の名称を書け。
　(2)　敷地面積に対する建物の延べ床面積の割合を何というか，書け。
　(3)　次の図は，木造建築を補強する構造を示している。ア，イの名称
　　をそれぞれ書け。

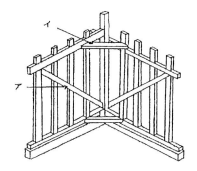

(4) 木造在来工法の住宅について、地震の被害を最小限にするための対策として考えられる工夫を、次のa)、b)の観点からそれぞれ3つずつ書け。

a) 構造上の工夫　　b) 住まい方の工夫

(☆☆☆◎◎◎)

【8】新生児・乳幼児の発達について、次の(1)～(4)の問いに答えなさい。

(1) 新生児の体重が、生後3～5日頃に出生時より3～10%減少することについて、次のア、イの問いに答えよ。

ア　この現象を何というか、書け。

イ　このような現象が起こる理由を述べよ。

(2) 新生児の呼吸について、成人との違いを2つ書け。

(3) 新生児の頭蓋骨について、成人との違いを書け。また、そのことによる新生児を扱う際の注意点を書け。

(4) 乳幼児の身体の発達の指標として用いられる次の数値を何というか、書け。

$$\frac{体重(g)}{身長(cm)^2} \times 10$$

(☆☆☆◎◎◎)

【9】消費者教育について，次の(1)～(3)の問いに答えなさい。

(1) 1962年にアメリカ合衆国のケネディ大統領が提唱した「消費者の4つの権利」に，1975年にフォード大統領が1つを追加した「消費者の5つの権利」は，今日の消費者の権利の土台となっている。この「消費者の5つの権利」をすべて書け。

(2) 1968年に制定された我が国の消費者政策・行政の指針を規定する法律が，2004年に改正された。改正された新法の名称を書け。

(3) (2)の新法の改正のねらいを，旧法と比較して書け。

(☆☆☆◎◎◎)

【10】調理実習は，安全と衛生に留意して実施することが大切である。安全で衛生的な調理実習を行うために，具体的に生徒に指導すべき身支度のポイントを，その理由も含めて3つ書け。

(☆☆☆◎◎◎)

解答・解説

【中学校】

【1】(1) 生大豆には消化酵素の働きを阻害する物質が含まれるが，加熱により効力を失うため，消化吸収率が高くなる。

(2) ア　a) 大豆のたんぱく質を水で抽出し，凝固剤で温めて作った豆腐を，凍結乾燥させたもの　b) 大豆のたんぱく質を水で抽出し，不溶性のおからを取り除いた豆乳を加熱し，表面にできるたんぱく質の皮膜を集めたもの　c) 蒸した大豆に納豆菌を植え付け，発酵させたもの　d) 大豆を煎って粉砕したもの　イ　a) C　b) B c) A　d) D　(3) 塩化マグネシウム

〈解説〉(1) 大豆の難点は，"消化しにくい"という点。生の大豆の中に，消化酵素の働きを阻害する物質が含まれているからである。でも，加

熱をすることにより，その物質はなくなっていくので，しっかり加熱することが，栄養を吸収するポイントである。

(2) ＜大豆の加工品＞

＊豆腐：大豆を水に充分ひたして，うすでひく。その時でる豆汁が「豆乳」，豆乳に「にがり」を加えて，固めたものが「豆腐」，穴の空いた箱型に木綿布を敷いて流し込み，重石をして余分な水分を抜いて固めたものが木綿豆腐。豆腐の断面が不均一で外観も粗い感じ。濃い豆乳を穴のない箱にいれ，水分を取り除かずに固めたものが絹ごし豆腐。キメ細かく，のど越しがよい。

・豆腐の二次加工品として：

　　厚揚げ…「生揚げ」ともいう。木綿豆腐を厚めに切り，水気を切って油で揚げたもの。

　　油揚げ…薄く切った豆腐を水切りしてあげたもの。大きさは地方によりさまざま。

　　がんもどき…木綿豆腐の水気を絞り，すり鉢ですって山芋などのつなぎを加え，刻み野菜と混ぜて揚げたもの。

　　高野豆腐…凍り豆腐，しみ豆腐ともいう。豆腐を一度凍らせ乾燥させたもの。スポンジ状の歯ごたえ。

　　ゆば…豆乳を加熱して表面にできた，タンパク質の薄い膜を引き上げたもの。「生ゆば」と「干しゆば」がある。

　　おから…「うの花」ともいう。豆腐を作る工程ででる豆乳を絞った後の大豆のかす。豆腐を作る過程での副産物。

＊納豆：大豆を煮て(または蒸す)柔らかくし，わらに詰め，40度の温度で一昼夜発酵させる。これが基本的な納豆の作り方だが，納豆菌を培養し，納豆菌をふりかけて作る方法が主流。最近では，わらではなく発泡容器に入った納豆の方が多い。また，粒も小さな粒が人気。ひきわり納豆や黒豆納豆もある。そして「におわない」納豆も市販されるようになった。納豆で名高いのは「茨城の水戸納豆」。関西での消費量は少ない。

＊味噌：大豆を麹(こうじ)で発酵させたもの。麹の種類により「米み

そ」「麦みそ」「豆みそ」がある。塩分の濃度によって分類すると「甘みそ」「辛みそ」に分類される。色では，「赤みそ」「白みそ」に分類。

・米みそ

　西京みそ…白みそで甘口。京都を中心に関西以西。香りがよい。

　江戸みそ…赤みそで甘口。東京周辺が主産地。甘い香りがする。

　信州みそ…淡色で辛口。主に信州で作られる。みその消費量の3割を占める。さっぱりした味。

　仙台みそ…赤みそで辛口。他に，津軽みそ，秋田みそ，越後みそ，加賀みそなどもある。香りが高い。

・豆みそ

　　赤みそで辛口。愛知，岐阜，三重が主産地。八丁みそ，三河みそ，三州みそ，名古屋みそなどがある。愛知県岡崎市は八丁みその産地で名高い。うまみがある。

・麦みそ

　　甘みそは九州が主産地。辛みそは，埼玉や栃木で多く生産。昔から農家で自家用に作ることが多かったので「田舎みそ」とも呼ばれる。塩辛さが強い。

＊醤油：大豆と小麦を原料とする液体調味料。「紫」ともよばれ日本人の食生活とは切っても切れない調味料。

　濃口しょうゆ…江戸中期頃，たまりしょうゆから発展したもの。生産の大部分を占める。香りが濃厚。

　薄口しょうゆ…京料理によく用いられる。仕上げの時に甘酒を加え，甘みをつける。塩分が濃口より少し高い。

　たまりしょうゆ…しょうゆの原形。中部地方で多く用いられ，原料は大豆のみ。独特の香りと甘い味がする。

　再仕込みしょうゆ…二度しょうゆ醸造をすることからこの名前がついた。味は濃厚。

　白しょうゆ…原料が大豆より小麦の方が多い。色は黄金色。名古屋特有の調味料。

(3)　にがりの主成分は塩化マグネシウムであり，塩化カリウム，塩化カルシウムなど百以上の無機塩類＝ミネラルを含んでいる。

【2】(1)　消費期限は，弁当や生めんのように，品質が落ちるのが早い食品に表示されており，その期限を過ぎると腹痛や食中毒を起こす危険性がある。賞味期限は，缶詰やインスタントラーメンのように，品質が落ちるのが比較的遅い食品に表示されており，その期限を過ぎてもすぐに食べられなくなることはない。　(2)　持ち帰り弁当や惣菜など，すぐに食べられる状態に調理された物を家などに持ち帰って食べることを中食という。

〈解説〉(1)　食品には，種類によって「賞味期限」と書いてあったり，「消費期限」と書いてあったりする。この2つの言葉は，音は似ているが，意味は全く違う。 まず，「賞味期限」は「おいしく食べられる期間」のことを指す。その食品を提供するメーカーがおすすめする，もしくはその食品の味わいが楽しめる期間のことである。保存状態が良好であれば，賞味期限を過ぎたりしていても食べることができる。(どれだけ過ぎても大丈夫か，ということはそれぞれの食品と，保存状態による。) それに対して「消費期限」は「安全に食べられる期間」のことを指す。「この期間の間に食べないと，安全性に問題を生じる可能性がある」というのが「消費期限」なのである。「消費期限」の過ぎた食品を食べることは，控えた方が賢明と言える。「賞味期限」は比較的いたむスピードが遅い食品(例：クッキーやレトルト食品)に表示されることが多く，「消費期限」はいたむスピードの速い食品(例：牛乳やお豆腐など)に表示されることが多いようだ。　(2)　レストランなどで外で食事をすることが「外食」，家で調理し飲食することを「内食」といい，「調理済みの食品をなどを店外に持ち出して食べる」という形態を，「中食(なかしょく)」という。

【3】(1)　ア　p)　イ　l)　ウ　m)　エ　b)　オ　e)　カ　n)
キ　h)　ク　f)　ケ　a)　コ　o)　サ　d)　シ　c)　ス　q)
セ　v)

(2)
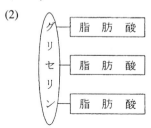

(3)　説明：人体にとって必要な不飽和脂肪酸の中で，人体内で合成さ
れないため，必ず食物から摂取しなければならない脂肪酸を必須脂肪
酸という。　種類：リノール酸　α―リノレン酸　アラキドン酸　な
ど(順不同)

〈解説〉(1)　脂質は私たちの健康にとって欠かせない栄養素であり，三
大栄養素(タンパク質・脂質・糖質)の一つとして知られている。脂質
については一般的にカロリー源としてのイメージが強く，あまり積極
的には理解されていなかった。しかしDHAなどの普及により，大切な
栄養素として知られるようになった。脂質は体内で脂肪酸に分解，吸
収されてエネルギーの元となるほか，細胞膜を構成するなど重要な役
割を果たしている。脂肪酸には肉類などに多く含まれる飽和脂肪酸と，
魚類やウミヘビなどの脂肪に含まれる不飽和脂肪酸がある。その中で
もDHA・DPA・EPA・α―リノレン酸などの多価不飽和脂肪酸は，私
たちの体内では作られにくい栄養素で，食物から摂取しなければなら
ない。　(3)　必須脂肪酸は油の中に含まれている栄養素で，文字通り，
私たちが生きていく上では無くてはならない「必須」の栄養素である。
必須脂肪酸には「オメガ―6」と呼ばれている形の脂肪酸と，「オメ
ガ―3」と呼ばれる脂肪酸がある。なぜ「必須」なのかというと，こ
れらは私たちの体の細胞膜やホルモンをつくる原料であり，そのため
体のほとんど全ての機能に関係していて，体にとっては不可欠なもの
だからである。この2種類の脂肪酸は体内では作れず，食物から摂る

しかない。体の機能をいろいろな場所でコントロールしているプロスタグランディンというホルモン様物質は，「オメガー3」や「オメガー6」が原料で，人間の体内で作られている。現代の食生活の中では，オメガー6の脂肪酸は十分(過剰)に摂っているが，オメガー3の脂肪酸は不足しがちである。必須脂肪酸の不足で起こる症状は，昔から，皮膚症状，頭痛，疲れやすさ，体力不足，頭の働きの変調，すぐに炎症や出血が起き関節がむくむこと，不妊，流産，腎臓のトラブルなどが知られている。

※　砂糖，カフェイン，精製でんぷん質，アルコールの摂取量の増加，また食物，水，空気中の残留農薬や環境汚染物質などは，いずれも必須脂肪酸やプロスタグランディンを体内で食い荒らすものであり，またアルコールとカフェインは体内で必須脂肪酸がプロスタグランディンに変わるのを妨げる。

※　食物を摂りすぎて運動量が少ないときは，余ったカロリーを体に貯える。このとき糖類として貯えられる量には限界があり，余分な糖類やタンパク質は全て脂肪として貯えられる。余分なカロリーを脂肪として蓄積する機構にはどれくらい蓄積したら充分であるという限界がない。意識して食物の量を制限したり運動量を増やさない限り，脂肪の蓄積はほとんど無制限である。これが飽食の時代にさまざまな問題をひき起こしている。

※　オメガー6の必須脂肪酸のリノール酸からはガンマ・リノレン酸やアラキドン酸が作られる。オメガー3の脂肪酸のアルファ・リノレン酸からはEPAやDHAが作られる。また，オメガー3の脂肪酸からはオメガー6の脂肪酸を作ることができず，逆にオメガー6の脂肪酸からオメガー3の脂肪酸が作られることもない。従って，オメガー3と6の脂肪酸は別々に両方ともバランスよく摂らなければならない。

【4】(1)　イ　　　(2)　ウ　　　(3)　イ　　　(9)　サ　　　(5)　ケ　　　(6)　オ

〈解説〉凝固剤というのは　寒天や，ゼラチンなどのことである。海草な
どから作る「寒天」や「カラギーナン」，動物の骨や皮などから抽出
した「ゼラチン」，果物などから抽出した「ペクチン」などが有名で
ある。寒天の命名は，隠元禅師(いんげんぜんじ)というお坊さんがつ
けたと言われる。現在売られている　寒天は「天然寒天」「工業(機械)
寒天」といった種類が出回っている。「天然寒天」は自然の気象条件
で凍結乾燥した物で，「工業寒天」「機械寒天」といわれるものは冷凍
機や　乾燥機を利用して作られている。材料はテングサ，オゴノリ，
エゴノリ，イギスなど。カラギーナンの材料はツノマタ，スギノリと
いった海草で寒天に比べると粘性が強く，製品によっては凝固する。
温度を変化させることができ，カラギーナンで作った物は冷凍が可能
ということもあって，寒天に比べ利用度が高いのが特徴だ。ゼラチン
は動物の皮などからとったたんぱく質を集めた物で，固まる強さは寒
天と比べると弱いのだが，凝固開始温度20度，融解温度が25度と，口
の中の温度で溶けるため，洋菓子ではこれがよく使われている。ペク
チンは炭水化物でできている。リンゴやミカンなどから抽出し，水に
溶けやすいように粉末にした物が，ペクチンだ。このペクチンは，あ
る一定の砂糖と酸の比率になったときだけ結合して固まるため，あま
り使用頻度は高くなく，ジャムなどで使う場合がある。

【5】(1)　椅子に腰をかけ，ウエストラインから椅子の座面までを垂直
に計る。　　(2)　ア　型紙　　②　[理由]　最も大きい箇所を基準に選
ぶため，腰囲寸法(86cm)が入る②の型紙を選択する。
[見積もり式]　(パンツだけ42cm＋縫い代10〜15cm)×2
[必要量]　104〜114cm

イ　下図　　[説明]　前パンツと後ろパンツの中央で1cmずつ切り開く。

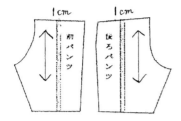

(3)　b)　c)　　(4)　前パンツ側の縫い代を切り落として後ろパンツ側の縫い代でくるみ，前パンツ側に折り伏せてしつけ縫いをし，折った端から0.2cm程度のところをミシン縫いする。　　(5)　カーブの部分はバイヤスの布目であるため伸びやすく，伸ばさずに縫製すると，後で縫い糸がつれたり切れたりすることがあるため，縫製前にアイロンで伸ばし，縫製後に布が伸びるのを防ぐ。

〈解説〉(1)　股上の採寸方法：総丈(ベルト部分上〜裾下部)−股下でもよい。　　(2)　ア　型紙の選択は最も大きい箇所を基準に選ぶ。見積もり式　(パンツ丈＋縫い代)×2　　イ　外側で補正できないことを頭に入れておくとよい。　　(3)　ツイード：ツイードとは，元々スコットランド南部産の手織りの粗い目の織物をさしていた。

シーチング：ブロードと同じ平織りだが，ブロードより光沢はなく，少し厚め。細布とも言い，巾肉のスケアータイプをさす。

ソフトデニム：たてにインディゴ(天然染料，あい)で染めた10〜19番手の糸を使い，よこに12〜16番手の晒糸を使った3/1または2/1の厚手の綾織物である。たて糸をインディゴで染める場合，中白(なかじろ)といって染料を中まで浸透させず，表面だけ染めるようにする。用途はジーンズ，オーバーオールなどが主である。綾織物を任意の色に後染めした薄手のカラーデニムというものもある。

コーデュロイ：表面の特殊な加工によって畝をもたせた，光沢のある木綿生地。

(4)　ハーフパンツの製作については頻出なので，工程等把握しておく

こと。　(5)　縮んだ状態で行うと伸ばした際破れたりしてしまうことを確認させることも重要である。

【6】(1)　洗濯に強く，乾きやすい　吸湿性がよい　など(順不同)
(2)　ア　抗菌防臭加工　　イ　洗ってもしわになりにくく，乾きやすい
(3)　[説明]　合成繊維のもつ特徴を生かしながら，天然繊維のような風合いをもたせるために，繊維の形や太さを変化させるなどの加工を施した新しい合成繊維。

〈解説〉(1)　他に通気性がよい，保温性がよいなど，季節的なものも含まれる。　(2)　ア　抗菌防臭加工とは，人体から発生する皮膚細胞粕(垢)や汗，油，などを栄養源に黄色葡萄球菌が増殖する時に「嫌な臭い」が発生する。この黄色葡萄球菌の増殖を制御することで「嫌な臭い」を減らす。この加工は，接種菌数よりも増殖するが未加工より増殖を制御する。抗菌と言うと何にでも効くような感じがするが大きな間違いで，防臭効果だけの加工である。　イ　アイロンがけが不要で洗濯後にすぐに着られるという「ウオッシュアンドウエア加工」(W&W加工)　(3)　合成繊維の分野でも最も注目されているのが"新合繊"といわれる多機能繊維だ。新合繊とは，天然繊維や従来の合繊に比べ通気性がよく，気密性・強度・風合いなどにおいて高い機能をもった繊維をさす。

【7】(1)　建築基準法　(2)　容積率　(3)　ア　筋かい　　イ　火打ち(ばり)　(4)　a)　・1階より2階の面積を狭くする。　・基礎と土台を金具で固定する。　・通し柱を設ける。　など　b)　・開き戸に止め具をつける。　・ガラスに飛散防止フィルムを張る。　・照明器具は固定する。

〈解説〉(1)　建築基準法とは，国民の生命，健康および財産の保護のために，建築物の建築を制限する最低限の基準を定めている法律である。
(2)　容積率とは，敷地面積に対する建物の延べ床面積の割合をいう。(一つの建物に人が集中するのを防ぐため。)　(3)　筋かいとは，柱と

柱の間に斜めに渡す補強材のこと。火打ちとは床組や小屋組の隅角部の水平方向の補強をいう。火打ちをすることで三角形の原理により揺れなどの振動に対して格段に強度が増す。　(4)　軽くて，強い木材でできている木造住宅は，決して地震に弱いということはない。最近の建築基準に基づいて建てられた住宅は阪神大震災でも大きな被害は受けていない。地震に強い建物にするためには，良質な木材を柱，梁，土台に使用し，筋かいなどを入れた耐力壁を適切に配置した耐震構造にすることが重要である。

【8】(1)　ア　生理的体重減少　　イ　哺乳量が少ない上に，尿，便，汗などの水分が出るため。　(2)　①大人は通常，胸式呼吸であるが，新生児は胸式呼吸ができず，腹式呼吸である。②新生児の呼吸回数は通常1分間に約40〜50回と，大人の約2倍である。　(3)　新生児は，成人と違い，頭蓋骨の間に隙間(泉門)がある。小泉門は生後まもなく閉じるが，大泉門が閉じるのは1歳半頃であるため，乳児の頭を押したり，強い力を加えないようにする。　(4)　カウプ指数
〈解説〉(1)　生理的体重減少は出生体重の5〜10%で，出生直後に始まり3〜4日目が最も著しく，7〜10日目には出生体重に戻る。　(2)　赤ちゃんは，おなかを膨らませたりへこませたりする腹式呼吸が主。おむつを当てたり着物を着せるときは，おなかの辺りがきつくならないように注意することが必要。また，鼻呼吸が主なので，鼻がつまると，呼吸が困難になるので鼻づまりに気をつけること。　(3)　子供の頭蓋骨は分離しており，3ヶ月頃から融合しはじめ18ヶ月頃に完全に融合する。このため，1歳半頃までの子供の頭は衝撃によりぐにゃっと変形し，脳挫傷を起こしやすい。　(4)　カウプ指数は，よく栄養状態の判定に使われる。計算法は，体重(グラム)を身長(センチ)の2乗で割り，10倍する。

【9】(1)　安全を求める権利，知らされる権利，選ぶ権利，意見が反映される権利，消費者教育を受ける権利(順不同)　(2)　消費者基本法

(3)　旧法の「消費者保護基本法」が，事業者に比べて商品等に関する情報や知識を得にくい立場にある消費者の保護を目的としていたのに対し，新法は，消費者の権利に支えられた消費者の自立の支援を目指して改正された。

〈解説〉(1)　①安全である権利…提供される商品やサービスが消費者にとって安全であること。　②知らされる権利…商品やサービスについて正しい情報や知識が得られること。　③選択できる権利…自由で公正な競争のもとで商品やサービスを充分選択できること。　④意見が反映される権利…消費者の意見，要望を正しく行政や業界に聞いてもらうこと。　⑤消費者教育を受ける権利…意思決定をして市場に参加し，さらにあるべき生活環境を自らつくりあげる能力が開発される教育を受けられること。　(2)(3)　消費者基本法とは，これまで消費生活に関する行政の基本的枠組みなどを定めてきた消費者保護基本法が改正されたもので，平成16年6月2日に公布・施行されている。改正前の法律である消費者保護基本法は，今から36年前に高度経済成長に伴って消費者問題が大きな社会問題の一つとして認識され，その対策を行う必要性が高まり昭和43年に制定された。この消費者保護基本法の制定や地方自治法で，消費者保護が地方の事務と位置づけられ，地方自治体でも消費者の保護に関する施策を策定・実施することとなり，消費者保護に関する条例等の整備や，全国各地の消費生活センター(京都府は「京都府消費生活科学センター」)の設置がされた。しかしながら，消費者保護基本法が制定されてから36年が経ち，消費者を取り巻く社会情勢が大きく変化し，規制緩和や高度情報通信社会の進展，環境保全の必要性の高まりなどがみられる。このため，消費者が安全で安心できる消費生活の実現を図り，消費者保護基本法を現代の経済社会にふさわしいものとして抜本的に見直し，新たな時代に対応する内容に改めることとなった。新たに「基本理念」の条文を設け，この中で次の8つの「消費者の権利」を明記し，事業者及び行政はこの権利を尊重するとともに消費者が自主的に行動できるよう，自立支援を基本に消費者政策を行うことになった。そのほか，消費者政策の推進は高度

情報通信社会や国際化の進展及び環境の保全に配慮して行うべきことも明記された。

① 消費生活における基本的な需要が満たされること。
② 健全な生活環境が確保されること。
③ 消費者の安全が確保されること。
④ 消費者の自主的かつ合理的な選択の機会が確保されること。
⑤ 消費者に対し，必要な情報が提供されること。
⑥ 消費者に対し，教育の機会が提供されること。
⑦ 消費者の意見が消費者政策に反映されること。
⑧ 消費者に被害が生じた場合には適切かつ迅速に救済されること。

【10】・髪の毛が出ていると不衛生な上にコンロの火が引火するなどの危険もあるため，髪が出ないように三角巾などをきちんとつける。
・やけどなどから身を守るため，腕を覆う実習着を着用する。
・爪が長いと細菌等が付着しやすく不衛生であるため，つめは短く切り，清潔にする。　など
〈解説〉ほかに，口からの菌などが入らないようにマスクを着用したり，実習着は常に新しい清潔なものを使うなどもある。

2005年度　実施問題

【中学校】

【1】衣服の機能と手入れについて，次の(1)～(4)の問いに答えなさい。

(1)　衣服の保健的機能と社会的機能をそれぞれ2つずつ書け。

(2)　ピレスロイド系防虫剤の特徴を，他の防虫剤と比較して簡潔に書け。

(3)　衣服の洗濯に用いるせっけんの使用上の注意を，理由も含めて2つ書け。

(4)　綿35％，ポリエステル65％の混紡のワイシャツは，綿100％のワイシャツと比べ，手入れ上どのような違いがあるか，3つ書け。ただし，使用する糸のよりや太さ，織り方は同一とする。

(☆☆☆◎◎◎)

【2】被服製作に関して，次の(1)～(3)の問いに答えなさい。

(1)　次の図1の型紙を用いて図2のようなTシャツを製作するための本縫いの手順を下に示した。①～④に当てはまるものを下のア～エから選び，その符号を書け。

〈本縫いの手順〉

（　①　）→（　②　）→袖口のしまつ→（　③　）→（　④　）

　　ア　えりぐりのしまつ　　イ　わき縫い　　ウ　すそのしまつ

　　エ　肩合わせ

(2) 本縫いの際のまち針の打ち方について，留意点を4つ書け。

(3) 製作の途中で，生徒からミシンの調子が悪いとの訴えがあった。次のア～エのようなトラブルがあった場合，あなたは生徒に対し，何を点検するように指示するか，それぞれ2つずつ書け。ただし，スイッチが入っていること，針の太さは布の厚さに適していること，かまや送り歯に糸くずやほこりがつまっていないことが確認されている。

ア　布が進まない　　イ　針棒が動かない　　ウ　縫い目がとぶ
エ　針が折れる

(☆☆☆◎◎◎)

【3】消費者問題について，次の(1)，(2)の問いに答えなさい。

(1) 次の事例1，2について，下のア～エの問いに答えよ。

事例1

　A男宛てに1冊の本が送られてきた。添えられた紙には「ご注文の品をお届けします。代金は同封の振込用紙で指定の期日までに振り込んでください。期限を過ぎた場合は遅延金をいただきます。」とあるが，A男を含め，家族の誰も注文しておらず，この本を購入するつもりはない。

事例2

　大学生のB子は，昨日，街頭で「アンケートに答えてください。」と声をかけられた。近くの営業所で簡単なアンケートに答えたあと，「これからは英会話が大切です。就職にも役立つし，支払いは月々5,000円ずつで結構ですから。」と強く勧められ，英会話教材を購入する契約をした。支払いは5年間に渡り，支払総額は30万円にもなる。B子は契約してしまったことを後悔しており，この契約を取り消したいと思っている。

ア　事例1，2のように，消費者の弱みにつけ込んだ悪質商法が増加している。事例1，2は一般に何と呼ばれる手口か，それぞれ書け。

イ　訪問販売や通信販売等にかかわる取引を公正にし，購入者等の

259

利益を保護する等の目的で定められた法律が，平成12年の改正で名称変更された。改正後の法律名を書け。また，この法律には，事例1のような手口への対処方法は，どのように定められているか，簡潔に書け。

ウ　事例2の場合，クーリングオフ制度が適用されるが，クーリングオフの具体的な方法を書け。また，事例2に限らず，クーリングオフ制度について生徒に指導する際の留意点を2つ書け。

エ　事例2のようなケースを未然に防止するために，物資やサービスの選択・購入に当たって留意すべきことを生徒に指導したい。あなたが生徒に指導したい内容を2つ書け。

(2)　消費者問題に関する苦情相談の受付・処理等を行う施設として，国および地方公共団体が設置している機関の名称をそれぞれ書け。

(☆☆☆◎◎◎)

【4】子どもをとりまく環境について，次の(1)，(2)の問いに答えなさい。

(1)　児童福祉法における児童の年齢を書け。

(2)　次のア，イの児童福祉施設について簡潔に説明せよ。

ア　乳児院　　イ　児童自立支援施設

(☆☆☆◎◎◎)

【5】たんぱく質について，次の(1)〜(5)の問いに答えなさい。

(1)　たんぱく質は1gあたり約何kcalのエネルギーを発生するか，書け。

(2)　アミノ酸の中には，体内で合成できないために，必ず食物などから摂取しなければならないものがある。このようなアミノ酸を総称して何というか，書け。また，そのようなアミノ酸は何種類あるか，書け。

(3)　良質たんぱく質とはどのようなたんぱく質か，説明せよ。また，その食品例を2つあげよ。

(4)　たんぱく質の補足効果とは何か，「アミノ酸価」という語を用いて説明せよ。

260

(5)　次のア，イは，卵のもつ調理上の性質を利用した調理の例である。それぞれ，何という性質を利用したものか，書け。また，それぞれの調理法を，その性質に触れながら(　)内の語を用いて説明せよ。

ア　マヨネーズ・ソース(エマルション)

イ　スポンジケーキ(グルテン)

(☆☆☆◎◎◎)

【6】炭水化物について，次の(1)～(3)の問いに答えなさい。

(1)　体内で消化され，エネルギー源となる炭水化物は何か，書け。

(2)　炭水化物は1ｇあたり約何kcalのエネルギーを発生するか，書け。

(3)　食物繊維に関する次のア～エの問いに答えよ。

ア　食物繊維が他の炭水化物と異なる点を2つ書け。

イ　成人1日当たりの食物繊維の目標摂取量を書け。

ウ　次の①～④の食品に多く含まれる食物繊維の名称を書け。

①　寒天　　②　こんにゃく　　③　りんご　　④　セロリ

エ　近年，食物繊維が注目されている理由を生徒に理解させたい。あなたなら，生徒にどのように説明をするか，食物繊維の働きを含めて具体的に書け。また，その際にあなたが準備しようとする教材はどのようなものか，すべてあげよ。

(☆☆☆◎◎◎)

【7】味覚について，次の(1)～(3)の問いに答えなさい。

(1)　最も基本的な味覚である五味のうち，うま味以外の味覚を4つ書け。

(2)　次のア～エのだしのうま味成分を書け。

ア　干ししいたけ　　イ　こんぶ　　ウ　かつお節　　エ　貝

(3)　次のア～ウは，味の相互作用のうち，何という効果を利用したものか，書け。

ア　こんぶとかつお節で混合だしをとる

イ　コーヒーに砂糖を加える

　ウ　しるこに少量の塩を加える

(☆☆☆◎◎◎)

【8】住まいについて，次の(1)，(2)の問いに答えなさい。
　(1)　環境共生住宅について，簡潔に説明せよ。
　(2)　環境共生住宅に認定されるための必須要件を3つ書け。

(☆☆☆◎◎◎)

解答・解説

【中学校】

【1】(1)　保健的機能：・体温調節を補助する　・動作をしやすくする　・皮膚を清潔に保つ　・身体を保護する　　社会的機能：・個性を表現する　・職業や所属を表す　・気持ちを表し，社会の慣習に対応する　(2)　他の防虫剤は2種類以上併用すると液化してしみの原因になるが，ピレスロイド系は併用できる。　(3)　・冷水に溶けにくいため，温水でよく溶かしてから用いる。　・アルカリで繊維が傷むため，毛，絹には使用できない。　・布地に残留しやすく黄ばみの原因になるため，すすぎを十分に行う。　(4)　・しわになりにくいため，アイロンかけがほとんど不要である。　・再汚染性が高いため，汚れはこまめに洗う。　・アイロンの温度は中温でかける。　・乾きが早い。

〈解説〉(1)　解答の通り　(2)　ピレスロイド系防虫剤は，解答の他に，持続性が高い。臭いが弱い。などの特徴がある。　(3)　(4)は，解答の通り。

262

【2】(1) ①(エ)→②(ア)→袖口のしまつ→③(イ)→④
(ウ)

(2) ・はじめに両端，次にその中央の順にうつ。 ・できあがり線の
しるし通り(角がある場合は角)にまち針を刺す。 ・できあがり線に
対し，直角にまち針をうつ。 ・縫い代側に向けてまち針をうつ。

(3) ア ・送り調節ダイヤルが0になっていないか。 ・送り歯が，
針板より低くなっていないか。 イ ・ストップモーション大ねじが
ゆるんでいないか。 ・糸巻き軸が，下糸を巻く状態になっていない
か。 ウ ・針が曲がっていないか。 ・針のつけ方は正しいか。
エ ・針が曲がっていないか。 ・押さえがゆるんでいないか。
・針止めとめねじがゆるんでいないか。 ・針の付け方が浅くないか。
〈解説〉(1)(2) 解答の通り。 (3) 解答の他に，次のことも考えられる。
ア 送り歯にほこりや糸がつまっている。 イ かまの中に，ほこり
や糸がつまっている。 ウ 布に対して針と糸の太さが適当でない。
エ 針の太さが布地の厚さに合っていない。

【3】(1) ア 事例1 ネガティブオプション 事例2 キャッチセー
ルス イ 法律名：特定商取引に関する法律 対処方法：14日間
(商品の引き取りを請求した場合は請求後7日間)の保管後，処分できる。
ウ 方法：・内容証明郵便など，いつ，誰が，誰に対し，どのような
内容で通知したかを証明できる文書で解約する。 ・販売方法によっ
て解約できる期間が定められており，事例2の場合は契約日を含めて8
日以内に通知する。 留意点：・不意打ちに当たる販売方法が対象と
なる。 ・代金の総額が3,000円以上の，法律で指定された商品・役
務・権利が対象となる。 エ 本当に必要かどうかの判断が必要であ
ること。 多くの情報の中から適切な情報を収集・整理し，選択しな
がら判断する必要があること。 (2) 国：国民生活センター
地方公共団体：消費生活(消費者)センター
〈解説〉(1) 「訪問販売」「通信販売」「連鎖販売取引(マルチ商法)」によ
る被害を未然に防ぐことを目的として昭和46年に「訪問販売法」が制

定された。その後も「電話勧誘販売」「特定継続的役務提供」(エステ・語学教室・家庭教師・学習塾)と新しい販売類型や被害の増加に対応して規制を強化してきたが。平成12年11月，インターネット取引やインターネット上でのマルチ商法の増加，不況を背景に内職を騙った商法によるトラブルの急増を背景に「内職・モニター商法(業務提供割引販売取引)」を加え，計6つの販売類型について規制が設けられ，特定商取引法(特定商取引に関する法律)と名称を改称し，平成13年6月から施行された。　(2)　国民生活センターは国の機関で，消費生活(消費者)センターは，各都道府県・区・市町村などの地方行政機関である。

【4】(1)　18歳未満　(2)　ア　保護者のいない，あるいは保護者が養育できない乳児(保健上その他の理由により特に必要がある場合には，おおむね2歳未満の幼児を含む)を養育する。　イ　不良行為を行ったり，あるいは行うおそれのある子ども，または家庭環境などが適切でないために生活指導を要する子どもを入所(通所)させ，個々の子どもの状況に合わせて指導を行うとともに，社会的自立を支援する。

〈解説〉(1)　児童福祉法は，18歳未満の者を「児童」とし，その内6歳以上の者を「少年」としている。なお，「少年法」は，20歳未満の者を「少年」と規定している。児童福祉法では，「児童」を次の3つに分けている。1「乳児」……満1歳に満たない者，2「幼児」……満1歳から，小学校就学の始期に達するまでの者，3「少年」……小学校就学の始期から，満18歳に達するまでの者。　(2)　ア　児童福祉法第37条により解答のように決められている。対称は「乳児」なので，満1歳に満たない者であるが「必要があるときは，乳児が満2歳に達するまで，これを継続することができる。」としている。　イ　児童福祉法第44条「不良行為をなし，またはなす恐れのある児童及び家庭環境その他環境上の理由により生活指導等を要する児童を入所させ，または保護者の下から通わせて，個々の児童の状況に応じて必要な指導を行い。その自立を支援することを目的とする。」施設としている。従来，「教護院」の名称であったが，入所率が減少したこと，また否定的イメージを払

拭するため，その名称を廃止し，改名した。

【5】(1) 約4kcal (2) 名称 必須アミノ酸 種類 9 種類
(3) 説明 必須アミノ酸を十分に含むたんぱく質 例 魚，肉，卵，
牛乳，乳製品，大豆 (4) 一つ一つの食品のアミノ酸価は低くて
も，それぞれの食品のアミノ酸含有量の特徴を考えてうまく組み合わ
せることにより，食事全体のアミノ酸価が高まること。
(5) ア 性質：乳化性 説明：酢と油は互いに混ざり合わないが，
卵黄に酢と油を少量ずつ加えながら撹拌すると，卵黄に含まれるレシ
チンのもつ乳化性によって，油が小さな油滴となって水中に分散した
水中油滴型のエマルションをつくり安定したマヨネーズ・ソースにな
る。 イ 性質：起泡性 説明：卵白を十分に撹拌して空気泡を抱
き込んだ泡組織をつくり，これに小麦粉を加えて加熱することによっ
て，卵白泡に含まれた空気が熱膨張して小麦粉のグルテン膜を押し広
げ，スポンジ状にケーキが膨らむ。

〈解説〉(1) 解答の通り。 (2) 蛋白質を構成するアミノ酸は，約20種
類あり，そのうち体内で合成できないアミノ酸は9種類あり，これを
必須(または不可欠)アミノ酸という。 (3) 蛋白質の栄養価は，食品
に含まれる必須アミノ酸の含量や比率によって異なる。栄養価の評価
方法には，動物実験による判定の生物学的方法と，アミノ酸組成に基
づいて判定する化学的方法(アミノ酸価・たんぱく価など)がある。
(4) 一般に，植物性食品より動物性食品の方が蛋白質の栄養価は高い
が，栄養価の低い蛋白質でも，不足したアミノ酸を豊富に含む別の食
品を組み合わせると，低い栄養価を高くすることができる。これを蛋
白質の補足効果という。リジンの不足している米・小麦に，リジンを
多く含む魚・肉・卵などを組み合わせると，米・小麦の蛋白質の栄養
価を高めることができることをいう。 (5) 卵には，次の3つの調理
特性がある。「ア，乳化性」は，卵黄のレシチンが油を乳化させ，エ
マルジョンを作り，マヨネーズソースなどができる。「イ，起泡性」
は，卵白の蛋白質は撹拌すると泡立つ。温めるとよく泡立ち，砂糖を

加えると安定する。卵白の泡が安定したところに小麦粉のグルテンを
押し広げ，グルテンの間に空気が入り，スポンジ状に膨らみ，ケーキ
となる。この他に，「熱凝固性」があり，卵黄は，68℃，卵白は73℃
で凝固する。この性質を利用して，ゆで卵が作られたり，ハンバーグ
のつなぎとして利用されたり，カスタードプッディングや茶椀蒸し，
卵豆腐などが作られる。

【6】(1)　糖質　　(2)　約4kcal　　(3)　ア　体内でほとんど消化吸収さ
れない。エネルギー源にならない。　イ　20〜25g　　ウ　①　ガラ
クタン　　②　グルコマンナン　　③　ペクチン　　④　セルロース
エ　説明内容
○食物繊維は体内でほとんど消化吸収されないため，かつては不要な
ものと考えられていた。
○近年，食物繊維の重要な働きが認められ，注目されるようになった。
・　腸のぜん動運動を高め，便通をよくする。
・　腸内の有害物質を取り込んで排泄し，大腸ガンを予防する。
・　腸内細菌の状態を改善し，腸内環境を整える。
・　血管内の脂肪を吸着し，動脈硬化を防ぐ。
・　胆汁酸の分泌を促し，血中コレステロール濃度の上昇を抑制する。
・　糖質の吸収を遅らせて血糖値を下げ，肥満や糖尿病を予防する。
教材
○　次の4点に関して，身近かな生活から具体的な教材を準備する。
・　日本型食生活の栄養バランス
・　洋風化が進んだ現代の食事の栄養バランス
・　食品中に含まれる食物繊維の量(食品成分表)
・　生活習慣病など健康への影響
〈解説〉(1)　炭水化物は分子の大きさによって，単糖類・二糖類・多糖
類に分けられ，体内でエネルギーとなるものは，多糖類のでんぷんで，
糖質という。　(2)　これは，1ｇ当り約4kcalのエネルギーを発生する。
(3)　ア　エネルギーにならない多糖類のセルロース・グルコマンナン

などが「食物繊維(ダイエタリーファイバー)と呼ばれ，体内で殆んど消化されないが，腸のぜん動運動を促し，便通を整える。イ　1日の目標摂取量は，20〜25ｇで，欠乏症状便秘・がん・生活習慣病で，過剰症は下痢・ミネラル欠乏症・消化不良である。　ウ　①　多糖類のガラクタン。　②　マンナンは，葉や種子，根などの細胞膜や細胞の中に含まれる粘質多糖類。コンニャクマンナンともいわれる。③　ペクチンには水溶性と不溶性の2種類がある。不溶性のペクチンは，細胞膜に多く含まれ，セルロースを包んでいる。果物のペクチンは，未熟な内は不溶性で，熟してくると水溶性に変化する。　④　植物の細胞膜の主成分で，代表的な食物繊維はセルロースである。不溶性食物繊維で，ダイオキシンなどの有害物質を吸着し体外に排泄する。このため，便秘解消や大腸がんの予防にも効果がある。　エ　解答の通り。

【7】(1)　甘味　　酸味　　塩味　　苦味　　(2)　ア　グアニル酸
イ　グルタミン酸　　ウ　イノシン酸　　エ　コハク酸
(3)　ア　相乗効果　　イ　抑制効果　　ウ　対比効果
〈解説〉(1)　味覚器官に化学物質が刺激となって生ずる感覚を味覚という。鹹・酸・甘・苦の4種が旨味以外の基礎感覚(これらを味質という。)に分けられ，これらが混合・融合して種々の味が感じられる。舌の味蕾(みらい)が主な味覚の受容器で，顔面神経と舌咽神経を介して中枢に伝えられる。　(2)　ア　グアニル酸は・エリタデニンと協力し，血小板の凝集を抑え，血液をサラサラにする。イ　昆布の旨味成分は，グルタミン酸で，これは蛋白質を構成する主要なアミノ酸で，体内に入ると脳の機能に支障を及ぼすアンモニアをグルタミンに変える働きがあり，尿の排泄を促進し，アンモニアを速やかに体外に排除する。ウ　かつお節の旨味成分は，解答のように，イノシン酸＋アミノ酸である。エ，貝の旨味成分のこはく酸は，日本酒にも含まれている。分子式は$HOOC(CH_2)COOH$でカルボン酸の1つ。初め琥珀(こはく)の乾留によって得られたので名がつけられた。　(3)　ア　相乗効果は，野菜

と肉でもグルタミン酸の旨味が出る。イ　相殺効果ともいう。逆に味が抑制されるもので，この他に夏みかんに塩をつけるとか砂糖をつけるとかすると酸味を減じたように感ずる。ウ　菓子や汁粉を作るとき少量の塩を入れると砂糖の甘味を強く感ずることを対比効果という。

【8】(1)　エネルギー，資源，廃棄物などについて十分な配慮がなされ，また，周辺の自然環境と調和し，健康で快適に生活できるように工夫された住宅および住環境。　(2)　・省エネルギー性能に優れている　・耐久性に優れている　・維持管理対策が講じられている　・節水に配慮した便器を使用している　・立地環境に対する配慮がなされている　・バリアフリー構造が取り入れられている　・室内空気環境を良好に保つ工夫がなされている

〈解説〉(1)　解答の通り。　(2)　環境共生住宅のイメージを一般に浸透させ，普及を図るために財団法人の建築環境・省エネルギー機構が創設した「環境共生住宅認定制度」がある。認定を取得するには，省エネルギー性能，耐久性，立地環境への配慮，バリアフリー，室内空気質の5項目で課せられた条件をすべて満たさなければならない。その上で，省エネルギー，資源の高度有効利用，地域適合・環境親和，健康快適・安全安心，の4項目の提案類型のうち，2つ以上について高度でユニークな工夫や提案がなされている住宅・団地が環境共生住宅として認定され，認定マークがつけられる。申請は随時受け付け，約3ヶ月で結果を通知する。

2004年度　　実施問題

【中高共通】

【1】次の図1のような日常着のシャツを，綿100％のブロードで製作する。下の(1)～(4)の問いに答えなさい。

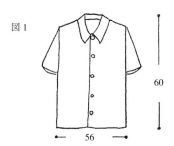

図1

60

56

(1)　用布の見積りの式を，次の語句を用いて書け。ただし，布幅は90cmとし，右下の図2の型紙を参考にすること。

着たけ　そでたけ　縫いしろ

(2)　下の図2のそでの型紙について，次のア，イの問いに答えよ。

ア　Aの部分は身ごろのどの部分と縫い合わせるのか，書け。

イ　日常着のそでの型紙の特徴を，外出着のそでの型紙と比較して説明せよ。

図　2

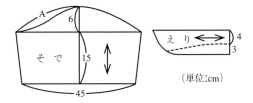

A

6

そ　で

15

45

えり

4

3

（単位:cm）

(3)　布を裁断する前に地直しをするが，その目的と方法を書け。

(4)　使用するミシン針とカタン糸の組み合せとして最も適切なもの

を，次の表中の①～⑤から1つ選び，その符号を書け。

	①	②	③	④	⑤
ミシン針	7番	9番	11番	14番	16番
カタン糸	100番	100番	60番	60番	30番

(☆☆☆○○○○○)

【2】消費生活について，次の(1)，(2)の問いに答えなさい。

(1) 消費者信用について，次の文を読んで，下のア，イの問いに答えよ。

　近年，消費者信用の利用が急速に拡大している。消費者信用には，クレジットカードを利用して商品を購入するときのように，商品代金の後払いをする販売信用と，金融業者から現金の融資を受ける消費者金融がある。無計画な消費者信用の利用によって返済額が自己の返済能力を超えてしまい，返済のためにあちこちから借金を重ねる (ア) 者の増加が社会問題となっている。債務を整理する方法に破産があるが，裁判所から破産宣告を受けた後，(イ) の申し立てをして認められると，借金が免除される。

　ア　文中の(ア)，(イ)に当てはまる語句を書け。

　イ　下線部分について，その支払い方法にリボルビング払いがあるが，どのような支払い方法か，説明せよ。また，そのメリットとデメリットを書け。

(2) デビットカードによる支払いとは，どのような支払い方法か。クレジットカードによる支払い方法と比較して説明せよ。

(☆☆☆○○○○○)

【3】保育について，次の(1)～(3)の問いに答えなさい。

(1) 乳幼児の運動機能の発達について，次のア，イの問いに答えよ。

　ア　新生児の反射運動にはどのようなものがあるか，例を1つあげて説明せよ。

イ　次の(ア)～(カ)を一般的な発達の順序に並べかえ，その符号を書け。

(ア)　片足とびができるようになる

(イ)　ボールをけることができるようになる

(ウ)　寝返りをうつことができるようになる

(エ)　一人で歩くことができるようになる

(オ)　首がすわる

(カ)　うつぶせにすると，あごをあげるようになる

(2)　乳児期における愛着関係の形成は，その後の発達にどのような影響を与えるか，説明せよ。また，愛着関係は乳児とどのようにかかわることによって形成されていくか，具体的に説明せよ。

(3)　幼児期の欲求について，次の文を読んで，下のア～ウの問いに答えよ。

　欲求にはいろいろな種類があるが，(ア)生理的欲求と(イ)社会的欲求の2つに大きく分けて考えることができる。欲求が満たされない場合，攻撃や反抗，逃避や(ウ)退行現象，仮病や身体不調などの不適応反応を示すことがある。これらが長く続く場合は，たんに表面上の問題行動をおこったり，禁止したりするのではなく，原因をよく調べて対応する必要がある。

ア　下線部分(ア)の生理的欲求はどのような欲求か，例をあげて説明せよ。

イ　下線部分(イ)の社会的欲求はどのような欲求か，例を2つあげて説明せよ。

ウ　下線部分(ウ)の退行現象について，例をあげて説明せよ。また，退行現象を起こした子どもに対して，親や家族はどのように対応したらよいか，書け。

(☆☆☆◎◎◎◎◎)

【4】米について，次の(1)～(3)の問いに答えなさい。

(1)　精白米のアミノ酸価を，次のア～エから1つ選び，その符号を書け。また，精白米の第一制限アミノ酸の名称を書け。

　　　ア　42　　イ　61　　ウ　73　　エ　100

(2)　米の主成分はでんぷんであるが，でんぷんの糊化とは何か，書け。

(3)　次のア～ウは米の加工品である。それぞれの名称を書け。

　　ア　うるち米を水洗いして乾燥させ，製粉したもので，団子や菓子
　　の材料に使われる。

　　イ　もち米を水にさらし，水を加えながら石臼でひいてから乾燥さ
　　せたもので，団子や菓子の材料に使われる。

　　ウ　もち米を蒸して乾燥させ，あらく砕いたもので，菓子の材料や
　　揚げ物の衣に使われる。

(☆☆☆◎◎◎◎◎)

【5】次改定　日本人の栄養所要量－食事摂取基準－」について，次の
(1)～(3)の問いに答えなさい。

(1)　第6次改定では「栄養所要量」に加えて，新たに「平均必要量」
と「許容上限摂取量」を定め，それらの数値を総称して「食事摂取
基準」とすることとした。「許容上限摂取量」について簡潔に説明
せよ。また，この値が定められた理由を述べよ。

(2)　新たに基準量が設定されたビタミンKと亜鉛の生理作用等及び欠
乏症を，次の表のア～カからそれぞれ1つずつ選び，その符号を書
け。

符号	生理作用等	欠乏症
ア	血糖の調節やたんぱく質の合成に関与	成長障害、味覚障害
イ	甲状腺ホルモンの構成成分	甲状腺肥大、成長不良
ウ	酸素作用、酸化防止作用	肝障害、心臓病
エ	血液凝固	血液凝固の不良
エ	たんぱく質の合成、造血作用	悪性貧血
オ	糖や脂質の代謝に関与	めまい、けいれん

(3)　次の表は12～14歳の栄養所要量(1人1日当たり)を示している。表
中の(ア)～(ウ)に当てはまる数字を書け。ただし，生活活動強度Ⅲ
(適度)とする。

		エネルギー(Kcal)	たんぱく質 (g)	カルシウム(㎎)
12～14歳	男	2,500	(イ)	900
	女	(ア)	70	(ウ)

(☆☆☆○○○○○)

【 6 】健康的で安全な住まいについて，次の(1)，(2)の問いに答えなさい。

(1) 日照と採光に関して，次の文中の(ア)～(ウ)に当てはまるものを，次の①～⑨からそれぞれ1つずつ選び，その符号を書け。

日照は健康に生活するうえで重要である。室内を暖め乾燥させるほかに，日光に含まれる (ア) には，殺菌作用，新陳代謝の促進やビタミン (イ) の生成促進に関する作用がある。また，日照には気分をそう快にする効果もある。

採光は可視光線を屋内に取り入れて明るくすることをいう。建築基準法によれば，住宅の居室において採光のために窓その他の開口部を設け，その面積は居室の床面積の (ウ) 以上としなければならないとされている。

① 5分の1　② 7分の1　③ 10分の1　④ A　⑤ C
⑥ D　⑦ E　⑧ 赤外線　⑨ 紫外線

(2) 近年，ホルムアルデヒド等の化学物質が原因で，目・鼻・のどのかわきや痛み，皮膚の赤みや痛みなどといった健康被害が増加している。これらの症状を総称して何と言うか，書け。また，これらを防ぐ方法を2つ書け。

(☆☆☆○○○○○)

【中学校】

【 1 】「生活の自立と衣食住」の「中学生の栄養と食事」の学習を進める際に，次の(1)，(2)の事項について生徒に指導する内容を具体的に述べなさい。

(1) 食事が生活に果たす役割

(2) 体内における水の動き

(☆☆☆○○○○○)

【高等学校】

【 1 】 高齢者の身体の特徴又は身体機能の特徴を理解させるために，授業でシニア体験実習を行うことにした。高齢者の身体の特徴又は身体機能の特徴を3つ上げ，それらの特徴を体験させる方法を書きなさい。ただし，道具等は身近な材料を工夫して使用するものとする。

(☆☆☆◎◎◎◎)

【 2 】 高齢者の食事の介助について，次の(1)，(2)の問いに答えなさい。
- (1)　ご飯，みそ汁，魚と野菜の煮物，ポテトサラダという食事の介助をする。どの料理を最初に食べさせたらよいか，書け。また，その理由を書け。
- (2)　全身に片麻痺のある人がベッド上で横向きになって食事をするとき，どのようなことに注意して介助をしたらよいか，3つ書け。

(☆☆☆◎◎◎◎)

解答・解説

【中高共通】

【 1 】 (1)　(着たけ＋そでたけ)×2＋縫いしろ　　(2)　ア　前そでぐり　イ　手の上げ下げがしやすいように，日常着のそでの型紙は外出着のそでの型紙に比べて，そで山が低く，そで幅が広い。　(3)　目的：布のゆがみを修正して，着くずれや洗濯による縮みを防ぐために行う。方法：布を水に通してから，アイロンをかける。　(4)　③

【 2 】 (1)　ア　(ア)　多重債務　　(イ)　免責　　イ　説明：購入額や購入数にかかわらず，あらかじめ決めた一定の額または，一定の率で代金を毎月支払う。　メリット：毎月の支払額が一定で，支払計画がたてやすい。　デメリット：・手数料がかかる　・その商品の支払の終

了が明確でない。　(2)　クレジットカードは後払いであるが，デビットカードは購入した店で端末に暗証番号を入力することにより，その場で預貯金の口座から代金が引き落とされる。

【3】(1)　ア　・口に触れたものに吸い付く　・手のひらを刺激するとしっかり握る　・体を急に下に下げたりすると両手を前に広げる　などから1つ　イ　(カ)→(オ)→(ウ)→(エ)→(イ)→(ア)　(2)　影響：愛着関係の形成は対人関係の発達の基盤となる。子どもは精神的に安定し，人を信頼し，愛情をもって人と接することができるようになる。また，子どもは不安や恐怖心を克服し，新しい事柄に挑戦していくこともできる。　形成：乳児とまなざしをあわせたり，身体を使って一緒に遊んだり，一緒に風呂に入りスキンシップを楽しんだりすることなどによって形成されていく。　(3)　ア　飲みたい，眠りたい等，生命を維持し，身の安全を保つための欲求　イ　集団に所属したい，自分や自分のしたことを人に認めてもらいたい(人に愛されたい・人を愛したい，何かを成し遂げたい，自己の独立を求める)等，人間関係を求めたり，自己の実現をはかろうとする欲求　ウ　説明：弟や妹が生まれて親や家族の関心が集まったりすると愛情を奪われたと思い，トイレでおしっこをしていたのに，おもらしをするようになるなど，すでにある段階に到達したものが，より未発達な段階に逆戻りする現象。　対応：幼児に対して言葉や行動によって愛情を示して，幼児が精神的に安定するようにする。

【4】(1)　アミノ酸価　イ　第一制限アミノ酸　リジン　(2)　水と熱を加えると，βでんぷんがαでんぷんに変化すること。　(3)　ア　上新粉　イ　白玉粉　ウ　道明寺粉

【5】(1)　説明：特定の集団において，ほとんどすべての人に健康上悪影響を及ぼす危険のない栄養素摂取量の最大限の量。　理由：食生活の変化や栄養素補助食品の普及などに伴い，特定の栄養素を過剰に摂取する心配も出てきたため，新たに過剰摂取による健康障害を防ぐ上限値を定めることにした。　(2)　ビタミンK　エ　　亜鉛　ア
(3)　ア　2,200　　イ　80　　ウ　700

【6】(1)　ア　⑨　　イ　⑥　　ウ　②　　(2)　名称：シックハウス症候群　防ぐ方法：・ホルムアルデヒドを低濃度にしたまたは含まない建材を使用する。　・ホルムアルデヒドを含まない接着剤を使用する。・難燃剤や防かび剤を含んだカーペット，カーテンなどを使用しない。・窓を意識的に開閉したり，換気扇を使って室内の空気を入れ換える。などから2つ

【中学校】

【1】省略

【高等学校】

【1】

身体の特徴又は身体機能の特徴	方　　法
・白内障になる高齢者が多い。 ・耳が遠くなる。	・めがねに薄い白色の紙をはってかけ,歩いてみる。 ・耳栓をして,話しあってみる。
・関節がまがりにくくなる。 ・指先の感覚が鈍くなる。	・ひじやひざに布を巻き付けて歩いてみる。 ・手袋を2枚重ねてつけ,紙をめくってみる。
・筋力が低下する。 ・腰が曲がる。	・足首や手首に重しをつけ,歩いたり,手を上げてみる。 ・リュックを体の前につけて歩いてみる。

【2】(1)　料理名：みそ汁　理由：飲み込みやすく，唾液や胃液の分泌を促進する汁物を始めに食べさせる。　(2)・麻痺側を上にする。・口の麻痺側に食物がたまりやすいので注意する。　・頭部を高くしてあごを下げて，飲み込みやすい姿勢にする。　・ゆっくりせかさないで食べさせる。　・吸い飲みやストローは健側の口角から当てる。などから3つ。

2003年度　実施問題

【中高共通】

【1】次の(1)～(3)の問いに答えなさい。

(1)　次のA，Bは購入したシャツブラウスについていた表示の一部である。これらについて，下のア～エの問いに答えよ。

A

綿　50%

ポリエステル　50%

B

ア　Aの表示を義務づけている法律の名称を書け。

イ　綿繊維とポリエステル繊維の性能として最も適切なものを，次のa～fの中からそれぞれ1つずつ選び，その符号を書け。

a　伸び率が大きく，弾力性も大きいが，強度が小さい。

b　しなやかで光沢はよいが，紫外線により黄変する。

c　吸湿・吸水性は大きいが，弾性が小さい。

d　かさ高性が大きく，感触は柔らかいが，帯電性が大きい。

e　含気量が多く，保温性は高いが，虫害を受けやすい。

f　摩擦に強く，耐光性はあるが，再汚染性が大きい。

ウ　Bの①の記号に「40」とあるが，どのような意味を表しているか，書け。

エ　Bの②の記号に「中」とあるが，どのような意味を表しているか，書け。

(2)　異形断面繊維のもつすぐれた性能を2つ書け。

(3)　授業で洗剤の主要成分である界面活性剤の浸透作用と乳化作用に

ついて実験を行うことにした。それぞれの実験方法と予想される実験結果を具体的に説明せよ。

(☆☆☆◎◎◎)

【2】次の(1)～(3)の問いに答えなさい。

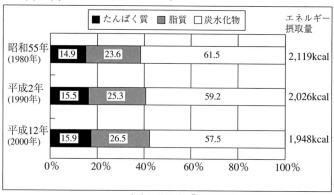

（厚生労働省「国民栄養の現状」H14年3月）

(1) 上の図は日本人の「エネルギーの栄養素別摂取構成比」の年次推移を示している。昭和55年と平成12年の構成比の変化は，どのような食品摂取の変化が背景にあるのか説明せよ。また，脂質エネルギー比率の増加により，健康上どのような問題が生じてきているか，具体的に書け。

(2) 次は，平成12年3月に厚生省，農林水産省，文部省が新たに発表した食生活指針の項目の一部である。文中の(　ア　)～(　エ　)に当てはまる語句を書け。

○　(　ア　)・主菜・副菜を基本に，食事のバランスを。

○　野菜・果物，牛乳・乳製品，豆類，(　イ　)なども組み合わせて。

○　(　ウ　)や地域の産物を活かし，ときには新しい料理も。

○　調理や(　エ　)を上手にして無駄や廃棄を少なく。

(3) 牛乳について，次のア，イの問いに答えよ。

ア　「五訂日本食品標準成分表」に示されている，普通牛乳100g中

に含まれるたんぱく質量(g)とカルシウム量(mg)を，次の①～⑧の
中からそれぞれ1つずつ選び，その番号を書け。

① 1.1 ② 2.2 ③ 3.3 ④ 4.4 ⑤ 90

⑥ 110 ⑦ 130 ⑧ 150

イ 次の図は牛乳の加工品とその製法を示したものである。図中の
（ ① ）～（ ③ ）に当てはまる語句を書け。

（☆☆☆◎◎◎◎）

【3】子どもの権利と福祉について，次の文を読んで，下の(1)，(2)の問
いに答えなさい。

　子どもの健やかな成長を保障するために，昭和22(1947)年に（　ア　）
法が制定された。昭和26(1951)年には児童憲章が制定され，「児童は，
（　イ　）として尊ばれる。児童は，（　ウ　）の一員として重んぜられる。
児童は，よい環境の中で育てられる。」という基本理念が示された。
1989年(平成元年)，国連総会は(　エ　)条約を採択したが，我が国は平
成6(1994)年にこの条約を批准した。近年，児童虐待が増えてきている
ため，子どもたちの人権を守る立場から，平成12(2000)年に(オ)が制定
された。

(1) 文中の（　ア　）～（　オ　）に当てはまる語句を書け。

(2) 次の図は，厚生労働省「児童相談所における虐待相談の処理件数
(平成12年度)」のグラフである。図のAはどのような行為か，具体
的に説明せよ。

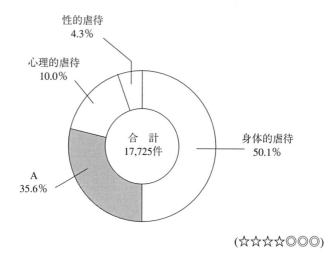

性的虐待
4.3%

心理的虐待
10.0%

合　計
17,725件

身体的虐待
50.1%

A
35.6%

(☆☆☆☆◎◎◎)

【４】次の文を読んで，下の(1)～(3)の問いに答えなさい。

　　近年，少子高齢化が問題になっているが，出生数は昭和49年以降，年々減少して平成12年には約119万人となり，①合計特殊出生率は1.36となった。家庭は②子どもを保護し心身ともに健康に育てる役割を担っているが，子どもの健全な育成と親の子育てに対する地域や社会の支援も重要である。

　　我が国の高齢化は世界に例をみない速さで進行しており，高齢者福祉を充実させるために各種の法律や制度等の整備が行われている。政府により，平成11年に「今後5か年間の高齢者保健福祉施策の方向」が策定され，次のような四つの基本的な目標が示された。

　１　(ア)ある高齢者像の構築　２　高齢者の尊厳の確保と(イ)
　　支援
　３　支え合う(ウ)の形成
　４　利用者から信頼される介護サービスの確立

(1)　(ア)～(ウ)に当てはまる語句を書け。
(2)　下線部分①の合計特殊出生率とは何か，説明せよ。
(3)　下線部分②に関して，民法で示している親権について，次の

280

(ア), (イ)に当てはまる語句を書け。

・成年に達しない子は，父母の親権に服する。子が養子であるとき
は，養親の親権に服する。親権は，父母の婚姻中は，父母が
(ア)してこれを行う。(民法第818条)

・親権を行う者は，子の監護及び(イ)をする権利を有し，義務
を負う。(民法第820条)

(☆☆☆☆◎◎◎)

【5】次の文を読んで，下の(1)〜(3)の問いに答えなさい。

A男(21歳)は業者から「ダイエット食品を安く購入できる50名に選ば
れた」との電話を受け，「特に運動しなくても，これを食べるだけで
すぐに痩せ，1か月で4kgは絶対に減量できる」と強調されたので購入
の申込をした。その後，半年分の商品とクレジット契約書が到着し15
万円で契約した。しかし，1か月食べたがまったく減量しなかったの
で，消費生活センターに相談した。その結果，平成13年4月施行の法
律を適用して契約の取消しができた。

(1) 下線部分の法律の名称を書け。

(2) この法律によると，契約の取消しができるのは，消費者が事業者
から告げられた内容を誤認したことを追認できる時から，何か月以
内とされているか，書け。

(3) この法律では，事業者が消費者に対して行った行為により消費者
が困惑して契約の申込をした場合，取り消すことができるとされて
いるが，それはどのような行為か，2つ書け。

(☆☆☆☆◎◎◎)

【6】これからの住居について，次の(1)，(2)の問いに答えなさい。

(1) 快適な住生活には，健全な住宅環境や豊かな自然環境，それを支
えるインフラストラクチャーが必要である。インフラストラクチャ
ーとは何か，説明せよ。

(2) 新しい集合住宅のあり方の一つとして，コーポラティブハウスが

あるが，これについて説明せよ。

(☆☆☆◎◎◎)

【中学校】

【１】簡単な衣服の製作について，次の(1)〜(3)の問いに答えなさい。

(1)　製作の過程で生徒に習得させたい基礎的な知識と技術を3つ書け。

(2)　ブロードでハーフパンツを製作するときに適するミシン針と糸の番号を書け。

(3)　ハーフパンツのまた上を縫うときに留意することを2つ書け。

(☆☆☆◎◎◎)

【２】家庭科の学習指導を進めるに当たって，基礎的な知識と技術が一人一人の生徒に確実に身に付くようにするという視点と，個性を生かすという視点から，生徒一人一人の実態に即した学習指導が大切であるが，あなたならどのように工夫するか，考えを具体的に3つ書け。

(☆☆☆☆◎◎◎)

【３】家族と家庭生活について，次の(1)〜(4)の問いに答えなさい。

(1)　3才から5才の生活活動強度が適度な男児の1日のエネルギーとたんぱく質，カルシウムの所要量を書け。

(2)　幼児の間食をつくるときの注意点を3つ書け。

(3)　幼児が間食で補給するエネルギーは，1日の必要エネルギーの何％か書け。

(4)　学習指導要領のB「家族と家庭生活」の内容(1)「自分の成長と家族や家庭生活とのかかわり」，(2)「幼児の発達と家族」，(3)「家庭と家族関係」の取扱いについて留意することを具体的に書け。

(☆☆☆◎◎◎)

【高等学校】

【1】ギャッジベッドに寝た状態で，片麻痺がある高齢者の寝まき(プル
オーバー型パジャマの上着とズボン)交換の介助の留意点を3つ書きな
さい。

(☆☆☆◎◎◎)

【2】「台所から環境を考える」というテーマで，2単位時間(1単位時間を
50分とする)の授業を行うことにした。あなたならどのように実践的・
体験的学習を取り入れて授業を展開するか，具体的に書け。

(☆☆☆◎◎◎)

【3】次の(1)，(2)の問いに答えなさい。
(1) ホームプロジェクトの指導に当たって，どのようなことを留意し
たらよいか。4つ書け。
(2) 学校家庭クラブ活動とはどのような学習活動か，説明せよ。

(☆☆☆◎◎◎)

解答・解説

【中高共通】

【1】(1) ア 家庭用品品質表示法 イ 綿－c ポリエステル－f
ウ 40℃以下の水温で，洗濯機で洗う。 エ アイロンは160℃を限
度として中程度の温度でかけて下さい。 (2) ○断面を丸みのある三
角形(三葉)にすると，絹のような手ざわりになる。 ○L字型ナイロン
は，吸水性が向上し，女性用下着(ランジェリー)などが作られる。
(3) ○洗剤水溶液の浸透作用の実験 1．実験方法…200mlビーカーを
2個，フェルト(2×2cm)を2枚，ピンセット2本，ストップウォッチ1個
用意し，水(200mlビーカー)と洗剤水溶液(200mlビーカー入り)を同量

それぞれ入れ，フェルトを静かにのせ，水面から落下しはじめるまでの時間をはかり，記録させる。　２．実験結果…フェルトが落下する時間は，洗剤水溶液は，(洗剤濃度により異なるが，0.05〜0.1％では)10〜22秒程度で落下し，水のみの場合は，落下に3分以上かかった。〇洗剤水溶液の乳化作用の実験　１．実験方法…200mlビーカーを2個，撹拌棒(ガラス棒などの)2本，油(サラダ油，天ぷら油，何でもよい。)オイルレッドなどの油に溶ける着色剤を用意し，それぞれのビーカーに同量の水，洗剤水溶液を入れ，その中に同量の油(オイルレッドなどで着色してあるもの)を入れ，同程度撹拌する。　２．予測される実験結果…油は水とはまざらず，上面に浮くが，洗剤水溶液には，きれいに混じり合い，オイルレッドで着色した場合は，きれいなピンク色になる。従って，洗剤水溶液は，油の除去や再汚染防止を助ける。

〈解説〉(1)　家庭用品の品質，取扱い方などを表示させ，消費者の商品選択に役立てることを目的に制定され，1962年に施行された法律。この法律の対象となる家庭用品には，現在，繊維製品，合成樹脂加工品，電気機器具及び雑貨工業品の4部門が指定されている。品質表示について具体的な表示方法は，通商産業省の告示や省令で定められ，衣服や洗剤についている表示はこの法律に基づいている。　(2)　繊維の断面を三角，三葉，L字型，中空などにし，光沢・手ざわり・吸水性・保温性などを向上させる。

【２】(1)　脂質からのエネルギー摂取が多くなり，炭水化物からのエネルギー摂取が減少している。これは，動物性蛋白質や動物性脂肪の摂取量が増える傾向にあることを示している。この原因は，外食産業の増大により，ファーストフード店やコンビニエンスストアが身近かに存在して気軽に利用できるため，これらの食事では揚げものなどの油脂類を使った調理が多いことが考えられる。これらの脂質エネルギー比率の増加により，肥満，高血圧，高脂血症，糖尿病などの生活習慣病の誘因となる食習慣を摂っていることになる。　(2)　ア．主食　イ．魚　ウ．食文化　エ．保存　(3)　ア．たん白質…③，カルシウ

ム…⑥　イ．①　牛乳　　②　バター，アイスクリーム　　③　チーズ，ヨーグルト　〈解説〉　(1)　特に，脂質の過剰摂取は，高脂血症や動脈硬化の発症に関与していることが多くの調査・研究により明らかにされている。　(2)　「食生活指針」は，国民の健康増進，生活の質の向上及び食料の安定供給の確保をはかるため三省合同で決定したもので，10項目から成る。出題の4項目以外は，下記の6項目である。

・食事を楽しみましょう。

・1日の食事のリズムから，健やかな生活リズムを。

・ごはんなどの穀類をしっかりと。

・食塩や脂肪はひかえめに。

・適正体重を知り，日々の活動に見合った食事量を。

・自分の食生活を見直してみましょう。

(3)　「五訂日本食品標準成分表」より，このように変った。四訂までは，たん白質は，2.9g，カルシウム量は，100mgであった。

【3】(1)　ア．児童福祉法　　イ．人　　ウ．社会　　エ．子どもの権利
　　オ．児童虐待防止法　　(2)　保護の怠慢

〈解説〉(1)　2000年5月に議員立法で児童虐待防止法が成立し，11月に施行された。その中で，虐待の定義が初めて法律で定められた。主なポイントは次の通りである。①教師や医師，弁護士などは虐待の早期発見に努めなければならず，児童相談所等に通告しても職務上の守秘業務違反に問われない。②児童相談所による自宅などへの立ち入り調査権を強化し，警察官の援助を要請できる。③児童相談所長は子供を一時保護し，親の面会や通信を制限できる。④一時保護された子どもの親などは，カウンセリングを受けなければならない。

(2)　近年，自分の生活や仕事を重視したり，乳幼児の世話ができない親が増え，乳幼児の衣食などの世話をせず，放任するなど，乳幼児の保護を怠慢するケースが増えてきた。この他，治療可能な子どもの病気の治療を親がしない医療的怠慢，事故防止への配慮の欠如，家出の引き取り拒否，家への監禁，登校拒否または長期怠学や就学に無関心

な教育的怠慢などが含まれる。

【4】(1)　ア．活力　　イ．自立　　ウ．地域社会　　(2)　15歳から49
歳までの女性(出産可能な年齢と考えた。)の年齢別出生率の合計。1人
の女性が一生のうちに平均何人の赤ちゃんを産むかを表す。
　　(3)　ア．共同　　イ．教育
〈解説〉(1)　これは，介護保険の2000年4月からの実施と新ゴールドプラ
　　ンの1999年度末終了を受けて，政府が介護保険法を見直し年の2004年
　　度までの高齢者保健福祉サービスの基盤整備計画を主な内容とする
　　「ゴールドプラン21」を策定したものである。高齢者保健福祉施策の
　　目標に初めて国連の高齢者原則に示されている「尊厳」という基本的
　　人権の重要な要素が取り入れられた。　(2)　この数値が2.1を下回り続
　　けると，その民族や国民の人口は減り始める。出生数が平均して一夫
　　婦に子供2人だけならば，成人するまでに残念ながら病気や事故で亡
　　くなる子どもがいるからである。日本では，この数値が，1974年に
　　2.05と2.1を下回って以来減少を続けている。1989年に1.57を記録した
　　後も，1990年は1.54，1991年は1.53，1992年には1.50，2000年に1.36と
　　減少し続けている。

【5】(1)　消費者契約法　　(2)　6ヶ月　　(3)　重要事項について事実と
異なる場合，不確実な事項を断定的に告げたために確実であると誤認
した場合，居座ったり，拘束するなど，消費者が困惑するような勧誘
があった場合は，契約を取り消すことができる。

【6】(1)　都市構造の基盤となる施設で，長期にわたって変化の少ない
もの。港湾施設，鉄道，自動車道などの意味と下部構造，下部組織の
意味がある。　(2)　共同で組合を作り，土地を購入して各自が好きな
ように間取りを考え，設備も共同で作り，建設や管理も共同で行う住
宅のこと。
〈解説〉(1)　Infrastructure，下部構造，下部機構，下部組織のこと。

(2)　一般に出来合いの共同住宅を買うより安くて気に入った住宅を作ることができる。しかし，考え方はそうであるが，現実には，素人の集まりで判らないことだらけで，建築技術の問題，コストの問題，建設会社との契約や管理の問題など専門知識が弱いとなかなか思うようにならない。そこで，組合と建設業者との間に立つコーポラティブ住宅コーディネート業がある。このコーディネーターが組合側の立場から間取りや建築の問題などをとりまとめ，業者への橋渡しをすることによって円滑に計画や施行を進めていくことができる。コーディネート料が建設費の数％かかるとしても建設会社が作ったものを買うのに比べれば，なお安く作ることができる。

【中学校】

【１】(1)　①　布の裁ち方(しるしつけの方法も含む)　②　まち針の打ち方　③　布や部位に応じた適切な縫い方と縫代のしまつのしかた。(2)　ミシン針…11番　ミシン糸…綿カタン糸50〜60番またはポリエステル糸60番　(3)　○また上は二度縫いする。力が最もかかりやすい部分なので丈夫にするために二度縫いする。　○また上の曲線部分は，アイロンなどで十分に伸ばしてから縫い，曲線部分の動作による伸びのための糸切れを防ぐ。

〈解説〉(1)　①　裁断をする前の準備段階として布の方向と伸び方の違いを確認する型紙を置く時の布の縦，横の確認。しるしつけ用具による表裏の確認と決定，縫代の分量の決定としるしつけ，鋏の使い方などを指導し理解させ，間違いなく布を裁断させる。　②　型紙を布に固定する際のまち針の打ち方，縫う際のまち針の打ち方(しるしとしるしを合わせて，縫い上がり線に対して直角に打つなど)　③　これから製作する日常着に適した縫い方で縫うが，しっかりした縫製にするために，A布・糸・針の関係，Bミシン縫いのポイント，C手縫いの方法，D縫代のしまつの方法，などを理解させ，基礎的な技術を習得させたい。

【2】①　実践的・体験的な学習活動を主とし，基礎的な知識と技術を身につけさせるために実験，観察等を主とし，それぞれの特徴，個性を生かした製作・調理などの実習を通して個性を生かし，仕事の楽しさや完成の喜びを味わえるよう課題設定を考慮し，やさしいものから難しいものへと内容が発展し，個人の能力により，途中でも完成でき，楽しく仕事が進められるよう配慮し学習の充実感が味わえるようにする。　②　基礎的・基本的な学習の定着を図るドリルなどの学習の後で，生徒が課題を自ら発見し，解決のための計画や見通しを立て，方法や手段を考え実行し，反省・評価するという「問題解決的な学習」を進める。　③　学習の評価について，教師の評価と自己評価，友人などにも評価してもらう他己評価などが一致するような客観的な評価方法を考える。これらが違う場合は，過大・過小評価の位置を探り，適正評価になるような評価方法を考える。

【3】(1)　エネルギー量…1550kcal　たん白質量…45g　カルシウム量…500mg　(2)　①　エネルギーおよび栄養素のたん白質，カルシウム，ビタミンなどがとれ，食事を補うものにする。　②　食事の妨げにならない消化吸収のよいものにする。　③　虫歯にならない食習慣づくりに役立つものを与える。(甘いもの，やわらかいものばかりでなく，歯ごたえのあるもの)　(幼児は，沢山汗をかくので，水分補給のための飲み物が必要，水分の少ないおやつには，飲み物を組み合わせて与える。)　(3)　1日のエネルギー所要量の10〜15%　(4)　(1)および(2)(3)は相互に関連をはかり，実験や観察，ロールプレイングなどの学習活動を中心とするよう留意する。
〈解説〉(2)　幼児の胃は小さく，消化器官も未発なので，与える量に注意する。

【高等学校】

【1】① ギャッジベッドの上部を上げ，上衣の脱衣→下衣の着衣の順で行う。その際，最初に両ひじを抜き，首から脱がせる。 ② 脱がせるときは，健康な側から脱がせ，麻痺側から着せる。 ③ ギャッジベッドをおろし，腰の上がる人は仰向けで腰を上げてもらい下衣を脱がせる。そうでない人は側臥位で体全体を「く」の字にし，健康側の上肢を体の下にし，麻痺側を上にし，ひじと同様に健康な側から脱がせ麻痺側から着せる。着脱時に麻痺側の保護をしているか，着脱の方法は正しいか，安全に配慮し，安全の姿勢をとらせているか注意する。

【2】「台所から環境を考える」場合，次の2つが考えられるので，それぞれ1単位時間とし，授業を展開する。 ① 台所から出る生活排水の問題 ② 台所から出るごみの問題 授業実践としては，「スパゲッティミートソース」や「焼きそば」などを調理し，調理後の食べ残しの汁や食器の洗い方による生活排水の量を実測させ，台所から流される排水の影響を考えさせる。また，調理後に出る「ごみ」を分別させ，それぞれの「ごみ処理」の方法を通して，環境への影響について考えさせる。そして，台所の排水の汚れを少なくする工夫や「ごみ」の分別や処理のしかたにより「ごみ」の減量を工夫させる。

【3】(1) ① 内容の(1)〜(6)までの指導に当っては，学習内容を各自の家庭生活と結び付けて考えさせ，常に課題意識をもたせるようにして題目を選択させる。 ② 課題の解決に当っては，まず，目標を明確にして綿密な実施計画を作成させる。生徒の主体的な活動を重視し，教師が適切な指導・助言を行う。 ③ 学習活動は，計画，実行，反省，評価の流れに基づいて行い，実施課程を記録させる。 ④ 実施後は，反省・評価をして次の課題へとつなげるとともに，成果の発表会を行う。 (2) 学校家庭クラブ活動は，ホームルーム単位または家庭科の講座単位，さらに学校としてまとまって，学校や地域の生活の中から課題を見いだし，課題解決を目指して，グループで主体的に計

画を立てて実践する問題解決的な学習活動である。学校家庭クラブ活
動を実践することによって，内容の(1)から(6)までの学習で習得した知
識と技術を，学校生活や地域の生活の場に生かすことができ，問題解
決能力と実践的態度の育成はもとより，勤労の喜びを味あわせ，社会
奉仕の精神を涵養することができる。

第 3 部

チェックテスト

過去の全国各県の教員採用試験において出題された問題を分析し作成しています。実力診断のためのチェックテストとしてご使用ください。

家庭科

/100点

【1】 次の(1)～(5)の文は，それぞれ繊維の特徴を述べたものである。繊維の名称をそれぞれ答えよ。

（各2点　計10点）

(1) 紫外線で黄変・劣化し，しなやかで，光沢がある。

(2) 吸湿性が小さく，静電気をおびやすい。紫外線で黄変する。

(3) ゴムのように，伸縮性が大きい。塩素系漂白剤に弱い。

(4) 半合成繊維で，熱で変形を固定することができる。

(5) 吸湿性・吸水性が大きく，水にぬれても弱くならない。肌着やタオルに用いられる。

【2】 洗剤について，文中の各空欄に適する語句を答えよ。

（各1点　計7点）

・　家庭用洗剤は，(①)の種類と配合割合により，石けん，複合石けん，(②)に分けられる。そして，(②)には，弱アルカリ性洗剤と(③)がある。

・　洗剤の主要成分である(①)は，親水基と(④)からなり，2つの物質の境界面に吸着し，表面張力を減少させる。そして，浸透，(⑤)・分散，(⑥)防止作用により，洗浄効果をもたらす。

・　洗剤には洗浄効果を高めたり，仕上がりをよくしたりするために，水軟化剤やアルカリ剤，(⑦)増白剤，酵素などが配合されている。

【3】 被服に関する次の(1)～(5)の語句の説明文として正しいものはどれか。あとのア～カから1つずつ選び，記号で答えよ。

（各1点　計5点）

(1) カットソー　　　(2) オートクチュール　　　(3) ボトム

(4)　プルオーバー　　　(5)　プレタポルテ

ア　高級既製服のこと。

イ　高級注文服のこと。

ウ　前後にボタンなどの開きがなく，頭からかぶって着る上衣のこと。

エ　丸えりのセーターやTシャツのこと。

オ　トップに対して，パンツなど下半身に身につけるもののこと。

カ　綿ジャージー生地を型紙に合わせて裁断し，縫製した衣類の総称。

【4】　**ミシンについて，次の各問いに答えよ。**

（(2) 各2点，他 各1点　計12点）

(1)　次の図の①～⑤の名称を答えよ。

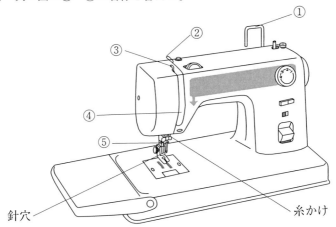

針穴　　　　　　　　　　　　　　　　　糸かけ

(2)　ミシンで縫っていたら，針が折れてしまった。原因として考えられることを，3つ簡潔に答えよ。

(3)　サテンなど薄い布地を縫うのに，最も適したミシン針と縫い糸の組合せを，次のア～エから1つ選び，記号で答えよ。

ア　ミシン針9番，縫い糸80番　　　イ　ミシン針11番，縫い糸60番

ウ　ミシン針14番，縫い糸50番　　　エ　ミシン針16番，縫い糸30番

【5】料理に関する次の(1)〜(5)の用語の説明として適切なものを，下の
　　ア〜ケから1つずつ選び，記号で答えよ。

（各1点　計5点）

(1)　吸い口　　(2)　天じめ　　(3)　テリーヌ　　(4)　呼び塩
(5)　登り串

　ア　吸い物や味噌汁などの汁物に添える香りのもの。
　イ　吸い物や椀盛りの主体となる材料のこと。
　ウ　寒天で寄せた料理，あるいは，材料を寒天でまとめたり固めた
　　　りすること。
　エ　本来はふたつきの焼き物用の器のことだが，これに詰め物を入
　　　れて焼いたもの。
　オ　鯛・鮎などの魚を姿のまま塩焼きにする際，焼き上がりを美し
　　　く見せるためにふる塩のこと。
　カ　緑色の野菜をゆでる際，美しく鮮やかな色にゆであがるように
　　　入れる少量の塩のこと。
　キ　塩分の多い塩魚をうすい塩水につけて塩ぬきすること。
　ク　鮎などの川魚を生きた姿のように美しく焼き上げる場合に使わ
　　　れる串の打ち方。
　ケ　エビをまっすぐな形に仕上げたいときに用いる串の打ち方。

【6】ビタミンと無機質に関する次の文を読んで，あとの各問いに答えよ。

（各1点　計13点）

　　ビタミンは，現在約25種知られているが，人が必要とするのは
（　①　）種である。ビタミンB_1は，豚肉に多く含まれており，欠乏す
ると（　②　）になる。貝やえび・かに・山菜などには，_A<u>ビタミンB_1を
分解する酵素</u>が含まれているが，（　③　）して食べれば分解する酵素
ははたらかなくなる。
　　（　④　）は体内で合成されないので，食べ物から摂取しなければな
らない。日本人が不足しやすい（　④　）はカルシウムと鉄である。
_B<u>りんやマグネシウムの過剰摂取はカルシウムの吸収を妨げるので，</u>

294

食品添加物としてりんを多く使用している加工食品の多用は注意しなければならない。鉄の機能としては，赤血球中に含まれる(　⑤　)として，体内の各組織へ(　⑥　)を運搬する大切なはたらきがある。鉄が欠乏すると，からだへの(　⑥　)の供給量が減り，動悸や息切れがする，全身がだるくなる，皮膚や粘膜が白っぽくなるなどの，(　⑦　)になる。動物性食品に含まれている(　⑧　)鉄は，吸収がよい。

(1)　文中の(　①　)～(　⑧　)に最も適する数字または語句を答えよ。

(2)　下記のビタミンの化学物質名を答えよ。

　　①　ビタミンA　　②　ビタミンD

(3)　下線部Aの酵素名を答えよ。

(4)　下線部Bについて，カルシウムの吸収を妨げる物質をりん，マグネシウム以外に2つ答えよ。

【7】次の文を読んで，下線部の内容が正しいものには○を付け，誤っているものは正しく書き直せ。

（各2点　計10点）

(1)　あじとかつおの旬は<u>秋</u>である。

(2)　小麦粉に水を加えて練ると<u>グルテン</u>を形成し，粘りと弾力性を生じる。

(3)　砂糖の原料はさとうきびやさとうだいこんなどで，主成分は二糖類の<u>ショ糖</u>である。

(4)　「トクホ」と呼ばれている特定保健用食品には，<u>消費者庁</u>が認可した食品であることを示すマークが付けられている。

(5)　食品の中で，アレルギーを起こしやすいため表示が義務付けられている7品目は，<u>らっかせい，大豆，卵，乳，うどん，さば，かに</u>である。

【8】 食生活の管理と健康について，次の各問いに答えよ。

(各1点　計11点)

(1)　食の安全への取組として行われている生産歴の追跡ができる仕組みを何というか，答えよ。

(2)　次の10項目について，下のア・イの各問いに答えよ。

> ・食事を楽しみましょう
> ・1日の食事のリズムから，健やかな生活リズムを。
> ・適度な運動とバランスのよい食事で，（　①　）の維持を。
> ・主食，主菜，（　②　）を基本に，食事のバランスを。
> ・ごはんなどの（　③　）をしっかりと。
> ・野菜・果物，牛乳・乳製品，豆類，（　④　）なども組み合わせて。
> ・食塩は控えめに，（　⑤　）は質と量を考えて。
> ・日本の食文化や（　⑥　）を活かし，郷土の味の継承を。
> ・食料資源を大切に，無駄や（　⑦　）の少ない食生活を。
> ・「食」に関する理解を深め，食生活を見直してみましょう。

　ア　この10項目は何といわれるものか答えよ。

　イ　上の空欄①〜⑦に入る適切な語句を答えよ。

(3)　近年の食生活について，次のア・イの各問いに答えよ。

　ア　生活習慣病に影響を及ぼし，摂取量が不足しがちな難消化成分を総称して何というか答えよ。

　イ　摂取した効果等について，科学的根拠が認められるものにのみ，消費者庁から表示を許可されている食品を何というか答えよ。

【9】 消費生活について，次の各問いに答えよ。

(各1点　計7点)

(1)　個人の信用を担保にお金を借りる消費者信用のシステムのうち，現金・所持金がなくても商品を受け取り，代金を後払いする取引は何と呼ばれるか。その名称を答えよ。

(2)　図書カードのように代金前払いの形でカードを購入しておき，商

品購入時に現金の代わりに使うカードは何と呼ばれるか。その名称を答えよ。

(3) 消費者を守るためにさまざまな法律や制度が整備されてきた。その中の一つの法律が，2004年，それまでの事業者規制による消費者保護から，消費者が権利の主体として自立できることを支援する内容に改正された。その法律は何と呼ばれるか。その名称を答えよ。

(4) 1960年に設立された世界の消費者運動団体の連合体で，世界消費者大会の開催など多岐にわたる活動を行い，国際連合の諮問機関にもなっている，現在，「CI」とも呼ばれる組織は何か，正式名称を漢字で答えよ。

(5) 問題のある販売方法によって商品を購入してしまい，クーリングオフ制度を利用して解約しようと考えている。解約可能となる条件を3つ答えよ。

【10】次の各文中の空欄に適するものを，それぞれ下のア～オから1つずつ選び，記号で答えよ。

(各1点　計5点)

(1) 1分間の呼吸数は，新生児では約(　　　)である。

　　ア　10～20　　イ　40～50　　ウ　60～70　　エ　80～90

　　オ　100～110

(2) 1分間の脈拍数は，乳児期では約(　　　)回である。

　　ア　20　　イ　60　　ウ　80　　エ　100　　オ　120

(3) 新生児の身長に対する頭長の割合は，約(　　　)である。

　　ア　2分の1　　イ　3分の1　　ウ　4分の1　　エ　5分の1

　　オ　6分の1

(4) 離乳開始時期は生後(　　　)頃が適当である。

　　ア　3～4カ月　　イ　4～5カ月　　ウ　5～6カ月

　　エ　6～7カ月　　オ　8～9カ月

(5) パーテンが示した乳幼児の遊びの分類には，①合同(連合)遊び，②ひとり遊び，③傍観遊び，④並行遊び，⑤協同遊びがある。これらを発達段階で出現する順に並べると(　　　)となる。

ア　③→②→④→⑤→①　　イ　②→③→④→⑤→①
ウ　②→③→④→①→⑤　　エ　③→④→②→①→⑤
オ　②→①→⑤→④→③

【11】次の文の各空欄に最も適する語句または数字を答えよ。

（各1点　計8点）

　日本は，平均寿命が延び，出生率の低下により急激に高齢化が進んでいる。一般的に，全人口に対し65歳以上の人口が占める割合が（　①　）%を超えた社会を高齢化社会，（　②　）%を超えると高齢社会と呼ぶ。また寿命が延びたため65～74歳までを（　③　）と呼び，75歳以上を（　④　）と呼んで区分している。高齢者人口の増加に伴い介護や支援を必要とする家族や高齢者も増え，介護サービスを充実させるために2000年から（　⑤　）が導入され（　⑥　）歳以上の国民は保険料を支払うようになった。保険給付による介護サービスを利用したい場合には（　⑦　）に申請を行い要介護認定を受けなければならない。判定の結果，その人に適したサービスを効率的に利用できる事や家族の希望などを考慮し，介護サービス計画(ケアプラン)を作成する。ケアプランは自分で作成してもよいが（　⑧　）に作成してもらうこともできる。

【12】次の文の各空欄に当てはまる語句または数字を答えよ。

（各1点　計7点）

　日照には，様々な作用があり生活に欠かすことができない。適度な（　①　）は，人体の新陳代謝やビタミンDの生成を促進し，強い殺菌作用は，細菌やバクテリアなどの（　②　）を死滅させる保健衛生上の効果がある。

　1950年に制定された建築基準法では，日照や通風を確保するための（　③　）や容積率が定められていて，部屋の採光のために有効な開口部の面積は，その居室の床面積の（　④　）分の1以上となっている。

　最近は，東日本大震災に端を発した原発の事故により，電力の供給が見直されており，住宅の屋根に集熱パネルを並べて自家発電を行う

(⑤)エネルギーが注目されている。このように，地球温暖化防止のために，資源・エネルギーの有効利用をはかり，廃棄物に対して配慮し，(⑥)の排出量を減らすなど，周辺の自然環境と調和し，健康で快適に生活できるよう工夫された住宅及びその地域環境のことを，(⑦)住宅という。

解答・解説

【1】 (1) **絹** (2) **ナイロン** (3) **ポリウレタン** (4) **アセテート** (5) **綿**

解説 紫外線で黄変することで知られているのは，絹，ナイロン。吸湿性が少ない繊維は，アクリル，ナイロン，ポリウレタン，ポリエステルが該当する。静電気を帯びやすい繊維として ナイロンやウールなどプラスに帯電する繊維，ポリエステルやアクリルなどマイナスに帯電する繊維が該当する。以上のことから総合判断し(1)＝絹，(2)＝ナイロン。 (3) ポリウレタン ・ゴムのように伸縮性，弾力性がある ・時間経過で劣化する(約3年) ・塩素系漂白剤に弱い (4) 半合成繊維に該当するのはアセテート・プロミックス。説明の後半の「熱で変形を固定」は熱可塑性を意味し，プリーツ加工に適する繊維である。この特徴に合致するのはアセテート。アセテートには「撥水性が高く水を弾く」性質もあり，安価であるため子供用のレインコートに使用されることも多い。の特徴である。 (5) 綿 ・汗や水を吸いやすく，濡れても丈夫 ・洗濯や漂白が容易にできる ・乾きにくく，シワになりやすい

【2】 ① **界面活性剤** ② **合成洗剤** ③ **中性洗剤** ④ **親油基** ⑤ **乳化** ⑥ **再汚染** ⑦ **蛍光**

解説 洗剤の主成分は界面活性剤で，水だけでは落とせない衣類や食器の油汚れなどを界面活性剤の"油になじみやすい性質(親油基)"が包

み込み，それを一方の"水になじみやすい性質(親水基)"の作用によって洗い落とす。洗剤のその他の成分を助剤と言い，次のようなものがある。炭酸塩は水軟化剤とアルカリ剤の働きがある。アルミ珪酸塩は水軟化剤，酵素は汚れなどを分解する働きがある。蛍光増白剤とは，染料の一種で，紫外線を吸収し白さが増したようにみせかけて黄ばみや黒ずみを目立たなくする働きがある。

【3】 (1) カ　(2) イ　(3) オ　(4) ウ　(5) ア

解説 (1) カットソー：ニット素材(編物)を裁断(cut)し，縫製(sew)するが語源である。Tシャツ，ポロシャツがある。これに対し，布地(織物)を縫製したものは，シャツと呼ばれる。　(2) オートクチュール：オート(仏語で高級な)，クチュール(仏語で仕立て，縫製)が語源である。パリのクチュール組合加盟店により縫製される一点物の高級注文服をさす。　(4) プルオーバー：セーターの代表的な形状として，プルオーバーとカーディガンがある。　(5) プレタポルテ：プレ(仏語で用意されている)，ポルテ(仏語で着る)の意味から，プレタポルテとは，そのまま着られるという意味である。1970年以降，プレタポルテが台頭してきたことにより，オートクチュールの割合が減ってきた。

【4】 (1) ① 糸立て棒　② 上糸糸案内　③ 天びん　④ 糸案内板　⑤ 針棒糸かけ　(2) ・針止めねじがゆるんでいる。　・押さえがゆるんでいる。　・針のつけ方が浅い。　(3) ア

解説 (1) ミシンの各部の名称は頻出，基本なのでしっかり頭に入れておくこと。　(2) 他に，・針の太さが布の厚さに合っていない。・針が曲がっている。　など。　(3) 薄地を縫う場合は，針は9番，糸は80番がよい。ミシン針は番号が大きいほど太い。糸は番号が大きいほど細い。ブロードのような普通の厚さの生地の場合，ミシン針が11番，ミシン糸は60番の組合せがよい。フラノのような厚地の場合は，針が14番，ミシン糸は50番が適している。

【5】(1)　ア　(2)　ウ　(3)　エ　(4)　キ　(5)　ク

解説 (1)　吸い口は吸い物や煮物に添えるもので，香気と風味を加える役割があり，ゆずや葉山椒がよく使用される。　(2)　天じめは，寒天で寄せたり，固める手法。寄せ固めることから「寒天寄せ」，小豆を寄せ固めた羊羹(ようかん)のように「○○羹」と呼ぶこともある。
(3)　テリーヌはフランス料理。焼いたあと冷やすことが多い。
(4)　呼び塩はかずのこや塩鮭，むきえびなどの塩抜きで行われる。
(5)　登り串は口から中骨に沿って串を入れ，尾を曲げて串先を出す。

【6】(1)　①　13　②　脚気　③　加熱　④　無機質　⑤　ヘモグロビン　⑥　酸素　⑦　(鉄欠乏性)貧血　⑧　ヘム
(2)　①　レチノール　②　カルシフェロール　(3)　アノイリナーゼ　(4)　フィチン酸・しゅう酸

解説 (1)　現在確認されているビタミンは，約25種類(ビタミン用作用物質を含む)あり，ヒトの食物の成分として必要なビタミンであると確認されているのは，13種類となっている。ビタミンB_1は，玄米，豆腐，納豆，たまご，豚肉，豚・牛のレバー，にんにくなどに多く含まれている。欠乏症としては脚気がある。生体においての鉄の役割として，赤血球の中に含まれるヘモグロビンは，鉄のイオンを利用して酸素を運搬している。そのため，体内の鉄分が不足すると，酸素の運搬量が十分でなくなり鉄欠乏性貧血を起こすことがあるため，鉄分を十分に補充する必要がある。一般に動物性食品の「ヘム鉄」のほうが吸収は良い。　(2)　②　コレカルシフェロール，エルゴカルシフェロールでも可。　(3)　貝，鯉，鮒，山菜類にはアノイリナーゼというビタミンB_1を分解する酵素が入っている。　(4)　カルシウムとリンの比が1：1〜1：2の場合吸収が促進される(牛乳がこの範囲である)が，食品加工によりリンを含んだ食品を摂取していることから，結果としてリン・マグネシウムの過剰摂取となる。吸収を阻害するものには，他に，塩分，アルコール，たばこ，過剰の食物繊維がある。

【7】 (1) 夏　(2) ○　(3) ○　(4) ○　(5) らっかせい，小麦，卵，乳，そば，えび，かに

解説 (1) 鰺の旬は6〜8月。かつおの旬は2回あり5・6月と9〜10月である。鰺とかつおの旬で共通する月は6月で「初夏」。　(5) 2023年3月9日，消費者庁より，食品表示基準の一部を改正する内閣府令が公表され，食物アレルギーの義務表示対象品目に「くるみ」が追加された。従って，現時点では8品目。

【8】 (1) 食品トレーサビリティ　(2) ① 適性体重　② 副菜　③ 穀類　④ 魚　⑤ 脂肪　⑥ 地域の産物　⑦ 廃棄　(3) ア 食物繊維　イ 特定保健用食品

解説 (1) 食品トレーサビリティとは，食品の生産，加工，流通について各段階で記録をとり管理することによって，食品がたどってきた過程を追跡可能にすることである。　(2) ア 食生活指針とは，食料生産・流通から食卓，健康へと幅広く食生活全体を視野に入れた指針である。2000(平成12)年3月に，文部省(現文部科学省)，農林水産省，厚生省(現厚生労働省)の3省が連携して策定した。策定から16年が経過し，その間に食育基本法の制定，「健康日本21(第二次)」の開始，食育基本法に基づく第3次食育推進基本計画などが作成されるなど，幅広い分野での動きを踏まえて，平成28年6月に食生活指針を改定した。　(3) ア 日本人の食生活の変化が，生活習慣病の増加の原因になっているといわれ，特に，脂肪の増加や食塩の過剰摂取に加えて食物繊維の減少も大きな原因として指摘されている。　イ 特定保健用食品とは，食物繊維入り飲料など従来の機能性食品のうち，「食生活において特定の保健の目的で摂取するものに対し，その摂取により当該保健の目的が期待できる旨の表示をする」食品とされている。

【9】 (1) 販売信用(クレジット)　(2) プリペイドカード　(3) 消費者基本法　(4) 国際消費者機構　(5) ①業者の営業所以外であること，②購入価格が3000円以上であること，③契約書面の受理日から

8日以内であること

解説 (1) 販売信用は，信販会社などが信用を供与した会員等の買い物代金を，立て替えて支払うことである。 (2) あらかじめお金をチャージ・入金して，その額面内の商品やサービスを購入することができるカード。先払いなので，買いすぎが少ない。 (3) 消費者基本法は，消費者の権利の尊重と自立支援を目的とした法律で，平成16(2004)年6月，消費者保護基本法の改正に伴い，現在の法律名に変更された。 (4) 世界中の消費者団体が加盟する団体。本部はロンドン。 (5) 他に，政令で指定された商品またはサービスの契約であること，消費者であること等がある。クーリングオフの出題は頻出なので，しっかり頭に入れておくこと。

【10】 (1) イ　(2) オ　(3) ウ　(4) ウ　(5) ウ

解説 (1)(2) 新生児，乳児，2歳児，成人の［呼吸数…脈拍数］は，それぞれ順に［40〜50…120〜160］，［30〜45…120〜140］，［20〜30…100〜120］，［16〜18…70〜80］である。 (3) 身長と頭長の割合は，おおむね新生児では4：1，2〜4歳児では5：1，15歳以上では7〜8：1である。 (4) 離乳食は，生後5〜6カ月頃からつぶしたおかゆを1日1サジから始め，慣れてきたらすりつぶしたカボチャなどの野菜や豆腐・白身魚などを与えていく。 (5) 遊びの分類には，ビューラーによる「感覚遊び(機能遊び)・運動遊び・模倣遊び(想像遊び・ごっこ遊び)・構成遊び(想像遊び)・受容遊び」も知られている。本問のパーテンによる遊びの分類は，子ども同士の関わり方に主眼を置いた分類である。「ビューラー」「パーテン」の名前も覚えておこう。並行遊び…何人かで同じ遊びをしているけれど，協力しあうことはない。連合遊び…コミュニケーションをとりながら同じ遊びをする。協同遊び…役割分担，ルール，テーマを共有し，組織的な遊びである。

【11】 ① 7　② 14　③ 前期高齢者　④ 後期高齢者　⑤ 介護保険法　⑥ 40　⑦ 市町村　⑧ ケアマネージャー(介護支

援専門員)

解 説 日本の高齢化の特徴は，①寿命の伸びと少子化が同時に進行し，生産年齢人口の割合が増加しない，②高齢化の進行が，他に例をみないほど急速である，③高齢者の中でも後期高齢者が増加している，の3つである。これらの特徴は，日本の高齢者福祉の方向性に大きく影響する。2016年には高齢者人口の割合が27.3％に達し，国民の2.7人に1人が高齢者になる社会の到来が予測されている。

【12】 ① 紫外線　　② 病原体　　③ 建ぺい率　　④ 7
　　　 ⑤ 太陽光　　⑥ 二酸化炭素　　⑦ 環境共生

解 説 「建ぺい率(%)＝(建築面積(m²)÷敷地面積(m²))×100」　「容積率(%)＝(延べ床面積(m²)÷敷地面積(m²))×100」。

第4部

五肢択一式
家庭科実践演習

五肢択一式 家庭科実践演習

Part1

【1】被服製作に関する次のa～eの記述として正しいものの組合せはどれ
か。下の①～⑤から1つ選べ。

a 糸の撚り方は，撚りの方向によってS撚り(右撚り)とZ撚り(左撚り)
があるが，手縫い糸は上撚りをS撚り，下撚りをZ撚りとし，ミシン
糸は上撚りをZ撚りにすることが多い。これは，ミシンの構造上，
撚り戻りを防ぐためである。

b 布のゆがみを直したり，縮みやすい布をあらかじめ縮ませたりす
ることを地直しという。

c 平面構成に比べ，立体構成はゆとりが多く，体型に多少の差があ
っても着ることができる。

d 平面的な布地にふくらみを持たせるために，縫い目のきわを細か
く縫い縮める技法を，ダーツという。

e 縫い代は，曲線部分には多めにし，変形しやすい布の場合は少な
めにつけるとよい。

　　　① a・b　　② a・c　　③ a・e　　④ b・d　　⑤ b・e

【2】次の文は，女物単衣長着の縫い方を示したものである。(ア)～
(オ)に入る語句の組合せとして最も適当なものを，下の①～⑤か
ら1つ選べ。

　袖口は(ア)をする。背縫いは，(イ)をしてから，0.2cmのき
せをかけて(ウ)へ折る。

　肩当ては，背縫いをした後，前後の下端を(エ)にする。耳のと
きはそのままでよい。おくみをつけた後，襟は(オ)でくける。

　① ア 本ぐけ　　　　　　イ 二度縫い　　　ウ 右身ごろ側
　　　エ 並縫い　　　　　　オ 三つ折りぐけ
　② ア 三つ折りぐけ　　　イ 二度縫い　　　ウ 左身ごろ側

```
    エ  伏せ縫い      オ  本ぐけ
③  ア  よりぐけ      イ  伏せ縫い      ウ  右身ごろ側
    エ  二度縫い      オ  三つ折りぐけ
④  ア  本ぐけ        イ  並縫い        ウ  左身ごろ側
    エ  伏せ縫い      オ  三つ折りぐけ
⑤  ア  三つ折りぐけ  イ  並縫い        ウ  左身ごろ側
    エ  二度縫い      オ  本ぐけ
```

【3】次のa〜eの布地とア〜オの説明文の組合せとして適切なものはどれか。下の①〜⑤から1つ選べ。

a ギャバジン　　b サージ　　　c サテン　　　d ツイード
e ブロード

　ア　横畝のある平織りの綿織物。光沢があり，ワイシャツなどに用いられる。

　イ　たて糸とよこ糸が45度前後の綾角度になっている毛織物で，制服などに広く使われている。

　ウ　ざっくりとした厚手の紡毛織物の総称で，ジャケットやコートによく使われる。

　エ　腰のある丈夫な綾織物で，表の綾目がはっきりしており，スーツやコートに使われる。

　オ　朱子織物で光沢があり，ソフトでドレープ性がある。ドレスやブラウスに使われる。

```
①  a…イ   b…ウ   c…オ   d…ア   e…エ
②  a…イ   b…エ   c…ア   d…ウ   e…オ
③  a…ウ   b…エ   c…オ   d…イ   e…ア
④  a…エ   b…イ   c…オ   d…ア   e…ウ
⑤  a…エ   b…イ   c…オ   d…ウ   e…ア
```

【4】「賞味期限」に関する記述として最も適当なものはどれか。次の①〜⑤から1つ選べ。

① 加工食品は，一度開封しても，表示された期限まではおいしく食べることができる。
② 食品の特性に応じて，「賞味期限」の表示が義務づけられているが，製造年月日の表示は任意である。
③ 「賞味期限」が表示されている食品は，その期限が過ぎたら安全性に問題が生じるので食べない方がよい。
④ 年月日で表示されるが，2カ月を超える食品は年月で表示することができる。
⑤ 輸入食品等は，任意で輸入業者が期限表示をする。

【5】次のア～エは，米の加工品の製法を説明したものである。説明文とその食品名の組合せとして最も適当なものはどれか。下の①～⑤から1つ選べ。
ア うるち米を水洗いし，粉砕して乾燥したもの。
イ もち米を水にさらしたのち，細かく砕き，沈殿した乳液を乾燥させて粉末にしたもの。
ウ うるち米を水に漬け臼でひいたものを蒸し，細い穴から押し出しめん状とし，乾燥させたもの。
エ もち米を水につけてから蒸し，天日で乾燥してから粗めに挽いたもの。
　① ア 上新粉　　イ 道明寺粉　　ウ 春雨
　　　エ 白玉粉
　② ア 道明寺粉　イ 白玉粉　　ウ ビーフン
　　　エ 上新粉
　③ ア 白玉粉　　イ 上新粉　　ウ 春雨
　　　エ 道明寺粉
　④ ア 上新粉　　イ 白玉粉　　ウ ビーフン
　　　エ 道明寺粉
　⑤ ア 白玉粉　　イ 道明寺粉　ウ 葛きり
　　　エ 上新粉

【6】水溶性ビタミンはどれか。次の①～⑤から1つ選べ。

① ビタミンA　　② ビタミンB₂　　③ ビタミンD

④ ビタミンE　　⑤ ビタミンK

【7】次の文中の(　　)にあてはまる語句を，下の①～⑤から1つ選べ。

　平成21年4月，国民生活センターに消費者トラブル解決のために紛争解決委員会が設置され，(　　)といわれる「裁判外紛争解決手続」の機能が導入された。

　これは，消費者と事業者の間に起こった紛争のうち，重要消費者紛争について，紛争解決委員会が「和解の仲介」や「仲裁」を実施するものである。

① ASH　　② ADR　　③ CPA　　④ BRC　　⑤ AED

【8】次の文は，児童福祉法(昭和22年12月12日法律第164号)の第1条～第3条である。(　ア　)～(　オ　)に入る語句の組合せとして最も適当なものを，下の①～⑤から1つ選べ。

第1条　全て児童は，児童の権利に関する条約の精神にのっとり，適切に(　ア　)されること，その生活を保障されること，愛され，保護されること，その心身の健やかな成長及び発達並びにその(　イ　)が図られることその他の福祉を等しく保障される権利を有する。

第2条　(　ウ　)は，児童の保護者とともに，児童を心身ともに健やかに育成する(　エ　)を負う。

第3条　前2条に規定するところは，児童の(　オ　)を保障するための原理であり，この原理は，すべて児童に関する法令の施行にあたつて，常に尊重されなければならない。

① ア　養育　　イ　独立　　ウ　国及び地方公共団体
　　エ　義務　　オ　福祉

② ア　愛護　　イ　自立　　ウ　国　　エ　責任　　オ　安全

③ ア　養育　　イ　独立　　ウ　国　　エ　使命　　オ　生活

④ ア　養育　　イ　自立　　ウ　国及び地方公共団体

エ　責任　　オ　福祉
⑤　ア　教育　　イ　育成　　ウ　地方公共団体
エ　使命　　オ　生活

【9】高齢者福祉に関する次のa〜eのできごとを，古い順に正しく並べたものを，下の①〜⑤から1つ選べ。

a　老人保健法制定
b　介護保険法施行
c　老人福祉法制定
d　高齢者虐待防止法施行
e　ゴールドプラン策定

①　c→a→e→d→b
②　a→e→c→b→d
③　d→c→e→a→b
④　c→a→e→b→d
⑤　a→c→d→e→b

【10】次のア〜オの文は，住まいの通風と換気について述べたものである。正しく述べている文の組合せを，あとの①〜⑤から1つ選べ。

ア　日本の伝統的な木造家屋は，気密性が高くすきま風がほとんどない。
イ　室内環境の快適性は，湿度，気温，気流の3つの条件に左右される。
ウ　居住者の健康を維持するという観点から，問題のある住宅においてみられる健康障害の総称をシックハウス症候群という。
エ　燃焼器具が不完全燃焼を起こしたときに発生する二酸化炭素によって，中毒や死に至ることがある。
オ　結露を防ぐためには，洗濯物を室内で干すとよい。

①　ア・オ　　②　ウ・エ　　③　ア・エ　　④　イ・ウ
⑤　イ・オ

■━━━■ 解答・解説 ■━━━■

【1】①

解説 c 平面構成についての文章であり，立体構成と平面構成の言葉が逆である。　d　ダーツではなくギャザーである。　e　曲線部分を多くすることはなく，変形しやすい布の場合は多めにとるとよい。

【2】②

解説 基本的な作業順序は，①そで縫い　②背縫い　③くりこし揚げ　④肩当てつけ　⑤いしき当てつけ　⑥おくみつけ　⑦えりつけ　⑧かけえりかけ　⑨わき縫い　⑩すそくけ　⑪そでつけ　⑫仕上げ　である。

【3】⑤

解説 a　ギャバジンはスペイン語のガバルディナが語源。素材は毛，綿，ステープルファイバーを用いる。丈夫でしわになりにくいのが特徴。　b　サージは最も一般的な梳毛織物の1つ。耐久性に富み，ひだづけしやすいが，着ずれにより光ってくる欠点がある。　c　サテンは日本では繻子とよばれる。用途は帯，和服，ネクタイなど様々で，光沢があり柔軟で滑りがよいが，摩擦に弱い。　d　ツイードはスコットランドの農家が副業として，手織りでつくったのが始まり。本来は紡毛織物だが，梳毛糸を使用した梳毛ツイードもある。　e　ブロードは元々，双糸を用いた平織綿織物を指していたが，ポプリンと呼ばれる単糸を用いた平織綿織物もブロードと呼ばれるようになっている。素材は木綿，化繊など。

【4】②

解説 賞味期限とは定められた方法により保存した場合において，期待されるすべての品質の保持が十分に可能であると認められる期限を示す年月日。3カ月を超す場合は年月。食品衛生法やJAS法等に規定さ

れる。

【5】④

|解|説| もち米製品の代表としては「もち」がある。もち米を蒸してねばりけがでるまでついたもので，板状，だんご状，四角，丸など，さまざまな形のものがある。日本では昔から祝い事や行事に食べられることが多い。うるち米製品としては，秋田県の「きりたんぽ」などもある。

【6】②

|解|説| ビタミンには水溶性と脂溶性があり，水溶性ビタミンには，ビタミンB_1，B_2，B_6，B_{12}，B_3，B_5，H，C，葉酸が，脂溶性ビタミンには，ビタミンA，D，E，Kがある。ビタミンについては働きや欠乏による症状も出題されているので，表などにまとめて学習するとよいだろう。

【7】②

|解|説| 消費者トラブルが生じ，消費生活センター等や国民生活センター相談部へ寄せられた相談のうち，そこでの助言やあっせん等の相談処理のみでは解決が見込めないときなどには，消費者は紛争解決委員会へ和解の仲介や仲裁を申請することができる。また，消費生活センター等を経ずに，当事者が直接，紛争解決委員会に申請をすることもできる。

【8】④

|解|説| 第二次世界大戦後，日本国憲法のもとに次々に子どもにかかわる法律が整備された。児童福祉法は，その中で最初に制定されたものであり，児童の福祉面に関する基本法であり，基本理念を示したものとされている。

【9】④

┃解┃説┃老人保健法制定…1982年，介護保険法施行…1997，老人福祉
法制定…1963年，高齢者虐待防止法施行…2006年，ゴールドプラン策
定…1989年

【10】④

┃解┃説┃ア　日本の伝統的木造家屋は気密性が低く，隙間風がある。
エ　不完全燃焼により，一酸化炭素が発生する。　オ　結露を防ぐに
は換気を行い，外部との温度差を少なくする。

Part2

【1】次の図は，ハーフパンツの製作途中の図である。前後のまた下を合わせてまち針を打つときに，最初に打つ正しい位置を，図中の①～⑤から1つ選べ。

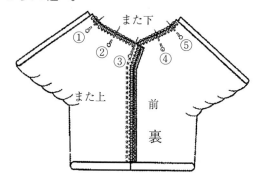

【2】繊維の種類と特徴に関する次のa～eの記述として正しいものの組合せを，下の①～⑤から1つ選べ。

a　麻と綿とで比較すると，公定水分率が高いのは，麻の方である。

b　絹の側面はうろこ状になっており，断面は丸みのある三角形である。

c　絹に似た光沢があり，熱可塑性があるのは，再生繊維のアセテートである。

d　ナイロンは，石油を原料に作られており，紫外線で黄変するという特徴がある。

e　ポリウレタンの側面には繊維方向にすじがあり，湿気をよく吸い，しわになりやすい。

　　①　a・b　　②　a・c　　③　a・d　　④　b・d　　⑤　c・e

【3】次の文章で正しいものを○，誤っているものを×とし，正しい組合せのものを，下の①〜⑤から1つ選べ。

ア　洗剤の主成分は界面活性剤で，親水基と親油基をもつ。

イ　界面活性剤の働きのうち，汚れを布から離し洗液中に分散させる作用を「再汚染防止作用」という。

ウ　クリーニング店から戻ってきた衣服は，ビニル袋に入れたまま保管するのがよい。

エ　アイロン仕上げをするときは，衣服材料によって適正温度がある。

① アー×　イー×　ウー×　エー○
② アー×　イー○　ウー○　エー○
③ アー○　イー×　ウー×　エー○
④ アー○　イー×　ウー○　エー×
⑤ アー○　イー○　ウー×　エー○

【4】次は作物とその加工品の例を示したものである。現在，日本で流通・販売が許可されている「遺伝子組み換え食品」として適当でないものはどれか。①〜⑤から1つ選べ。

① 大豆(豆腐，納豆，油揚げ，みそ，しょうゆなど)
② じゃがいも(ポテトスナック菓子，マッシュポテトなど)
③ とうもろこし(コーンスナック菓子，ポップコーン，コーンスターチ，コーン油など)
④ てんさい(てんさい糖など)
⑤ 落花生(ピーナッツバター，ピーナッツクリームなど)

【5】食生活に関連する消毒及び殺菌に関して，内容として最も適当なものはどれか。次の①〜⑤から1つ選べ。

① 消毒とは，感染症や食中毒を予防するために，すべての微生物を死滅させることをいう。
② アルコール消毒には，消毒力が強いメチルアルコールが最適である。

③　次亜塩素酸ナトリウムは希釈し，野菜などの消毒に用いることができる。

④　次亜塩素酸ナトリウムによる殺菌後は，効果を維持するために水洗いは避ける。

⑤　殺菌灯による人体への照射は，影響がない。

【6】たんぱく質に関する記述として<u>誤っているもの</u>はどれか。次の①～⑤から1つ選べ。

①　一般に動物性たんぱく質は，植物性たんぱく質よりも栄養価が高い。

②　良質のたんぱく質とは，必須アミノ酸を比較的多く，しかもバランスよく含んでいる食品のたんぱく質をいう。

③　青少年期は，たんぱく質の摂取基準の45％以上を動物性食品から摂ることが望ましい。

④　たんぱく質は30種あまりのアミノ酸が多数結合したもので，血液，臓器，筋肉などを構成する重要な成分である。

⑤　大豆は，植物性食品に不足しがちなリジンや含硫アミノ酸(メチオニンやシスチン)を豊富に含有しているため，重要なたんぱく質給源となっている。

【7】次のア～ウの金利で，消費者ローンから10万円を1年間(365日)単利で借り入れを行った場合の利息について，最も適当なものを，下の①～⑤から1つ選べ。

ア　日歩5銭4厘　　イ　月利1.6％　　ウ　年利18％

　　①　アが一番高い。　　②　イが一番高い。

　　③　ウが一番高い。　　④　アとイは同額である。

　　⑤　アとウは同額である。

【8】新生児の特徴として<u>正しくないもの</u>はどれか。次の①～⑤から1つ選べ。

①　体温は37℃前後で，大人より少し高めである。

② 生後2～4日頃から2週間ほどは，身体が黄味を帯びる。
③ 生後1～2日は，黒っぽく粘りのある胎便が出る。
④ 頭蓋には，すき間が開いている。
⑤ 脈拍は，1分間に70回くらいである。

【9】高齢者の病気や事故に関する記述として<u>正しくないもの</u>はどれか。次の①～⑤から1つ選べ。

① 人間のからだは，まったく使わないでいると機能低下をおこしたり，衰えたりする。筋肉や関節への影響，骨量の減少，肺機能の低下などをおこしやすくなり，この症状を廃用症候群という。
② 寝たきりになる原因の中で，最も多いのは老衰・転倒・骨折，次いで脳血管疾患である。
③ 転倒や転落，窒息などの家庭内の事故で亡くなる高齢者のほうが，交通事故で亡くなる高齢者より多い。
④ 高齢者がかかりやすい病気は，血圧や心臓などの循環器系，慢性関節リュウマチや腰痛などの筋骨格系および結合組織の疾患，神経系や感覚器の疾患である。
⑤ 病気は慢性のものが多く，一度かかると回復に時間を要し，合併症など他の病気もおこしやすい。

【10】次のア～オは，住居に関する法律について説明したものである。ア～オのうち住生活基本法(平成18年6月8日法律第61号)について説明したものをすべて含む組合せとして最も適当なものを，あとの①～⑤から1つ選べ。

ア この法律は，住生活の安定の確保及び向上の促進に関する施策を総合的かつ計画的に推進し，もって国民生活の安定向上と社会福祉の増進を図るとともに，国民経済の健全な発展に寄与することを目的とする。
イ この法律は，建築物の敷地，構造，設備及び用途に関する最低の基準を定めて，国民の生命，健康及び財産の保護を図り，もって公共の福祉の増進に資することを目的とする。

　ウ　第3条には，現在及び将来における国民の住生活の基盤となる良
　　　質な住宅の供給等について書かれている。
　エ　この法律は，国及び地方公共団体が協力して，健康で文化的な生
　　　活を営むに足りる住宅を整備し，これを住宅に困窮する低額所得者
　　　に対して低廉な家賃で賃貸し，又は転貸することにより，国民生活
　　　の安定と社会福祉の増進に寄与することを目的とする。
　オ　第7条には，国及び地方公共団体の責務について書かれている。
　①　ア・イ・ウ　　②　ア・エ・オ　　③　ア・ウ・オ
　④　イ・オ　　　　⑤　ウ・エ

―――――――――解答・解説―――――――――

【1】③
|解|説| 正しい順序は③→①・⑤→②・④。

【2】③
|解|説| b　絹の側面は凹凸がなくツルツルで，断面はくさび形をしてい
る。　c　アセテートではなく，ポリエステルである。　e　ポリウレ
タンではなく，レーヨンである。

【3】③
|解|説| イの作用は「乳化・分散作用」である。ウのビニル袋の主な役割
は運搬中の埃よけであり，ビニル袋に入れたまま保管すると，カビの
原因等になる。したがって，ビニル袋を外し，一晩程度陰干しすると
よい。

【4】⑤
|解|説| 現在日本で許可されているのは，①～④に加えて菜種，わた，
アルファルファの7種である。

【5】③

解説 ① 説明に該当するのは殺菌。 ② メチルアルコールでなくエチルアルコール(エタノール)。 ③ 0.02％の溶液に5分間，あるいは0.01％に10分間ひたす。その後流水で十分すすぐ。 ④ その後，水拭きする。 ⑤ 人体(目や皮膚)に悪影響を及ぼすので取り扱いには細心の注意が必要。

【6】④

解説 たんぱく質は臓器や筋肉を構成しているが，血液中では低分子の栄養分やホルモンを結合しているにすぎない。

【7】①

解説 利子の計算方法には大きく分けて単利と複利の2つの方法がある。単利は元本を変化させずに利子を決める。複利は元本に利子を加えて次回の利子を決める。日歩(ひぶ)とは，元金100円に対する1日あたりの利息で金利を表したもの。単位は，銭(1/100円)，厘(1/10銭)，毛(1/10厘)である。

【8】⑤

解説 新生児の脈拍は1分間に120回前後である。新生児は新陳代謝が活発であり，1回に送り出せる血液の量が少ないため，脈拍数は成人の約2倍となる。

【9】②

解説 寝たきりの原因となる疾患の第一位は脳卒中(約38％)で，第二位が老衰(約15％)，第三位は骨折(約12％)となっている。

【10】③

解説 イに該当するのは建築基準法。エについて，低所得者のみなら

ず被災者，高齢者，子どもを育成する家庭，その他住宅の確保に特に
配慮を有する者を対象としている。

 **Part3**

【1】次の織物のうち斜文織はどれか。①〜⑤から1つ選べ。

① モスリン　　② ギンガム　　③ ドスキン　　④ サージ

⑤ サテン

【2】次の各文は，着用しなくなった被服の利用について述べたものである。ア〜エの文と語句の組合せとして最も適するものを，下の①〜⑤から1つ選べ。

ア　綿製品などを，工場の機械の油をふきとる布として利用する。

イ　古着をほぐして綿状にし，ぬいぐるみの中わたなどに利用する。

ウ　まだ着用できるものは，海外などに輸出される。

エ　ごみとなったものを燃やして熱エネルギーに変える。

① ア　カレット　　イ　ウエス　　ウ　中古衣料
　エ　サーマル・リサイクル

② ア　ウエス　　イ　反毛　　ウ　中古衣料
　エ　サーマル・リサイクル

③ ア　ウエス　　イ　反毛　　ウ　フリース
　エ　ケミカルリサイクル

④ ア　カレット　　イ　ウエス　　ウ　フリース
　エ　ケミカルリサイクル

⑤ ア　カレット　　イ　反毛　　ウ　中古衣料
　エ　ケミカルリサイクル

【3】次の図はまち針のとめ方の図である。2枚の布がずれないためのまち針のとめ方として最も適するものを，①〜⑤から1つ選べ。

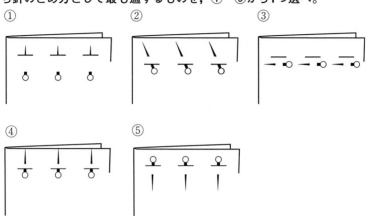

【4】精白米200gを炊飯したい。そのときに加える標準的な水の分量として適当なものはどれか。次の①〜⑤から1つ選べ。

①　200ml　　②　240ml　　③　300ml　　④　350ml　　⑤　400ml

【5】次の文は，食中毒について述べたものである。(ア)〜(オ)に入る語句の組合せとして最も適するものを，①〜⑤から1つ選べ。

　　サルモネラ菌は細菌性の(ア)型の食中毒で，主な原因食品は鶏卵である。ボツリヌス菌は細菌性の(イ)型の食中毒である。腸炎ビブリオ菌は細菌性の感染型の食中毒で主な原因食品は(ウ)である。カンピロバクターは食肉で多く発生し，潜伏期間は一般的に(エ)である。自然毒の食中毒であるふぐ毒の毒素は(オ)である。

①　ア　感染　　　　イ　毒素　　　　ウ　海産魚介類
　　エ　1〜5時間　　オ　アフラトキシン

②　ア　感染　　　　イ　毒素　　　　ウ　海産魚介類
　　エ　2〜5日　　　オ　テトロドトキシン

③　ア　感染　　　　イ　毒素　　　　ウ　ハム

エ　2～5日　　　オ　アフラトキシン
④　ア　毒素　　　　イ　感染　　　　ウ　海産魚介類
　　エ　1～5時間　　オ　テトロドトキシン
⑤　ア　毒素　　　　イ　感染　　　　ウ　ハム
　　エ　1～5時間　　オ　アフラトキシン

【6】 家族・家庭について述べたものとして誤っているものはどれか。次の①～⑤から1つ選べ。

①　家族は，人間社会におけるもっとも基礎的な最小の集団であり，他のどの集団よりも密接に影響を与えるものである。

②　家族の定義としては，そのおかれている社会の構造によって，形態や内容がそれぞれ異なるが，一般的には夫婦を中核とし，親子・きょうだいなどの近親者を構成員として成り立っている。

③　家族には，夫婦とその間に生まれた未婚の子どもで構成される核家族と呼ばれるものと，それ以外の者が加わっている直系家族と呼ばれるものがある。

④　家族に対する家庭の基本的な機能には，精神的機能，生産・労働機能，養育・教育機能，扶助機能などがある。

⑤　1994年の国連国際家族年では，各国に対し，1つの理想的な家庭像を追求することをさけるべきと宣言された。

【7】 次のア～エの文について，児童福祉法に掲げられている児童相談所の業務として正しいものを全て含むものの組合せを，あとの①～⑤から1つ選べ。

ア　児童に関する家庭その他からの相談のうち，専門的な知識及び技術を必要とするものに応ずること。

イ　児童及びその家庭につき，必要な調査並びに医学的，心理学的，教育学的，社会学的及び精神保健上の判定を行うこと。

ウ　児童の一時保護を行うこと。

エ　児童の保健について，正しい衛生知識の普及を図ること。

① ア・イ・ウ・エ　　② ア・イ・ウ　　③ ア・イ

④ ウ・エ　　　　　　⑤ イ・ウ

【8】次のア～オとA～Eの説明文の組合せとして正しいものはどれか。下の①～⑤から1つ選べ。

ア　訪問介護　　　　　イ　介護老人福祉施設　　ウ　訪問看護

エ　介護老人保健施設　オ　小規模多機能型居宅介護

A　かかりつけの医師の指示に基づき，在宅の寝たきりの高齢者等へ看護サービスを提供する。

B　家庭での生活が困難で，常時介護が必要な高齢者のための福祉施設。

C　機能訓練が必要な高齢者に，看護・医学的管理の下で介護を行う施設。

D　日常生活に支障のある高齢者のいる家庭を訪問して，介護・家事サービスを提供する。

E　在宅生活を継続できるように，通いを中心に利用する人の状態に応じて訪問や泊まりを組合せたサービスを提供する。

① 　アーA　　イーC　　ウーD　　エーB　　オーE

② 　アーC　　イーD　　ウーB　　エーA　　オーE

③ 　アーE　　イーA　　ウーB　　エーD　　オーC

④ 　アーD　　イーB　　ウーA　　エーC　　オーE

⑤ 　アーD　　イーB　　ウーA　　エーE　　オーC

【9】次の文は，住まい方について述べたものである。(ア)～(オ)に入る語句の組合せとして最も適するものを，下の①～⑤から1つ選べ。

生活の一部を(ア)化している集合住宅を(イ)という。入居者が(ウ)をつくり，(エ)から参加し，管理もおこなう方式の集合住宅を(オ)という。

① 　ア　画一　　イ　コーポラティブハウス　　ウ　まち

エ　地域　　オ　コレクティブハウス
② ア　共同　　イ　コレクティブハウス　　　ウ　組合
エ　計画　　オ　コーポラティブハウス
③ ア　画一　　イ　シェアードハウス　　　　ウ　まち
エ　地域　　オ　コーポラティブハウス
④ ア　共同　　イ　コーポラティブハウス　　ウ　組合
エ　計画　　オ　グループハウス
⑤ ア　自由　　イ　シェアードハウス　　　　ウ　組合
エ　計画　　オ　コレクティブハウス

【10】家族に関する次のa〜eの法律の記述として<u>誤ってるもの</u>の組合せを，下の①〜⑤から1つ選べ。

a　親族とは四親等内の血族と配偶者，三親等内の姻族をいう。

b　直系血族又は三親等内の傍系血族の間や直系姻族の間では，婚姻をすることができない。

c　死亡の届出は，届出義務者が死亡の事実を知った日から7日以内にしなければならない。

d　被相続人に配偶者と二人の子(嫡出子)がいた場合，子ども一人あたりの相続分は3分の1である。

e　国内での出生の場合，届出は14日以内にこれをしなければならない。

① a・b　　② a・d　　③ b・c　　④ b・e　　⑤ d・e

—— 解答・解説 ——

【1】④

解説　斜文織(綾織)は，タテ・ヨコ3本以上から完全組織がつくられ，平織のように交互に浮沈せず，連続的に浮沈した組織点は斜めに稜線を表す。斜文織は平織に比べて交錯点が少なく，糸の密度を増すことができ，地厚の織物をつくることができる。代表的な布地は，デニム，

サージ，ツイードなどである。

【2】②

|解|説| 古い衣服の材料を生かして利用することをマテリアルリサイクルという。ほぐして綿状にしたものは，反毛(はんもう)といい，フェルト，中綿，軍手などにして利用される。ケミカルリサイクルとは，回収されたポリエステル繊維製品やペットボトルを分子レベルまで細かくし，ポリエステル原料に再生して利用することをいう。スポーツウェア素材，下着などに使用されている。品質が劣化してくる再々利用以後は最終的に焼却処分しその熱を利用するが，これをサーマル・リサイクルという。

【3】④

|解|説| まち針は，2枚の布の印をあわせて打つ。順番は，布がずれないように両端を先に打ち，次にその真ん中を打つ。打つ方向は，印から縫い代に向けて打つ。

【4】③

|解|説| 米に対する水の量は重量で1.5倍である。

【5】②

|解|説| 加熱調理で大方は防げるカンピロバクター食中毒が，飲食店や調理実習等で多く発生している。カンピロバクターは，ニワトリ，ウシなどの家きんや家畜をはじめ，ペット，野鳥，野生動物などさまざまな動物が保菌している。主な感染源は，牛肉や鶏肉などを使用した料理の中で，半生の食品，加熱不十分な調理品などである。潜伏期間は2〜5日で他の食中毒菌に比べて長い。

【6】③

|解|説| 直系家族とは，直接的に親子関係でつながっている家族のこと。

【7】②

解説 児童相談所は，児童福祉法第12条に基づき，各都道府県に設けられた児童福祉の専門機関で，18歳未満の子どもたちが健やかに育つような支援として次のような業務を行う。 ・各市町村の区域を超えた広域的な見地から，実情の把握に努めること。 ・児童に関する家庭その他からの相談のうち，専門的な知識及び技術を必要とするものに応ずること。 ・児童及びその家庭につき，必要な調査並びに医学的，心理学的，教育学的，社会学的及び精神保健上の判定を行う。 ・児童及びその保護者につき，前号の調査又は判定に基づいて必要な指導を行うこと。 ・児童の一時保護を行う。 ・里親につき，その相談に応じ，必要な情報の提供，助言，研修その他の援助を行うこと。

【8】④

解説 それぞれの文章をよく読めば答えが出てくる。オの小規模多機能型居宅介護とは，平成18年4月の介護保険制度改正により創設された，地域密着型サービスのひとつで，介護が必要となった高齢者(主に認知症高齢者)が，今までの人間関係や生活環境をできるだけ維持できるよう，「通い」を中心に「訪問」「泊まり」の3つのサービス形態が一体となり，24時間切れ間なくサービスを提供できるのがその大きな特徴である。

【9】②

解説 コレクティブハウスとは，血縁にこだわらない新たな人間関係の中で暮らす住まいの形と暮らし方である。それぞれが独立した専有のスペースを持ちながら，いくつかの共有スペースを持ち，生活の一部を共同化する住まいである。コーポラティブ(Cooperative)とは，「協力的な」の意味である。コーポラティブハウスは入居希望者が組合を作り共同で自由な設計で住宅を建てる集合住宅である。

【10】 ②

‖解‖説‖ a　親族は，日本の法律上，民法において定義がなされ，6親等内の血族(養子縁組により親族となった法定血族，つまり養親の5親等以内の血族と直系尊属の養親の血族のうち範囲内に該当する者及び5親等以内の血族の養子とその子孫のうち範囲内に該当する者も含む)，配偶者及び3親等内の姻族(養子縁組をしている場合は6親等内)を指している(第725条)。　d　子の一人あたりの相続分は，4分の1である。

 # Part4

【1】衣服の管理に関するア～オの記述の中で，正しいものの組合せを，下の①～⑤から1つ選べ。

ア　色・柄のある綿の漂白に適するのは，次亜塩素酸ナトリウムである。

イ　洗剤中の酵素は，60℃で最も効果的に働く。

ウ　柔軟仕上げ剤は，衣類をやわらかく仕上げたり，静電気防止効果があるが，高濃度で使用すると吸水性が低下することがある。

エ　蛍光増白剤は，紫外線を吸収して蛍光白色に変えることで，見た目の白さを増すものである。

オ　布地にアイロンをかけるとき，ポリエステルの場合は，90℃～110℃が適温である。

① ア・イ　　② イ・ウ　　③ ウ・エ　　④ エ・オ
⑤ イ・オ

【2】次の文は，洗濯用洗剤のはたらきについて説明したものである。（ ア ）～（ エ ）に入る語句の組合せとして最も適当なものを，下の①～⑤から1つ選べ。

　洗剤の主成分は（ ア ）である。（ ア ）の（ イ ）が汚れの表面に集まり（ ア ）が汚れと繊維との間に入る。これを（ ウ ）作用という。（ ア ）の作用により汚れは（ エ ）され少しずつ取り出される。また（ ア ）は汚れが繊維に（ オ ）することを防ぐ。

① ア　せっけん　　イ　親水基　　ウ　乳化　　エ　細かく
　 オ　再付着
② ア　蛍光増白剤　　イ　親油基　　ウ　浸透　　エ　大きく
　 オ　分散
③ ア　界面活性剤　　イ　親水基　　ウ　分散　　エ　細かく

オ　再付着
④　ア　界面活性剤　　イ　親油基　　ウ　浸透　　エ　細かく
　　オ　再付着
⑤　ア　助剤　　　　　イ　親油基　　ウ　乳化　　エ　大きく
　　オ　分散

【3】次の図は，ボタン付けの図である。アを糸足としたとき，その分量
　　として最も適切なものを，下の①〜⑤から1つ選べ。

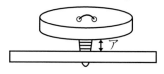

①　糸の太さ分　　②　布の厚み×0.5　　③　ボタンの厚み×0.5
④　ボタンの直径分　　⑤　布の厚み分

【4】次のア〜ウに当てはまる調理法について，正しい組合せを，下の①
　　〜⑤から1つ選べ。
　ア　調味料の使い方により料理の種類が多い。栄養の損失もあるが，
　　幅広く使われる調理法である。
　イ　栄養素や風味の損失が少ないが，加熱途中で味付けをすることが
　　できない。
　ウ　高温短時間調理のため，栄養素の損失が少なく，油の香味で風味
　　が増す。材料の水分が失われ油が吸収される。
　　①　アー煮物　　　　イー蒸し物　　　ウー揚げ物
　　②　アーゆで物　　　イー和え物　　　ウー焼き物
　　③　アー蒸し物　　　イー煮物　　　　ウー炒め物
　　④　アー和え物　　　イー蒸し物　　　ウー焼き物
　　⑤　アー煮物　　　　イーゆで物　　　ウー揚げ物

【5】 茶碗蒸しを調理する際，卵の分量が100g(卵約2個分)の場合，だし汁の分量で最も適するものを，次の①〜⑤から1つ選べ。

① 100ml ② 200ml ③ 300ml ④ 400ml ⑤ 500ml

【6】 次のa〜eのビタミンとその欠乏症ア〜オの組合せとして正しいものはどれか。下の①〜⑤から1つ選べ。

a ビタミンA b ビタミンK c ナイアシン
d ビタミンC e 葉酸

ア 壊血病
イ ペラグラ
ウ 夜盲症
エ 貧血
オ 内出血(新生児)

① a…オ b…エ c…イ d…ア e…ウ
② a…ウ b…オ c…イ d…ア e…エ
③ a…ウ b…イ c…オ d…エ e…ア
④ a…ア b…オ c…イ d…ウ e…エ
⑤ a…エ b…ア c…ウ d…イ e…オ

【7】 次の文は，生活に必要なお金にかかわる内容について述べたものである。内容が誤っているものを，①〜⑤から1つ選べ。

① 私たちが生活するために，様々な物資やサービスの購入に支払う支出を「消費支出」という。
② 実質的に資産を減少させる支出を「実支出」という。
③ 収入には，実際に資産を増やす「実収入」がある。
④ 実収入から非消費支出を引いた額を「可処分所得」という。
⑤ 税金には，消費税・酒税・石油ガス税などの「直接税」がある。

【8】 妊娠・出産・育児を支える次のa〜eの法律や条約とア〜オの説明文の組合せとして正しいものはどれか，下の①〜⑤から1つ選べ。

a　母子保健法

b　労働基準法

c　育児休業，介護休業等育児又は家族介護を行う労働者の福祉に関する法律

d　女子差別撤廃条約

e　児童福祉法

　　ア　保育所への入所手続き，母子家庭の支援。

　　イ　子どもが3歳になるまでの勤務時間の短縮，6歳になるまでの時間外労働の制限。

　　ウ　妊娠・出産・育児のための休業を理由とする解雇の禁止。

　　エ　生後1歳未満の子どもを育てている女性に1日2回，30分の育児時間を与える。

　　オ　母子健康手帳の配布。

　　　　①　a…オ　　b…イ　　c…ウ　　d…ア　　e…エ

　　　　②　a…ア　　b…オ　　c…エ　　d…イ　　e…ウ

　　　　③　a…オ　　b…エ　　c…イ　　d…ア　　e…ウ

　　　　④　a…オ　　b…エ　　c…イ　　d…ウ　　e…ア

　　　　⑤　a…オ　　b…イ　　b…ウ　　d…エ　　e…ア

【9】 公的年金制度について最も適当なものはどれか。次の①〜⑤から1つ選べ。

①　年金給付に要する費用は，現役世代の支払う保険料のみで成り立っている。

②　第1号被保険者の対象は会社員や公務員で，勤め先で手続きを行う。

③　国民年金(基礎年金)には，国内に住む20歳以上満65歳までのすべての人が加入し保険料を強制納入する。

④　病気やけがで障害が残ったときは，国民年金から「障害基礎年金」

を受け取ることができる。

⑤　10年ごとに賃金・生活水準等を見直し，受給者の生活を守る物価スライド制である。

【10】　次のア～オは，相続について説明したものである。説明内容が適当なものの組合せを，下の①～⑤から1つ選べ。

ア　配偶者と兄1人，妹1人が相続人である場合，兄の法定相続分は8分の1である。

イ　遺言が出来るのは，満20歳以上である。

ウ　配偶者と子ども1人が相続人である場合，配偶者の法定相続分は2分の1である。

エ　遺言がある場合でも，相続人が直系尊属のみの場合，被相続人の財産の3分の1は遺留分となる。

オ　配偶者と父，母が相続人である場合，配偶者の法定相続分は4分の3である。

①　ア・イ・ウ　　②　ア・ウ・エ　　③　ア・エ・オ
④　イ・エ・オ　　⑤　イ・ウ・オ

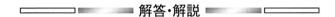

■■■■■■■■ 解答・解説 ■■■■■■■■

【1】③

|解|説| ア　次亜塩素酸ナトリウムではなく過炭酸ナトリウム
イ　最適水温30℃～40℃　　オ　90～110℃ではなく140～160℃

【2】④

|解|説| 界面活性剤のほかにも，多くの洗剤には，汚れ落ちを良くするために様々な酵素が配合されている。酵素の作用で汚れを細分化して水中に取り出しやすくしたり，セルラーゼのように，繊維内部の汚れを落ちやすくするものも入れられるようになった。

【3】⑤

解説 ボタンの下の糸足をつくる場合，糸はすき間なくしっかりと巻くこと。ボタン付けに慣れない時期はボタンと布の間に爪楊枝などを挟みながら行うと上手くいく。なお，足つきボタンでは，糸足は当然必要ない。

【4】①

解説 アは栄養の損失もあると書かれているので，和え物は該当しない。イは蒸し物とゆで物で迷いがちだが，ゆで物は加熱途中でも塩等で味付けができるので，解答は蒸し物となる。文章をよく読めば，正答できる問題である。

【5】③

解説 茶碗蒸しを作る際，卵とだし汁の割合は，一般的には1：3程度とされている。

【6】②

解説 「ビタミンA」の過剰症は頭痛・嘔吐・皮膚障害・神経炎・脱毛。ペラグラは皮膚炎。ビタミンKの不足は新生児や乳幼児また，母乳栄養児におきやすい。日本では，予防的に生後1～2日目，5～6日目，1か月目などにビタミンKを赤ちゃんに与えている。

【7】⑤

解説 家計支出のうちの実支出には，消費支出と非消費支出がある。消費支出はいわゆる生活費のことであり，非消費支出とは社会保険料(健康保険料・厚生年金・雇用保険・介護保険)と所得税や住民税などの直接税を合わせたもので，そのほとんどが政府などの公的機関に収める支出のことである。勤労者の場合，非消費支出のほとんどは収入から直接引かれる(源泉徴収制度)。

【8】④

解説 女性の社会進出，男性の育児休業取得の奨励などにより，妊娠・出産・育児に関する法律や条約に関する出題は今後も多くなると思われる。女子差別撤廃条約は，男女の完全な平等の達成に貢献することを目的として，女子に対するあらゆる差別を撤廃することを基本理念とした国際条約で，1979年に国連採択，1981年発効。日本は1985年に締結している。

【9】④

解説 ①　現役世代の支払う保険料が原資であるが，ほぼ同程度の税金が投入されている。　②　第1号は自営業や大学生，第2号が会社員や公務員である。　③　20歳〜60歳　⑤　毎年度の物価や賃金の変動に対応して変動(スライド)する仕組みが設けられている。

【10】②

解説 ア　配偶者4分の3　妹8分の1　兄8分の1。　イ　遺言ができるのは15歳以上。　エ　遺留分の割合は「法定相続分の半分」。直系尊属者のみが相続人の場合は「法定相続分の3分の1」である。　オ　配偶者3分の2　父・母それぞれ6分の1ずつ。

●書籍内容の訂正等について

　弊社では教員採用試験対策シリーズ（参考書，過去問，全国まるごと過去問題集），公務員試験対策シリーズ，公立幼稚園・保育士試験対策シリーズ，会社別就職試験対策シリーズについて，正誤表をホームページ（https://www.kyodo-s.jp）に掲載いたします。内容に訂正等，疑問点がございましたら，まずホームページをご確認ください。もし，正誤表に掲載されていない訂正等，疑問点がございましたら，下記項目をご記入の上，以下の送付先までお送りいただくようお願いいたします。

---

① **書籍名，都道府県（学校）名，年度**
　（例：教員採用試験過去問シリーズ　小学校教諭 過去問　2025年度版）
② **ページ数**（書籍に記載されているページ数をご記入ください。）
③ **訂正等，疑問点**（内容は具体的にご記入ください。）
　（例：問題文では"ア〜オの中から選べ"とあるが，選択肢はエまでしかない）

〔ご注意〕
○ 電話での質問や相談等につきましては，受付けておりません。ご注意ください。
○ 正誤表の更新は適宜行います。
○ いただいた疑問点につきましては，当社編集制作部で検討の上，正誤表への反映を決定させていただきます（個別回答は，原則行いませんのであしからずご了承ください）。

●情報提供のお願い

　協同教育研究会では，これから教員採用試験を受験される方々に，より正確な問題を，より多くご提供できるよう情報の収集を行っております。つきましては，教員採用試験に関する次の項目の情報を，以下の送付先までお送りいただけますと幸いでございます。お送りいただきました方には謝礼を差し上げます。
（情報量があまりに少ない場合は，謝礼をご用意できかねる場合があります）。
◆あなたの受験された面接試験，論作文試験の実施方法や質問内容
◆教員採用試験の受験体験記

- -

<table>
<tr><td rowspan="5">送付先</td><td>○電子メール：edit@kyodo-s.jp</td><td rowspan="4"></td></tr>
<tr><td>○FAX：03-3233-1233（協同出版株式会社　編集制作部 行）</td></tr>
<tr><td>○郵送：〒101-0054　東京都千代田区神田錦町2-5
　　　　協同出版株式会社　編集制作部 行</td></tr>
<tr><td>○HP：https://kyodo-s.jp/provision（右記のQRコードからもアクセスできます）</td></tr>
</table>

　※謝礼をお送りする関係から，いずれの方法でお送りいただく際にも，「お名前」「ご住所」は，必ず明記いただきますよう，よろしくお願い申し上げます。

教員採用試験「過去問」シリーズ

新潟県・新潟市の
家庭科 過去問

編　集	Ⓒ 協同教育研究会
発　行	令和5年12月25日
発行者	小貫　輝雄
発行所	協同出版株式会社
	〒101-0054　東京都千代田区神田錦町2‐5
	電話　03－3295－1341
	振替　東京00190－4－94061
印刷所	協同出版・POD工場

落丁・乱丁はお取り替えいたします。